渡辺京二・武田修志・博幸
往復書簡集

1998〜2022

弦書房

〈カバー裏写真〉
渡辺書簡「二〇〇一年七月十三日付け」から
〈表紙裏イラスト〉
煙草で一服する渡辺京二。
〈扉写真〉
書斎（左頁）の机右下の引出し。文箱として、
大切な書簡類はここに保管されていた。

渡辺京二の書斎（2022年12月25日当時のまま、2023年10月25日撮影＝弦書房）

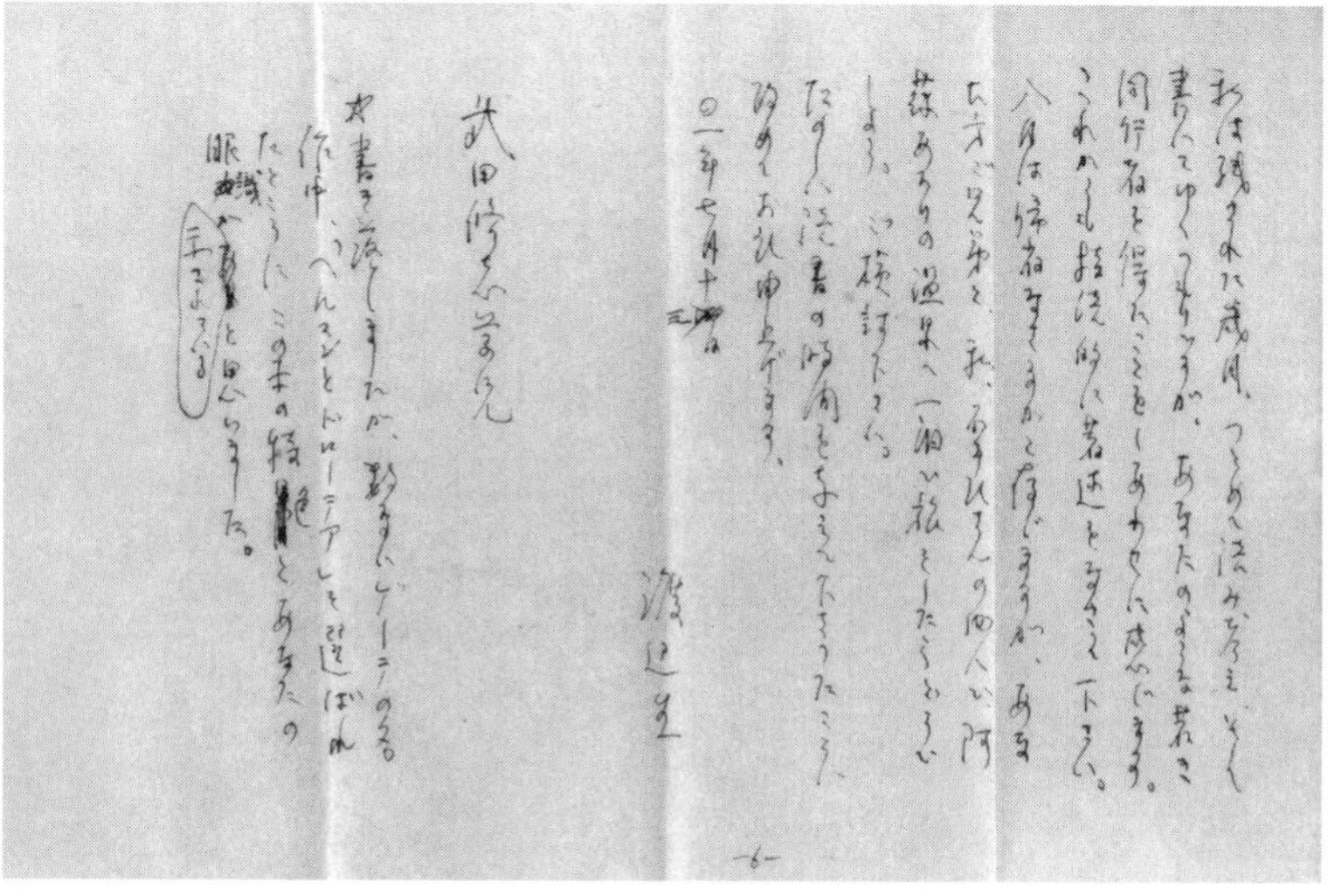

6枚の和紙の便箋に書かれた、渡辺京二書簡（武田修志氏あて封書、2001年7月13日）

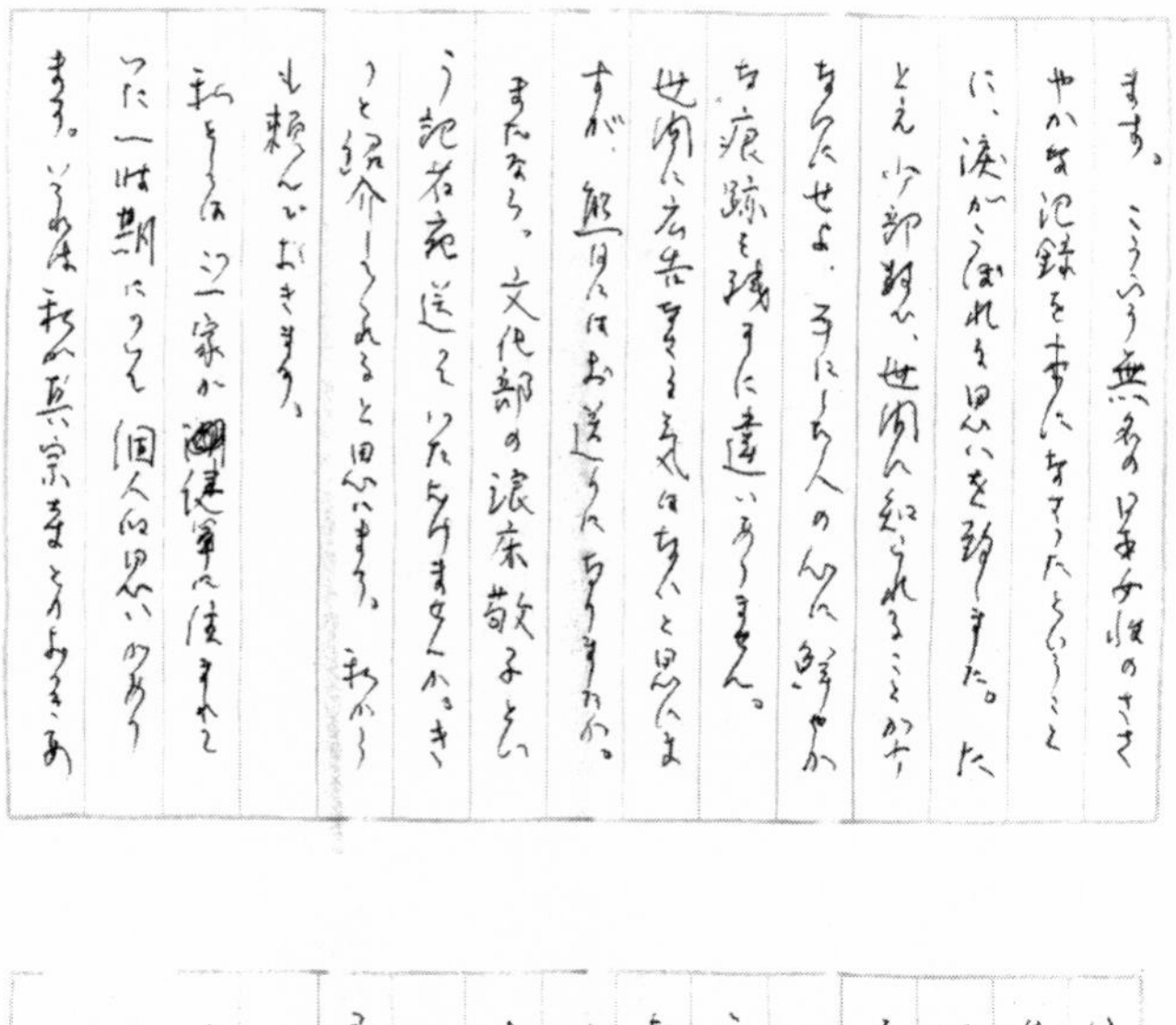

「無名の日本女性のささやかな記録を本になさったということに、涙がこぼれる思い」と綴った渡辺京二書簡（武田博幸氏あて封書、2012年8月25日）

あなたのお便りにはいつも小鳥の描写があり、私は羨ましいです。私の書斎の窓から、木にやってくる鳥がみえますが、私はメジロぐらいしか見分けられないし、珍しい鳥は来はしないようです。
とにかくあなたはとてもいい暮しをなさっておられます。
ご本の話、まとまってうれしい。きっといい本になりましょう。これでご著書は何冊になりましたかね。人は自分に与えられた天分は生かさねばなりません。あなたは文才を授っておられるので、それを十分に育て発現させる、人としての義務があります。本をもう何冊か出された訳ですから、アマチュア気分じゃなく、物書きとしての自覚、意欲をもって、今後はずっと書いて下さい。まだお若いし、これからナンボでもお仕事が出来ます。ご病気も完治されたし、とてもうれしい。私はあなたがギリシャ語をやり、アリストテレスだったか大学院で研究なさったと聞いた覚えがあります。その勉強を復活させて、ギリシャ古典やギリシャ神話について、私の「夢ひらく彼方へ」みたいな本もお書きになれるのじゃないでしょうか。私が本当に勉強したのは十代から廿代にかけてでした。期待しています。
どうかお元気で。

12月25日に逝去される16日前の渡辺京二書簡（武田博幸氏あて葉書、2022年12月9日）

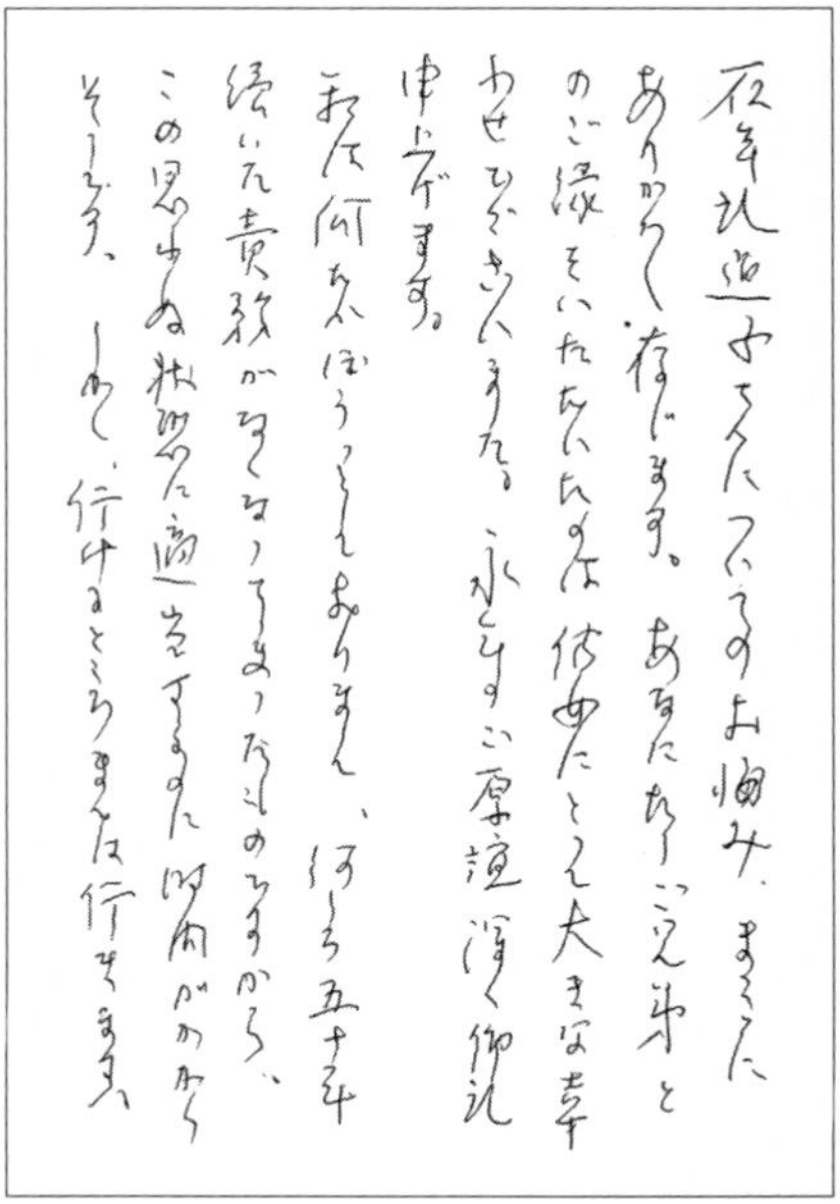
石牟礼道子さんについてのお悔み、まことにありがたく存じます。あなた方ご兄弟とのご縁をいただいたのは彼女にとって大きな幸わせであったと思います。永いご厚誼深く御礼申し上げます。
私は何もかもぼうっとしております。何しろ五十年続いた責務がなくなってしまったのですから、この思わぬ状況に適応するのに時間がかかりそうです。しかし、行けるところまでは行きます。

石牟礼道子氏が逝去された（2018年2月10日）6日後の渡辺京二書簡（武田修志氏あて葉書、2018年2月16日

＊掲載した書簡類はすべて武田修志・博幸氏蔵

◆目　次

はじめに

渡辺京二先生は二〇二二年十二月二十五日に九十二歳で亡くなられた。この書簡集の最後に収められた先生からのお便りが十二月九日付けなので、先生のご逝去は私にとってあまりに突然のことであった。まず思ったのは、もう先生にお手紙を書くことはできない、そしてお返事をいただくことも二度とないということであった。

しばらく経って私が考えたことは、先生からいただいた葉書、手紙をすべてパソコンに打ち込んで、小冊子を作ることだった。書斎の本棚、引き出しなど、しまい込んでいそうな所を捜し、十数年前まで住んでいた家（今は息子が住む家）にも出向いて先生の書簡捜しをした。六十六通が見つかった。兄（修志）も先生と手紙のやり取りをよくしていたので、先生からの書簡を見つけられる限り見つけてもらうように依頼した。兄のもとに六十一通あることが分かった。計百二十七通である。

パソコンへの打ち込み作業が終わり次第、プリントアウトしてお送りする旨を、先生のご長女である山田梨佐さんにお伝えすると、梨佐さんから思いがけない提案があった。武田兄弟からの手紙・葉書は手許にかなり残っていると思えるので、それも公開しませんかと。その一言が、武田兄弟宛ての先生の書簡集ではなく、先生と武田兄弟との「往復書簡集」を編集するという方向に舵を切ることになった。先生の書簡は、武田兄弟の書簡とセットにして読んでこそ、その内容をよく理解できるものが多いのであるから、編集を終えた今は、「往復書簡」の形を取ることは必要なことであったと認識している。

梨佐さんとの話し合いで、「渡辺京二・武田兄弟往復書簡集」の原稿は、渡辺先生に最も縁の深い出版社である弦書房の小野静男さんに送り、出版の可能性があるか考えてもらうことになった。小野さんは、書簡の分量の多さとそのやり取りが二十五年間（一九九八〜二〇二二）にわたることにまず驚き、この書簡集を自分がどう受け止めたかを詳しく述べて下さった。その内容をここに要約しておきたい。

① この二十五年間は、渡辺京二氏が最も書物、論稿を書いた時期で、かつ、逝去する直前までの思考の動きやその素顔が浮き彫りになっており、単なる書簡集という域を越えている。

② 表面的な意見のやりとりではなく、深く互いの思考を静かにぶつけ合っているために、これだけ長きにわたって書簡を交換できたと思われる。

③ 一九九八年の『逝きし世の面影』刊行直前から、二〇二二年の『小さきものの近代 1』の刊行、そして、十二月の逝去直前までの、心の交流が浮かび上がる貴重な「記録」になっている。

④ 公開を前提にしていないために、互いの率直で正直な想いが記述されている。

⑤ 渡辺京二氏の、日本近代史のほか世界の文学、政治思想史（フランス革命、ロシア革命、維新史）、水俣病闘争、石牟礼道子論など幅広い学識からくり出される言葉に対して、

武田修志（ドイツ文学者、教育者として）武田博幸（ギリシア哲学、古典の研究者として）兄弟が正面から正直に自身の意見を述べている。その交流が、読む者に、何かを考えさせる記録となっている。

⑥　渡辺京二、武田兄、武田弟の三者の書簡から、素顔の「渡辺京二像」が浮かびあがる。

往復書簡集を第三者として最初に読んだ人がこれ以上ない理解を示して下さったのであった。この書簡集の特色は右にほぼ言い尽くされていると思われるが、以下、「当事者」として説明を補足しておきたい。

先生との出会いは大学受験予備校河合塾においてであった。一九八一年に河合塾は福岡校を開き、先生も私も国語・小論文科の講師になった。一九八二年に日本エディタースクール出版部から『案内　世界の文学』が出て、私は初めて文芸批評家としての先生を知ったのだと思う。一九八九年に『案内　世界の文学』が『娘への読書案内』と題名を変え朝日文庫に入ったとき、先生はその「文庫版あとがき」にこう書いておられる。

私はある予備校の講師をしているが、同僚の若い先生が毎年新学期のはじめにこの本を宣伝なさるので、「先生の本読みました。感動しました」とか「面白かったでーす。署名してくださいい」と言って来る生徒が、ときどきはいる。読んでも面白くなかった奴は来ないわけだから、ほんとに面白かったのだろう。それにこういって来るのはたいてい女の子なので、「どれどれ、貸してごらん」と鼻の下を長くして、早速署名することになる。

一九八〇年代から九〇年代、「同僚の若い先生」であった私は、毎週、講師控え室で先生とお会いし、親しく言葉を交わす間柄であった。しかし、この頃の先生からの書簡は一つもない。先生との手紙・葉書のやり取りが始まるのは九〇年代も終わる頃である。その理由は簡単で、先生とお会いする機会が少なくなったことによる。一九九八年四月の先生からの手紙に、河合塾への出講も週一回になりましたとある。私は週に四日の出講であったので、曜日次第では、全くのすれ違いになってしまうのである。そこに手紙というものが持つおもしろさがあるように思われる。手紙はいつでも会える人とはやり取りしない。めったに会う機会がないという、ある距離が二人の間に生まれたとき（先生は熊本に居住、私は福岡に在住の身であった）手紙による交流が始まったのである。

私は鳥取大学でドイツ語教師を務める兄のことを時折先生にお話もしていたが、兄の著書を一冊お送りすると、先生は大変に興味を抱かれた。大学生の頃から文章を書くことに厳しい考えを持ち、鍛錬もしてきた兄の文章は先生のお眼鏡に適ったようであった。ここに先生と兄との書信の往来が始まり、長く続くことになる。

兄は実にまめに手紙を書く人であるが、先生に対しては、先生から本が寄贈される度毎に二度、三度と丁寧に読み込み、メモを取り感想文を認めた。この書簡集において、兄の書簡は、先生の著作一つ一つの魅力、おもしろさを熱意を込めて語っており、「渡辺京二作品案内」になっていると私は考えている。「はじめに」のこの文を今読んでいる方は、渡辺先生の著書をすでに何冊か読んでいる人が多いと思うが、この書簡集を通して渡辺京二を初めて知るという人がもしいるとしたら、先生にはおよそどのような著作があり、それぞれの作品の何が読者を引きつけるのかを具体的に知らされ、きっと先生の著作を開いてみようと思う人もいるだろう。

先生は兄の感想文を心から喜ばれた。尊ばれたといってもいいくらいであった。「どんな書評よりありがたい」という言葉が先生の書簡に何度も記されている。新しく本を出す度に兄がどのような感想を書いて送ってくるのかを先生は楽しみにされていた。

一方、私はというと、気合いを入れて先生の新作の感想を何度か述べたことはあるが、きちんとした作品感想を書くことは兄に任せて、私は身辺雑記を手紙に記すことが多かった。特に二〇一一年に福岡市街から朝倉市（福岡県）の山あいに引っ越してからは、散歩の折に見た自然の景観、小鳥たちの様子などを詳しく記して先生に送った。このような手紙は先生の心を和ませたように思えたので、先生にお便りするときは必ず四季折々の自然の姿、それらに触れて自分の心に生まれる情感を多く記し留めた。

先生の書簡を読んで、「渡辺京二通」である方々もきっと何らかの新たな発見があるのではないだろうか。先生は書簡の中で、晩年の十数年、二つの大きなテーマのどちらに取り組むべきか心を悩ませておられた。幕末維新史を書くか、二十世紀思想史（ヨーロッパの反近代思想）を書くかである。後者に何度か挑戦しようとなさったが、あまりのテーマの大きさ故に、結局前者を選ばれた。そういうことをありのままに先生は書簡で語っておられる。「わが小林秀雄体験」についてもかなり詳しく述べておられる。また、こんな本も読んでおられたのかと驚くことがいくつもあるだろう。

兄と先生との往復書簡の一つである二〇一八年十一月と十二月の手紙に私自身「新たな発見」をしたと思った。兄は先生が石牟礼道子さんの「補佐役」に徹し、五十年に渡り、石牟礼さんの「原稿清書、口述筆記、事務処理、部屋の掃除・片付け、食品その他の買出し、料理、付添い、カバン持ち」をされたことを述べて、「ここに、渡辺京二という思想家の個性が浮かび上がってきます。この人は、近代日本の最高の知性の一人ですが、近代において知的であるということの、いやらしさ、醜さ、底の浅さというものを、骨身に沁みて知っている人なのではないかと私は思いました。人は知的であればあるほど、どこかで己を無にして生きているところがなければ、その知性も底の浅いものになってしまう……そんなことを先生がいつもお考えになっている」、そういうことを記した兄の手紙に対して、先生は「私の知的階級に対する長年の違和感については、あなたのおっしゃる通りです」とお答えになっている。

およそ人生の持ち時間の半分を先生が石牟礼さんに捧げられた（その具体的なさまを間近に私は見てきたが）その理由が、右のやり取りでやっと分かった気が私はした。

「最高の知性」の持ち主とお付き合いすることは、凡才、凡人には容易ならぬ面がある。先生と一対一で話をする機会を持つことができた人は、おそらく私が感じたのと同じ思いを抱いたのではないかと私は秘かに想像する。自分の知らない世界のことを実にいろいろと教えて下さる、この世にはおもしろい本がこんなのもある、あんなのもあると次次と示される、ものすごい知的な刺激を受け、勉強の意欲が大いに掻き立てられる、しかし、その一方であまりに何も知らない自分に呆然とする。こんな卑小な自分が頑張って何をしようとどんな成果が出せるというのか、何ともむなしい思いにとらわれてしまう。私は何度も先生宅を訪問してたくさんのお話を伺ったが、辞去して電車道まで歩いていく中、いつも自分の胸が波立ち、静めようもない感情が渦巻くのを覚えた。

このように、知的レベルにおいて大きな違いがあったわれわれ兄弟が、どうして先生と二十五年の長きに渡って交流を続けることができたのか。それは、レベルは違っても、先生が〝学問上の友〟を求めておられたからだと私は思う。先生はわれわれ兄弟を「学芸上の友人」「若き同行者」「勉強仲間」「学友」と呼ばれた。自分が歩む文学、歴史、思想の道を共に歩もうとする者がいることは先生を励まし、慰めとなった。われわれ兄弟は先生の立つ高みに到底達することはできないにしても、少しでも迫っていきたい意志は持っていた。それが先生と私たちを繋いでいたと思う。一言でいえば、同志の友情で結ばれていたのだと思う。

二十五年続いた書簡の往来であり、明確な区切りや切れ目がどこかにあるわけではないが、時期を三つに分け、次の三部構成とした。

Ⅰ　一九九八年四月十四日〜二〇一〇年十二月二十七日
『逝きし世の面影』刊行前後から『黒船前夜　ロシア・アイヌ・日本の三国志』で大佛次郎賞を受賞された頃まで。

Ⅱ　二〇一一年一月十七日〜二〇一八年二月五日
八十代の先生が年にほぼ三冊ペースで本を出され、遂に『バテレンの世紀』を完成された頃まで。

Ⅲ　二〇一八年二月十一日〜二〇二二年十二月九日

石牟礼道子先生逝去以後から渡辺京二先生逝去直前まで。

武田博幸

〈凡例〉

・書簡の内訳は次の通りである。
渡辺京二書簡・武田修志（兄）宛六十一通（手紙二十九通・葉書三十二通）
渡辺京二書簡・武田博幸（弟）宛六十六通（手紙二十七通・葉書三十九通）
武田修志（兄）書簡三十六通（手紙三十通・葉書六通）
武田博幸（弟）書簡五十七通（手紙五十二通・葉書五通）

・渡辺書簡は、渡辺京二氏の書かれたままを再現するように努めた。手紙によって送り仮名が違ったり、漢字表記だったり平仮名表記だったりするが、統一をはかるようなことはしなかった。

・渡辺書簡には読み取りづらい文字がいくつかあったが、それらは複数の人間で確認し合った。ほぼ正確に読み取れたものと考えている。

・渡辺書簡において明らかに脱字・誤字と思われるものは直した。数カ所のみである。

・武田弟の判断で適宜、書簡に注を付した。

I

一九九八年四月～二〇一〇年十二月

＊『逝きし世の面影』刊行前から
『黒船前夜　ロシア・アイヌ・日本の三国志』刊行後まで

渡辺京二（以下、渡辺と略記）書簡　武田博幸（以下、武田弟と略記）宛

（一九九八年四月十四日付け、手紙）

拝啓

お兄様のご著書[*1]、並びに御懇篤なお便り、ありがたく拝受しました。

ご著書は早速一読いたしました。思わずひきこまれて、一晩で読んでしまいました。老来、死ということはつねに念頭に在り、別れということも痛切に意識させられて居りますので、なにか救いを求めるような気持、この生に答を求めるような心で読ませていただきました。それだけの力のあるご著作です。だいたいはこの手の書物は読まないことにしているのですが（表題を見ただけで）、お兄様のご本は一味も二味もその手のものと違っていて、何よりも著者の思索が文章になっているという点に手応えを感じたのでした。哲学の基本といってよい思考、しかも哲学者特有の癖やくさみのない清新でけれんみのない文章が、私をひきこんだのだと思います。とくに感銘を受けたのはフランクル[*2]の章です。私はあの高名な本をまだ読んではいないのですが、ぜひとも読みたいという気になりました。しかしやはりお兄様の着目がすぐれているわけで、失礼ながら、リルケやシュティフターの世界と通ずるものがあるのは、さすが独文の研究者のお仕事と

感じました。フランクルという人は、パステルナークにも通ずるところがあるようで、大事な人をお兄様に教えていただきました。何しろユダヤ人迫害の話はもう結構という気分で敬遠して居りましたので、知人たちにもひろくこの本のことを知らせるつもりで居ります。

私のむかしの仕事をお読み下さっている由にて、恐縮かつありがたく存じます。雀百までといいますから、共同性の問題は私一生のテーマなのでしょうが、いまはもう少し広いところから見てゆきたいと思っています。今度の本[*3]が出るのは六月になります。挿画が七〇も入るので組版がなかなか大変とのことです。出来上りましたら一本をさし上げるつもりで居ります。

本来、お兄様に御礼状差上ぐべきところ、ご住所がわかりませんので、どうかあなた様よりよろしく謝意をお伝え下さいませ。

小生、河合出講[*4]は水曜日一日だけとなりました。あなたが出講なさる日であればよろしいのですが。

とりあえずは御礼まで。

一九九八年四月十四日

渡辺京二拝

武田博幸様

＊1　ご著書＝武田修志著『人生の価値を考える　極限状況における人間』（講談社現代新書）。一九九八年二月二〇日発行。

＊2　フランクル＝オーストリアの精神医学者。ホロコースト生還者。「あの高名な本」とはユダヤ人強制収容所の体験を記した『夜と霧』を指す。

＊3　今度の本＝『逝きし世の面影』（葦書房）。

*4　河合出講＝先生の河合塾福岡校への出講は一九八一年から。

渡辺書簡　武田修志（以下、武田兄と略記）宛（一九九八年五月一日付け、手紙）

拝啓

ご懇篤なお便りを頂戴し、恐縮しているところです。弟様はおなじ国語科で、なぜか私をひいきにして下さるありがたいお方でして、日頃お世話を蒙っているのは私の方であります。その弟様から貴殿のお噂は、ご一緒にドイツ各地を旅されたこと、さらには講談社から出版の話があることなど、折にふれてお聞きして居り、ご兄弟の仲をうらやましく思って居りました（小生には十数歳ちがいの兄が居りましたが、小生が中学に入ったばかりのとき死亡致しました）。

トーマス・マンの研究をなさっているとも伺いましたが、マンは『ブッデンブローク』以来、少年のころから好きな作家でして、第一次大戦前後のあり方にも共感を抱いておりますので、そういう点からも、どんなご本になるのかと、弟様より進み具合を洩れ聞きながら思っていた次第です。

弟様への手紙にも書きましたが、何よりも小生自身、近来とみに死についてさし迫った感じをもつようになって居るせいか、ご著書*は大切なことを教えられ、考えさせられているという気がして一気に読み終えてしまったのです。もとよりそれはあなた様の落着いた文章の力でありまして、最近とみにふえている才人学者の軽薄な文章にいや気がさしている分、思考をねばり強く誠実に積み上げてゆかれる行文にひきこまれたのでありました。弟様はギリシャ哲学を専攻されたと聞いておりますが、あなた方ご兄弟には哲学的思索の素質がおありなのかな、などとも感じた次第です。

小生もいつ年貢を納めるか、そろそろ覚悟せねばならぬとしになりましたが、ご著書よりお教えいただいたことも糧としつつ、最後の精進を遂げたく念じております。

あなた様とご一家のご健康を祈りつつ

一九九八年五月一日　渡辺京二拝

武田修志様

＊　ご著書＝『人生の価値を考える　極限状況における人間』（講談社現代新書）。

武田兄書簡（一九九八年九月八日付け、手紙）

前略御免下さい。

御高著『逝きし世の面影』、拝読いたしました。ちょうど一週間くらい前から、この秋に鳥取大学で行われる学会で発表する短い原稿を書いていたのですが、この丸二日間はその仕事は完全に脇へおいて、御著書の繙読に没頭いたしました。こういう、読んでいる間、本の中へ引き込まれて、そこに描かれ、論じられている世界の中にいるような読書は、最近久しぶりです。五二ページに、「私の意図するのは古きよき日本の愛惜でもなければ、それへの追慕でもない。私の意図はただ、ひとつの滅んだ文明の諸相を追体験することにある。」とありますが、たしかにこの本は、読者も、著者の懇切丁寧な導きに従って、限りなく魅力的な徳川後期文明の諸相を「追体験」することができるように構成されているように思われました。読後感を一言でいえば、今まで知らなかった自分の過去を教えられて、新たな自己認識を得たときの喜ばしい、しかしまた何か胸のつまるような驚き、と言ったら一番近いでしょうか。ともかく、江戸後期と明治前期の日本の庶民生活についての、これだけ豊富な証言と的確な論評で成った書物というものを私はこれまでに一冊も読んだことがありませんでした。先生もあとがきでおっしゃっておられますように、私たちは今「近代」という一つの時代の終焉を迎えようとしていますが、来たるべき時代を見つめる私たちの目を曇りなきものにするためには、自分の過去の正確で生きた認識が必要です。この書は、この、未来を見通さんとする我々の視力をより正確、より強力なものにするのに確実に貢献するもののように思われました。

私は日本の進歩的歴史学者の書物などにはほとんど接していませんので、江戸期の庶民が封建主義体制のもとでただただひとえに呻吟して暮らしていたというようなイメージはあまり抱いてはいませんでしたが、しかし、この本を読んで、自分が江戸後期の庶民生活の実態についてほとんど何も知らなかったことを思い知らされました。四七四ページに、「幕末に異邦人たちが目撃した徳川後期文明は、ひとつの完成の域に達した文明だった。それはその成員の親和と幸福感、あたえられた生を無欲に楽しむ気楽さと諦念、自然環境と月日の運行を年中行事として生活化する仕組みにおいて、異邦人を賛嘆へと誘わずにはいない文明であった。」とありますが、「異邦人」ならずとも、我々同国人も、この書の章を追うごとに、わが先人たちの当時の生活ぶりに感動し、賛嘆せずにはいられないでしょう。先生も第十章「子どもの楽園」において、「かつてこの国の子どもが、このようなかわいさで輝いていたというのは、なにか今日の私たちの胸を熱くさせる事実だ」という言葉を書き込んでおられますが、私もこの本を読んでいる途中で幾度も目頭の熱くなるのを感ぜずにはおられませんでした。今回この書によって実にたくさんのことを教えられたのですが、格別印象深かった所をただ一つだけ挙げますなら、江戸という「都市」が欧州の大都市とどんなに違っているか、それが「田園によって浸透された」都市であり、どんなに美しかったかを論じた箇所です。どの章も巻き置く能わずという感じで没頭してしまいましたが、第十一章「風景とコスモス」には改めて目を開かれるようなものがありました。

「心の垣根」という言葉遣いもたいへんにおもしろく、また的確な表現だと思いました。「おのれという存在にたしかな個を感じるというのは、心の垣根が高くなるということだった」――「心の垣根が高くなる」、初めて聞く言い方ですが、この本最後の締め括りにおける杉本鉞子の長女のエピソードは、またこれ以上ない適切な例です。「政治や経済の動因とは別に、日本人自身が明治という時代を通じて、この完成されたよき美しい文明と徐々に別れを告げねばならなかったのはなぜであったのか」――大きな問題ですが、その一つの答が、アメリカで育ったこの日本人の少女が、明治の日本で生きていくことができず、再びアメリカへ帰らなければならなかったというエピソードによって、的確に暗示されています。

内容のないものですが、簡単な感想を書かせていただきました。いまからこの『日本近代素描

Ⅰ』の続きが楽しみです。先生のご健闘を、お願い、お祈りいたします。
最後に、もう一度御著書をお送りいただきましたことに対しまして、心よりお礼を申し上げます。

平成十年九月八日

武田修志

渡辺京二先生

渡辺書簡　武田弟宛（一九九八年九月二十一日付け、手紙）

拝啓
懇切な読後感をいただき、大変嬉しく存じます。こういっては悪いけれど、みなわが意を得たりという御感想で、こんなふうに読んでいただければとまことにありがたく思った次第です。お兄様からも同様に、ありがたい読後感をいただきました。私は今度の本[*1]は世の片隅でひっそりと出したく思って居りまして、書評にとりあげられるなどむしろ迷惑の感を抱いて居りますけれども、あなた方ご兄弟のような読者が存在することを、どんなにありがたく思って居りますことか。心より御礼申上げます。
誤植の指摘ありがとうございます。三校までかなり丁寧にやったつもりなのに、「絶望を誘うほど絶望的だ」などというヘンな文章を見すごしたりして、校正のむずかしさを改めて感じています。またお気づきの点あればご教示下さい。

また葦[*2]に十部ご注文下さった由にて、重ね重ねのご厚意、身にしみます。

お手紙を拝見し、あなたがよきご両親のもとに大変よい環境で育たれたことをまざまざと感じました。つねづね、失礼ながら、当世流のインテリの小智恵に毒されない、素直な感性をあなた様に感じて居りましたが、お父様が村人たちから総出で見送られるような方であったことを知り、故あることと納得いたしました。

とりあえず御礼まで。おからだ大切にお過し下さい。

渡辺京二拝

九八年九月二十一日
武田博幸様

＊1　今度の本＝『逝きし世の面影』（葦書房）。
＊2　葦＝葦書房（福岡市）。

渡辺書簡　武田兄宛（一九九八年九月二十四日消印、葉書）

この度は懇篤なる読後感をたまわり、まことに嬉しく存じました。あなた様のように読んでいただければ、本望というものであります。こんどの本[*1]はなぜか多くの人々から読後感を寄せられましたが、あなた様と弟様のそれほどありがたいものはありませんでした。第二巻[*2]ととりくむ元気が、おかげで湧いて参ります。第二巻のためにはまだまだ読まねばならぬ文献が多く、毎日ふうふう言っております。今後もどうかよろしくおつき合い下さいますように。まずは御礼まで。

＊1　こんどの本＝『逝きし世の面影』（葦書房）。

＊2　第二巻＝『逝きし世の面影』（葦書房）は表紙に「日本近代素描Ｉ」とあるので、その第二巻と思われる。二〇〇〇年一月一日の年賀状参照。

渡辺書簡　武田兄宛（一九九九年一月三日消印、葉書）

賀状ありがたく存じました。

ＰＨＰの賞＊をお受けになられました由。おめでとうございます。世の中、やはり見てくれている人があるのですね。今後もますますよきお仕事が続きますように。

ご一家のご清福を祈りつつ

一九九九年新春

＊　ＰＨＰの賞＝『人生の価値を考える　極限状況における人間』（講談社現代新書）が第七回山本七平賞推薦賞を受ける。

渡辺書簡　武田弟宛（一九九九年三月十五日消印、葉書）

西尾さん＊のふたつの論文お送り下さいましてありがとうございます。ふたつとも目に触れては居りませんでした。漢字に代表される中国文明を受容するにあたっての数百年の逡巡・抵抗というのは面白い指摘です。また文字は言語に及ばず、言語は行為に及ばぬというのはさすがにニーチェ研究から出発した氏の面目を示していると感じ入りました。西尾さんの著作はある程度読んでいます。共感する点も多いのですが、違いを自覚する点も少なくありません。いずれにせよ、あなたのご親切心にしみます。今後もまたご教示のほどを。

＊　西尾さん＝西尾幹二氏。

渡辺書簡　武田弟宛（一九九九年八月二十九日消印、葉書）

先日はわざわざ熊本までお訪ね下さって、ありがとうございました。お兄様は想像していた以上に篤実なお方で、ものの考えかた、感じかたも共感できるところが多く、楽しい一夜を過すことが出来ました。心よりありがたく思う次第です。調子にのって自慢話ばかりして、お聞き苦しいところが多かったろうと反省致します。今度はもっとあなた方のお話を聞かせて下さい。河合もやがて始まります。再会を楽しみにしています。

渡辺書簡　武田兄宛（一九九九年九月二十四日付け、手紙）

お便りありがたく拝受、また鳥取名物の梨までお贈りいただき恐縮至極に存じます。早速一家中にて賞味させていただきました。

また小生の本の受賞[*1]についての記事お送り下さって助かりました。というのは、主催者の方から受けてくれるかと打診の電話あり、その際授賞式の日どりもたしかきいたのですが、あとで文書が来るものとメモもとらずにいたところ、一向文書も来ず（どうものんきな主催者のようです）、あなたがお送り下された新聞切抜きにて、やっと十一月二十二日と承知しました。出席するかとのことで、出席しないと失礼でしょう（本当は出席したくない）と答えておいたのですが、小生が毎日出版文化賞[*2]をうけたとき授賞式に行かなかったことを何故か知っていて、小生の出席をよろこんで下さっている由、漏れ聞きました。ガール・フレンドの言では「米子というのはとてもいい町です、一度行っていらっしゃい」とのこと。東京へゆくのはご免なれど、米子はのぞいてみてもよい気分で居ります。

話がおくれましたが、先日の一夜は大変愉快でした。小生このごろは人と飲んでも楽しいことはひとつもないのですが、先夜は希なる例外でした。それもひとえにあなた方ご兄弟のお人柄のたまものとありがたく思っております。ただし調子にのって自分の自慢話をしてしまいお恥しい次第。こんどはもっとあなた方のお話を聞かせていただきます。

教養などというのは今日のダーティー・ワードの最たるものになって居りますが、老来、教養ほど大切なものはないと痛感する次第です。書いて字のごとく己れを教え養うものをおろそかにしてよいはずはありません。あなた方ご兄弟と接すると教養の初心に立ち返る気がいたします。またお会いして、清談を交しましょう。たのしみにして居ります。

九九・九・二四

渡辺京二拝

武田修志様

＊1　小生の本の受賞＝『逝きし世の面影』（葦書房）が第十二回地方出版文化功労賞を受賞。主催者は「ブックインとっとり」。
＊2　毎日出版文化賞＝『北一輝』（朝日新聞社〈朝日評伝選二十二〉）が第三十三回毎日出版文化賞（一九七九年）を受賞。

武田兄書简（日付不明だが、一九九九年十月末か十一月初めと思われる手紙）

先日、葦書房の方から御著書『荒野に立つ虹』＊が送られて参りました。有難うございました。今日さっそく拝読いたしました。

この本は私にとってたいへんに刺激的です。これからの自分の勉強の方向にある影響を及ぼすであろうと今、感じています。

御著書が私にとって刺激的であるというのは、たぶん二つの要素がここにはいっしょに存在するからであろうと思います。一つは私自身の精神的課題、あるいは、この現代日本において生きている一人の人間としての生の意識とでもいうものの、著者との共通性であり、著者の現代生活のとらえ方に対する共感です。それは、簡単に言えば、現代のあくなき消費生活、生活の「心地よさ」以上の生活の意味を知らぬ現代世界を、「心の荒野」と受取る理解の仕方であり、この中で生きる自己の課題を「生の意味を再建する生命の全体観」の希求としている点です。更に、ソルジェニーツィンやパステルナークにあったと論じられている「隠れの渇望」、久しぶりにこういう言葉に出会い、自分の生に対する理想のイメージも同じようなものではないかと考えたりしました。世の中の片隅で、天が与え給うた仕事を、ひそかに果たして死んでいく——それが人間としての生き方の基本型であって、現代におけるように、人に知られ、有名、高名になることによって、自分の存在の有意味性を獲得するのは、実のところ、その生の空虚と無意味の逆証明ではないのか——そういうことを、改めて考えさせられました。（夏に先生にお会いして、「どうして大学教師になられませんでしたか」とお尋ねしたときに、先生は「単にそういう誘いがなかったから」とお答えになりましたが、やはり、それだけではなかったことがこの本を読んでわかりました。パステルナークのように先生にも強い「隠れの渇望」がおありになり、やはり、それが在野の批評家であることを先生に強いたのでしょう。）

こういう共感、共通認識が、この本には一方にあり、他方ここには、私がほとんど全くの無知である事柄についての新知見が満載されていました。それは、先生が若年の頃より関心をお持ちになっておられたという「人類史の理論的な把握」です。この点に関する先生の論述には、考えさせられることばかりでした。先生が画期的な書として挙げておられます本をほとんど読んでいませんので、今は何の論評もできませんが、いろいろと教えられることがありました。

※この手紙はもう少し続くはずだが、これに続く紙がなくなっている。

＊ 御著書『荒野に立つ虹』＝『渡辺京二評論集成Ⅲ　荒野に立つ虹』（葦書房）。

渡辺書簡　武田兄宛（一九九九年十一月八日消印、葉書）

拙著*についていて丁寧なご感想をいただき、ありがたくまた嬉しく存じます。書評などはちっともありがたくありませんが、あなたのような真剣な読者のお便りは深く身にしみます。今後、本を出すたびにあなたのご感想が伺えるという楽しみがふえました。とくに評論についてのご意見は有益でした。それほど自覚的でもないのですが、事実それ自身をして語らしめたいという気分はたしかに自分の中に在るようです。述べて作らずというところまではまだ行きませんけれど。とりあえず御礼まで。

早々

＊　拙著＝『渡辺京二評論集成Ⅲ　荒野に立つ虹』（葦書房）。

渡辺書簡　武田兄宛（一九九九年十一月二十七日消印、葉書）

米子へ発つ日の朝、思いがけずも、弟様との連名にて、豪華な花が届き、恐縮いたすとともに、あたたかいお心づかいに心を打たれました。まことにありがとうございました。あまりに沢山の花でしたので、娘二人にとりに来させました。またちょうど家内が入院中でしたので、娘たちが何本か抜いて届けてくれた由です。米子行はなかなか楽しい旅でした。ブックイン鳥取というグループの中心である今井書店の実力と志にはおどろきました。社長の永井氏というのも立派な人物です。お近くに居ればいろいろと報告できるのに残念です。まずは御礼まで。

追伸、第六刷*を送らせていただきます。この刷はそれまでのミス、ミスプリントが訂正されていますので。

＊　第六刷＝『逝きし世の面影』（葦書房）の第六刷と思われる。

渡辺書簡　武田弟宛（二〇〇〇年一月一日の年賀状、葉書）

新春の訪れをともにおよろこび申上げます。いつもお世話になるばかりでありますが、今年もどうかよろしくおつき合い下さい。

残された歳月がごくわずかなのは明白でありますのに、まだまだ先があるように思う癖が抜けませんが、今年は何とか奮起して「日本近代素描」の第二巻を本にしたく思います。その第二巻もまだ江戸のうち。これではいつ「近代」に到達することやら。とにかく寿命との競争です。

あなた様、ならびにご一家のご清栄を祈りつつ

二〇〇〇年新春

渡辺書簡　武田兄宛（二〇〇〇年二月二日消印、葉書）

お便りありがとうございました。お送りする度に礼状を戴き恐縮に存じます。また拙文を授業（鳥取大学の授業）でご利用下されし由、これまた恐縮であります。今の若者の考えや感性は私などにとっては心に訴えようもない異質なものにしか思えませんけれども、あなたのようなご努力

があれば、それなりの効果もあるのでありましょう。しかし「便利」という基準で押してくる奴にはかないませんね。小生目下「集成」第四巻*の準備にかかっておりますが、第一、第三巻があまりにも誤植だらけで、今度はあまりみっともないものにせねばと考えております。

早々

＊「集成」第四巻＝『渡辺京二評論集成Ⅳ　隠れた小径』（葦書房）。

渡辺書簡　武田弟宛（二〇〇〇年二月七日消印、葉書）

お便りありがとうございました。たんびに感想を寄せていただいて、著者としては嬉しさのきわみです。お兄さまもそうでありますが、あなた方ご兄弟の感想は的確で、いろいろ教えられます。「歴史主義の擁護」は論題が特殊、かつ多少専門的でありますので、何とか目を通していただけただけでありがたいと言わねばなりません。長谷川さんの本*は私も買って読みました。思考力強靱です。この人にはもう十数年前から注目しておりました。

河合塾にてのご心境、大事なことを聞かせていただいた気がします。私は河合で得た友人はあなただったと常々思っているのです。ご自愛下さい。

＊長谷川さんの本＝長谷川三千子『からごころ―日本精神の逆説―』（中央公論社）。

武田兄書簡（二〇〇〇年三月二日付け、手紙）

前略御免下さい。

ご挨拶を申しあげますのが、たいへん遅くなってしまいましたが、このたびの「和辻哲郎賞」の御受賞、誠にお目出度うございます。心よりお祝い申し上げます。

『逝きし世の面影』をじっくり読みこんでいる人がいろんなところにいるのが分かって、たいへん嬉しく思っています。やはり、この書の根底にあるものが読者の心を捉えるのでしょう。この書の目指しているのは、単なる歴史叙述ではない。日本人の生の新たな在りようであるということが、読者の心を強く動かすのでしょう。そして、このことは、心ある日本人の間で、自分たちの生の在りようを、もう一度本気で考え直さねばならないという気持が、大きく動き始めている徴《しるし》なのかもしれません。

御著書『新編　小さきものの死』を御恵贈いただきましてから、だいぶ日時が経ってしまいました。この間、興味深く少しずつ読み進んで一読し、昨日は終日、私に特におもしろく思われました「ドストエフスキイの政治思想」「石牟礼道子の世界」、その他先生の自伝的エッセイ等をゆっくり再読させていただきました。

この二、三年の「新しい」読者である私にとっては、この本は、先生が「あとがき」にお書きになっておられますように、先生の「ものかきとしての初発の動因」を知るという点で、まずたいへん興味深いものでした。巻頭のエッセイ「小さきものの死」が「序詞」と銘打たれているように、全編を読んだあとでここに帰ってくると、なるほどここに書かれていることが、先生の御思索の一つの出発点であり、「根」であるということがよく分かります。それは、小学生時代の同級生との関係、水俣病問題への関わり方から、ドストエフスキイの民衆理解に対する洞察までを貫いているように思われました。もう一つの先生の「ものかきとしての動因」は、ドイツ語で言う idealist としての強烈な欲求、なんとしても「人類史」というものを自分なりに完全把握するのだという、強烈な欲求ですね。先生の多くの御論考は、単純化して言えば、この二つの動因が絡み合って書かれているように感じました。「ドストエフスキイの政治思想」の中に「政治思想のもっとも根本的な問題は民衆の意識の底に胎まれている夢想と幻影をどのようにして現世的なものとして実現することができるかということだ」――こういう言葉が読まれますが、たとえばまさにこのことが、先生の究極の課題の一つであると受け取ってよいと私には読まれました。

先生の「人類史」理解に対する飽くなき欲求――これが私にとっては、いかにも新鮮です。私は若年のときに、たとえば小林秀雄に傾倒しましたが、小林秀雄にはこういう欲求はあまりなかったように感じますし、私自身もそういう欲求はほとんどありませんでした。小林秀雄にもあり、私も共感したのは、「近代」あるいは「ヨーロッパ市民社会」に対する疑惑であり不信です。これはそうとう強烈なものがあり、それゆえヨーロッパ近代が何であるかということは、なんとしても理解しなければならないと思いましたが、「人類史」という観点はありませんでした。先生にも無論このヨーロッパ近代への強い疑惑があり、それが私の先生への共感、同感の元ですが、この近代の問題を「人類史」という大きな流れの中で読み解こうとされているところに、私は非常な新鮮味を感じています。

今回の『新編　小さきものの死』において、私にとりましては、「ドストエフスキイの政治思想」が、やはり、圧巻でした。私も小林秀雄のものを始めとして幾つかのドストエフスキイ論を読んだことがありますが、正直、どれもどうもよく分からないのです。こちらの理解力が小さく、知識に乏しいということがまずは問題なのですが、どうもドストエフスキイはよく分からないなあと思っていました。ところが今回は、よく分かりました。私は「作家の日記」をまだまともに読んだことがないのですが、それにもかかわらず、ともかく一行一行言われていることが、よく理解できました。これがドストエフスキイなら、自分にも分かると思いました。

「あとがき」に「ドストエフスキイの政治思想は……私の水俣経験の総括といってよい」と書かれています。私には先生の「水俣経験」の全体がこの本だけではよく分かりませんでしたので、この言葉を百パーセント分かるということはできませんが、この言葉の意味するところが半ばは分かるような気がしました。というのは、「ドストエフスキイの政治思想」を読んだあとで、「これは渡辺京二の精神の自叙伝ではないか」という感想がおのずから湧いたからです。この論文の核心は、いうまでもなく、ドストエフスキイの民衆理解に対する独創的な洞察でしょうが、それが先生自身の、日本の庶民に対する理解から発していることが、ほかの文章を読めば、余りにも明らかだったからです。また、たとえば、ドストエフスキイにおいて、「どうしても反発を禁じえない制度のひとつ」が弁護士制度であったということが指摘されているくだりに、次のような文章があります。「この疑問この反発は、非常に素朴な性質のものである。つまり、少年から大人に移行する過程で、人が誰でも一度は経験するような疑問であり反発である。しかし、それは幼稚なのではなく、人はういういしい感性がかぎつけた根本的な問題の所在を、その後ルティーンに適応することによって見失ってしまったのだといえる。」——私にとっては、同様の経験を思い出させる感動的な一文ですが、こういう文句を書きつけることができるのは、やはり著者自身に同じ体験があったからだと推量するのが一番自然でしょう……。

「ヒトラーの根拠」には説得力がこもっており、私は教えられるところがありました。というより、ヒトラーについてもドストエフスキイ同様、自分で分かったと思えるまでは分からないという態度を保持していこうと思っているのですが、小林の、ヒトラーに触れた短いエッセイに次いで、今回の「ヒトラーの根拠」が二つ目、私の納得のいくヒトラー理解を示した文章となりました。ヒトラーは「対抗勢力なしには生はありえないという認識の持ち主だった」――この言葉は――話が少しずれますが――私にユングの人間理解を思い起こさせました。ユングも同様の考えの持ち主で、未だベルリンの壁が崩壊する以前に、彼の次のような趣旨の文章に接して、強い印象を受けたことがあります。すなわち「東西冷戦が終ったら、世界は一つになって、平和な時代がやってくるだろうというようなことを言う人がいるが、そういう人は人間と世界とを知らないのだ」と。

メモもなく、ただ思いつくままに書いていますので、まとまりもありませんが、もう少し書かせていただきます。「石牟礼道子の世界」も、二度ゆっくりと読ませていただいた御論考の一つです。私は「苦海浄土」をまだ読んでいません。（半年くらい前に一度本屋に注文したのですが、絶版という返事でした。最近もう一度注文しましたら、二、三日前に今度は届きました。）それでも、先生の御文章を拝読して、半ば読んだ気になりました。まことに理解の行き届いた、しみじみした味わいのあるエッセイです。石牟礼氏は最高の理解者を一番近くにお持ちで幸せです。石牟礼氏のいわゆる「聞き書き」が、実はどういうものかというところは、私はきっとこうだろうと予想しながら先生の文を辿ったのですが、半ばあたり、なかばはずれました。「だって、あの人が心の中で言っていることを文字にすると、ああなるんだもの」――このセリフは予想できませんでした。しかし、きっとそうであろうと思いました。

最後にもうひとこと付加えますと、「ドストエフスキイの政治思想」が、「ドストエフスキイは生涯を通じて夢見る人であった。」という文で書き出され、同じ文で締括られているのが印象に残りました。そして、私はこういうことを思いました。現代の多くの著作家の文章が読者の心に響く内容を喪失しているのは、彼らが究極的にはドストエフスキイの「夢見る」能力を失ってしまっているからなのだと。もし自分がこれから何かものを書こうと志すなら、自分の内にドン・キホーテの夢の一かけらでもあるかを問うてみなければならないと。

今回もまた、いっこうまもとまりのない感想になってしまいました。

今日はこれにて失礼いたします。

お元気でお過ごしください。

平成十二年三月二日

武田修志

渡辺京二先生

渡辺書簡　武田兄宛（二〇〇〇年三月五日付け、手紙）

お便りありがとうございました。和辻賞の授賞式は三月一日でしたが、そのあと家内と娘とで京都に二泊、四日に帰宅しました。旅に出る前から右足が痛み出し、姫路の式は何とかこなしたものの、京都では歩行困難となり、それでも家内が京都は初めてなものですから、杖を曳き曳き、見物らしきものをして参りました。帰ってからはねこんで居ります。旅に出る前病院へ行ったのですが、病院の薬など全く効きません。でも腰椎の椎間板変形による神経痛ですから、ねて居れば軽快することでしょう。

さて『小さきものの死』に対する詳細懇切なるご感想、ありがたききわみです。あんなふうに読んで下されば冥利に尽きます。ドストエフスキイ論は、長文かつまわりくどいものですから、これまでちゃんと読んでくれた人も少なかったのでしょう。これといった批評・感想はほとんど聞いたことがありません。わずかに京都にいる川喜田八潮という人（川喜田二郎氏のひとり息子）が自分の論文中で触れてくれたくらいです。ただ私は従来のドストエフスキイ論とは全く角度の異なるものという自認は持って居りました。ヒトラーについての小論に目をとめて下さったのも我が意を得たりの思いです。とにかくあなたはこの上なくありがたい読者です。これから先、文章を書いていく上で元気が出ます。あなたも夢見る志をもっておいでの一人であるゆえに、拙文のごときに共感して下さるのでしょう。しかもあなたは単なる読者ではなく、ご自身著述家であられます。老来私はかのドクトルジヴァゴのごとく、巷のうちにひとり埋れる覚悟でありましたが、近年になってあなた方ご兄弟のような学芸上の友人が新たに出来、自分が暖いゆたかな風に包まれる思いで居ります。折角、学芸上のおつき合いが出来るのでありますから、拙文に対し忌憚ないきびしいご批評もときにはいただきたく思います。

お仕事は進んで居りますでしょうか。楽しみにして居ります。ご多忙中、長文のご感想をいただき、改めて御礼申上げます。

平成十二年三月五日

渡辺京二拝

武田修志様

渡辺書簡　武田弟宛（二〇〇〇年三月十日付け、手紙）

お便りありがとうございました。足のこと心配していただいて申訳ありません。腰ではなく足なのです。右足が全般的に痛んで、ひどいときは歩行が出来ません。身動きもならぬというのは少々オーバーでして、今日は杖をついていくらか歩行できました。病院にゆきましたところ、腰椎の椎間板変形から来ているのだろうということで、症状としては坐骨神経痛です。十五年程前、ホテルで大量に小論文の添削採点をやらされ、右腕に神経痛が生じて、一年近くなやまされたことがありましたが、そのときの痛みと全くおなじです。一月の末に一度起ったのですが、そのときは三、四日で軽快しましたのに、今度のはそうはゆきません。二月二十五日に再発し、姫路へゆかねばならぬので（和辻哲郎文化賞授賞式に出席のため）、困ったことになったわいと思っているうちに当日になり、二十九日、三月一日は姫路、それに家内が京都に行ったことがないので二日、三日は京都観光、四日に帰熊したのですが、その間ずっと痛み続け、無理したせいかねこんでしまいました。お兄様の手紙は帰熊した当日にとどき、翌日お返事を書きましたので、一番悪い状態が伝わってしまったのでしょう。その後、テルミーという一種の温灸みたいな治療を連続して五日ほど受け、今日あたりはかなり軽快しています。このままだんだんよくなるのではという気がします。坐ったり、腰かけている分には痛みはなく、立ったり、あおむけに寝たりすると痛むのです。まあ、四月の新学期が始まるころまではよくなるだろうと思って居ります。坐業は出来るので、勉強には差支えません。

姫路の授賞式は大がかりなもので、私に対する待遇・世話も至れり尽せり。それに主催の姫路文学館の建物の立派さ、内容の充実におどろかされました。にもかかわらず、賞などは本来いただかない方がよいのだという考えは変りません。

京都はむかし二度訪ねたことがありますが、いずれも一角をかすめただけでした。今度は友人が車を出してくれましたので、京都という街の大体の感じがわかりました。そのよさも初めてわかりました。一言でいって素晴しい街です。戦前の都会の味わいがあるのが何よりよろこびでした。住んでみれば、さぞかし楽しみ多い街であることでしょう。

『苦海浄土』お読みいただけた由。ご感想も嬉しくありがたく拝聴しました。春になって、またお目にかかれるのが楽しみです。

三月十日　　渡辺京二拝

武田博幸様

武田兄書簡（二〇〇〇年八月九日付け、手紙）

前略御免下さい。

一昨日弟が電話で、先生と今月の十九日にお会いできるようになった、と連絡してきました。どうも有難うございます。お会いして、いろいろお話をお伺いできますことを、楽しみに致しております。

『評論集成Ⅳ　隠れた小径』、拝読いたしました。ひとこと感想を申し述べたく思いますが、しかし、毎度のことではありますが、今回もこの書にふさわしい、多少なりと中身のあることは何も申し上げられそうもありません。それと申しますのも、今回は特にそうでしたが、ともかくここに取り上げられている人と書物が、ほとんどすべて私の未知の人、未読の書であって、先生の御論評に対して、何か批評でもできるような論拠を私が何一つ持ち合わせないからです。それにしても、自分の親愛、敬重する著作家の本を読んで、これほどいわば「教養の系譜」が違うと感じましたことは、先生が初めてのような気がいたします。たいてい、たとえば、ある本の中で十人の人が取り上げられているとすると、その内の少なくとも二、三の人に関しては、自分も多少は知っていて、そこでの論評がいかなる根拠に発するものかよく分かる、と思うことができるものです。しかし、今回のこの『隠れた小径』は、私の全くの未知の人と書ばかりを取り扱っているのです。もちろん、これは単なる私の読書範囲の狭さ、読書量の少なさを証するだけで、「教養の系譜」が違うというような大げさなことは言い出す必要のないことかもしれませんが。何しろ私はフォークナーも小川国夫も一冊も読んだことがないのです。

しかしながら、私は「『試みの岸』評釈」も「『サンクチュアリ』の構造」も、その他の評論もエッセイもすべて、全く退屈することなく興味深く読むことができました。一流の著作家に今更こういうことを申し上げるのは、あるいは逆に失礼に当るかもしれませんが、その一つ一つの、「作品」としての出来栄えに感嘆しました。まさに、上質の作品論とは、その作品を読んだことのない読者をも、面白がらせ、納得させることのできるものなのでしょう。内容に立ち入って論じることができないのが残念ですが、読みが深く的確だなぁ、と感じるのみならず、文章に——俗な言い方になりますが——「花がある」と思いました。この文章の味わいがどこから来るものか、今、それと指すことができませんが、一つ感じているのは、昨年から今年にかけて先生のこの『評論集成』シリーズを拝読して、巻を追うごとに、初期の重苦しさがなくなり、どこあたりからか、ある「晴れやかさ」のようなものが出てきている、ということです。この『集成』四巻は、厳密に年代順に配列されているものではないでしょうから、私のこの「感じ」は全く漠然としたものですが、おそらくどの時点かで、先生は自分の本質を素直に表現できる文体を獲得されたのでしょう。

今回、私にとって最も印象深かった御論文は、「感奮という死語・甲斐弦論」でした。甲斐弦という人も私は全く存じませんので、個人的な興味というようなものは何もなくて拝読したのですが、何か強く心打たれるものがありました。文章の中で申しますと、先生の最近の御文章に感じられる、今申しました、「ある晴れやかなもの」「素直なもの」が、ここには最もよく出ているのではないでしょうか。「むかしの少年は感奮する能力の持ち主であった。」——この表現は一つの「発見」だと思いました。一つの真実を言いあてています。「少年とは感奮する能力の持ち主」——本当にそうだと思います。しかし、おっしゃっているように、「今日、感奮という言葉は死語となって久しい」。私なども、そもそもこの「感奮」という言葉をここで初めて知ったような次第です。「甲斐さんが好むコモン・ディーセンシーというのは、いかに世の片隅にいようとも、人間として恥じぬものでありたいという感奮の精神を言うのである。それが甲斐さんのいう『すめらみくにのもののふ』の心である。……」こういう理解を、渡辺先生に示されて、甲斐先生もさぞやお喜びになったことでしょう。私も甲斐先生の『高志さんは帰ってこない』を読んでみたいと思います。

「石牟礼道子の時空」もすばらしい一篇だと思いました。これを読んで、なんだか自分まで石牟礼さんの作品を読んだような気になってしまいました。自分はまだ『苦海浄土』一冊しか読んでいないくせに、「実によく石牟礼文学の本質を語っている」とうなずきながら読みました。最後の部分の、中井久夫の『分裂病と人類』を援用しての、石牟礼文学は「S親和気質者による世界認知の性格を帯びている」との指摘には、びっくりしてしまいました。これは凄い指摘だと思います。石牟礼さんといえども、これを渡辺先生からお聞きになったとき、いささかびっくりなさったのではないでしょうか。

巻頭の短いエッセー「歴史と文学のあいだ」は、先生の思考の出発点を語るあの短いエッセー「小さきものの死」と同じ内容をなす御文章のように思われます。先生の精神の素地、あるいは、思考の起点というようなものが、ここには表されているように見えます。「小さきものの死」を初めて拝読したとき、薄々感じたものを今回また感じました。それは、「小さきものの死」を見ているこの若者は、自分もまだ青二才の少年であるのに、随分と「インテリ」なのだなあ、ということです。「小さきもの」と自分とを厳密に区別している、と。今回もまたここに「基底で生きる人々」への特別の視線があります。「無名の生活者たちの生」を「世界総体の意味とかかわるように」把握したい、と。ここのところが、先生の人間としての在り方の本質と関わるところだろうと思いますが、それが一体どういう人間の在り方なのか、今はまだ分かりません。ただ、私はこういうふうな「視線」を持たないので、少し分かることがあります。そういう「視線」を持たないというのは、私が「無名の生活者たちの生」を無視しているというのではありません。逆です。多少のインテリの生死の在り方も、「小さきもの」の生死の在り方もそう違わない、と。両者をそんなに鋭く区別する気持に乏しいのです。これは、私が田舎で育った人間で、先生が「街で生まれ街で育った人間」であるということと、多少、あるいは大いに、関係あることかもしれません。また、先生が人間を歴史的に把握しようとする性向をお持ちであることと深く関わっていることでしょう。……

今回もまた尻切れトンボみたいな感想になってしまいました。ただ私が今回の御著書も強い関心を持って、ゆっくりと愉しんで拝読したということを、もう一度申し上げておきます。「白川漢字学の世界」は私にとって最良の白川学への案内であり、その他のエッセーも私の狭い視野を広げてくれました。

武田修志

平成十二年八月九日

渡辺京二先生

渡辺書簡　武田兄宛（二〇〇〇年八月十二日付け、手紙）

またまたいいお手紙をありがとうございます。的確で読みの深い御感想で、このような読後感をいただける身をしあわせに感じます。

今度の本*には、井上岩夫、甲斐弦、福島次郎、高野善裕という、一般には全く知られていない作家たちをとりあげましたので、読者にはちょっとしんどいかなとも思いましたけれど、私自身にこの人々への思いがあるものですから、わがままをさせてもらいました。

甲斐弦論についてのご感想、ありがたいです。甲斐先生はご病気がかなり悪く、お会いして話することもむずかしいご様子で、拙文は奥様が読んでお聞かせになったそうです。「甲斐は泣きました」と電話でおっしゃいました。先生の『高志さんは帰って来ない』は余分に持って居りますので、ご来熊の節に差上ることに致します。

お便り中、初期の重苦しさが消え、ある晴れやかさが出てくるとおっしゃっていること、まことにありがたいご指摘です。それは自分でも思い当ることで、あなたの眼力に敬意を表せざるをえません。それはいつごろからなのか、また何が機縁となっているのか、よくわからないのですけれど。まあ、恰好づけがだんだんとれて来たということでしょうか。

「歴史と文学のあいだ」についての読みもわが意をえたりというところです。あなたがおっしゃるように私は十六、七のときすでに「インテリ」でありました。それは左翼体験も関わっているでしょう。何しろ当時の左翼は「前衛」でありましたから。文学・哲学への開眼による同級生や親兄妹からの疎隔に、左翼的な責任意識が加重されたわけです。こういう「インテリ」は日本近代特有の産物で（十九世紀ロシアのインテリとは大変似ております）、もはや存在しなくなったものです。今は知識人は居りますが、明治末期以来形成されたこういう「インテリ」は居りません。あなたはそこを鋭く見抜いておられます。田舎――都会ということもありましょうが、根本的には時代の設定が変ったということだと思います。

お便りを読んで感じるのですが、あなたはとても的確な読解力と、しかもその読みとりを表現なさるお力をおもちです。失礼ながら文章も大変ゆきとどいています。そういうご能力をご著作に発揮なさることを期待して居ります。

十九日は楽しみにして居ります。

八月十二日

渡辺京二

武田修志様

＊ 今度の本＝『渡辺京二評論集成Ⅳ 隠れた小径』（葦書房）二〇〇〇年七月三〇日発行。

渡辺書簡 武田兄宛（二〇〇〇年九月一日消印、葉書）

私このたび左記に転居いたしました。今後はこちらにお便り下さい。

（新住所）

健軍神社の北側です。お遊びにどうぞ

（右の通知の隙間に）先夜はおもてなしにあずかり、ありがとうございました。

渡辺京二拝

※右と同じものが武田博幸宛にも来る。

渡辺書簡　武田兄宛（二〇〇〇年九月六日付け、手紙）

拝復

拙著についてのご草稿[*1]拝読しました。弟さんはご不満がおありとのことですが、私としてはこんなふうに読解・評価して下さったことはまことにありがたい極みで、何の不満もありません。あの本には書評・紹介もかなり出ましたが、何か核心をそれたようなものばかりで、あなたたちご兄弟からいただいた感想が私には一番意を得た感じがしました。

今度のご本[*2]で、石牟礼さんと私についてふれて下さるのは何ともありがたいことです。「許可」もへちまもありません。こちらから御礼申さねばならぬことです。石牟礼さんあてに送られた『ヘルマンとドロテア』についてのご文章も拝見しました。

私は中学二年の秋から文学書を読むようになりましたけれど、西洋の作家でまずなじんだのはトルストイとゲーテでありました。『ヘルマンとドロテア』は三年のとき大連で読みました。もちろんゲーテといっても『ファウスト』などはわかるはずもなく（工場動員のころ、教員に『ファウスト』をカバンに入れているのをみつけられ、こっぴどく叱られたことはありますが、これは見栄でもっていただけでありましょう）、とっかかりは例のウェルテルというお定りですけれど、『ヘルマンとドロテア』も忘れがたかったことを記憶します。ご文章を拝見し、なつかしさにかられました。

全集は持っていますので、そのうち再読いたしましょう。
とりあえず御礼まで。お仕事の完成を祈ります。

九月六日

渡辺京二拝

武田修志様

＊1　拙著についてのご草稿＝『逝きし世の面影』について武田修志が書いたもの。『人生を変える読書』（ＰＨＰ新書）に収められることになる原稿。

＊2　今度のご本＝『人生を変える読書』（ＰＨＰ新書）は翌年の二〇〇一年七月に刊行された。

渡辺書簡　武田兄宛（二〇〇〇年九月十日消印、葉書）

先日は過分なるご接待をいただき、今日また鳥取名産をお送り下さいまして、何ともお礼の言葉もありません。ありがとうございました。

転居は業者に頼みましたので、体を使うことはあまりありませんでしたが、やはり気苦労というか精神的な疲労はかなりたまりました。しかも書物はただやみくもに書棚に詰めこみましたので、整理し直すのが大変です。生れて初めてちゃんとした書斎に恵まれてありがたい限りですけれど。先日お目にかかれたことを石牟礼さんは大変およろこびでした。来年は彼女宅でゆっくりお話しましょう。

渡辺書簡　武田兄宛（二〇〇〇年九月二十五日消印、葉書）

先日は『アニマの鳥』の感想文お送り下さって、ありがとうございました。早速石牟礼さんにお渡ししたところ、非常によろこびでした。私が思うに『アニマの鳥』の書評は多少は出ましたが、あなたのように本質をついたものはありませんでした。彼女も嬉しかったはずです。その前に弟さんからもおほめのお便りをいただき、作品の舞台を旅してみたとのこと。これも彼女にとってありがたいことで、武田ご兄弟とご縁が出来て本当によかった云々と、おかげで私まで面目を施しました。石牟礼さんも私もそうそう時間が残っているわけではありませんが、あなた方ご兄弟との今後の時を大切にしたく存ずる次第です。

渡辺書簡　武田兄宛（二〇〇〇年十一月七日消印、葉書）

先日は亡妻*への御香奠を賜わり、本日はまたお心のこもったお便りをいただきまして、ただただ恐縮かつありがたく存じます。弟様にはわざわざ拙宅を訪われ、敦子の遺影に対して涙をうかべて下さいました。あなた様のお心遣いといい、故人もさぞかしよろこんでいることでしょう。一度お目にかかっておきたかったと異界で思っているのではありますまいか。心にあいた穴はどうしようもありませんが、残された人生を精一杯生きるのが私のつとめと思って居ります。今後ともよろしく御交誼のほどお願い申上げます。

＊　亡妻＝二〇〇〇年十月二十九日、敦子夫人逝去。

渡辺書簡　武田兄宛（二〇〇〇年十二月二十五日消印、葉書）

先日はわざわざ亡妻におまいりいただき、ありがとうございました。彼女もろくでなしの夫に晩年のよき友のできたことをよろこんでいたことでしょう。花瓶、奥様がお使い下さるとのこと、願ってもないことであります。

自伝のおすすめ、いくらか気が動いて来ました。しかし、私の一生は幼稚な恋と、運動の中心の人とのいざこざで成り立って来たようなもので、いくら何でも、そんなものは人目にさらしようがない気もします。読書日記のようなものなら書けるかも知れません。しかしとにかく来年は第二巻＊の上梓が先決。がんばってみます。

早々

＊　第二巻＝二〇〇〇年一月一日年賀状参照。

渡辺書簡　武田弟宛（二〇〇〇年十二月二十五日消印、葉書）

冬期講習会でお会い出来るかと思っていましたが、案に相違しました。残念です。

家内のこと、いつも慰さめかつ励まして下さって（お兄様もそうですが）、あなた方ご兄弟には感謝の言葉もありません。何しろ生活が変ってしまったので（娘夫婦のかかりうど）、おかしな浮遊感にとりつかれていますが、いずれ時が心を納得させてくれるでしょう。おひまになったらお遊びにみえませんか。いっしょに田舎めぐりなどしてみたいものです。

武田弟書簡（二〇〇一年二月二十二日付け、手紙）

昨日今日と暖かい日射しで、少しずつ春めいた風にもなって参りましたが、いかがお過ごしでしょうか。私の家の狭い庭には、一月初旬から毎日のように目白が二、三羽、山茶花の花の蜜を求めてやって来ています（今も来ているところです）。例年訪れるのは、二月いっぱいまでで、三月にもなるとぱったり姿を見せなくなります。

熊本の父が、どういう案配か、一月末あたりから急に昔のことを書く気になりまして、数枚書いては鳥取の兄の所に送り、兄が少し手を入れて（題も兄が適当に付けたりしまして）、今二つほど出来上がりました。お恥ずかしいながら、これが同封しましたコピーです。私はもっぱら、「これは面白いから、父さん、もっと続けて書いたらいいよ」と父を励まし元気づける役をやっております。書き出したら自分でも面白いようで、また人が読んでくれるのもちょっぴり嬉しいようで、暫くは続きそうな勢いです。

以前から父に、昔のことを何でもいいから書いてみたらと、兄も私も何回となく勧めていましたが、手紙くらいは書いても、改まって文章など書いたことのない人ですから、一向にペンを取る気配はありませんでしたが、どういう風の吹き回しでしょうか。昨年、十月末に石牟礼先生のお宅にお邪魔して、先生のご両親様、お祖父様、お祖母様のお話に及んだ時、私の父のことを少し話しましたら、先生から「あなたたち兄弟でしっかりお父さんの話を聞いて、テープにでも取るとか記録に残す*ように是非ともしなさい」と言っていただきました。家に帰りまして、父に、石牟礼道子という作家の先生が、こんなふうに言っておられたよと、話したりしたことが、書き残しておく価値がもしかしたらあるのかも知れないと思うようになったきっかけかも知れません。そういうわけで、石牟礼先生にも読んでいただけたら、まことに幸いです。

しばらくどこかに行っていた目白がまたもどって来ました。

どうか御元気でお過ごし下さい。

二月二十二日

武田博幸拝

渡辺京二様

＊記録に残す＝これは後に『駐在巡査奮闘記』と題する本（自費出版）となった。

武田兄書簡（二〇〇一年五月十日付け、手紙）

前略御免下さい。一昨日博幸から電話があり、渡辺先生は四月は風邪で長く寝込まれ、石牟礼先生は糖尿病に風邪が重なって入院なさっている、と報せてくれました。石牟礼先生には昨日お見舞いのお手紙を差し上げましたが、渡辺先生の御体調はその後いかがでしょうか。東京やほかにも遠出をなさる機会が多かったところに風邪を召されたので、ひどくなられたのであろうというようなことを弟が申していましたが、その後ゆっくり休養をお取りになることができましたでしょうか？大事なお体ですので、くれぐれもご健康にはご留意のほどをお願い申しあげます。

春休みに一週間余り嘉島の父の所に帰っていましたが、その折、偶然、熊日紙上で先生の御文章に接しました。これからいかにして経済を縮小の方向へ持っていくかということに触れた内容のエッセーでした。その場で二度、三度読み、よい文章だなあと思って、心に残りましたが、取り紛れてその記事をこちらに持ってくることも、また、それはひと月に一回の連載ものの途中回であるようでしたので、熊日の古いのを見ようと思ったのですが、それもできませんでした。それで、まことにお手数で申し訳ありませんが、いつか機会がありましたら、あの連載エッセーのコピーを、河合塾にお出でになったときに博幸に託してはいただけませんでしょうか。是非もう一度きちんと最初から読んでみたく思います。

先生の『逝きし世の面影』の紹介文を含んだ私の次の本のことですが、これは、ふた月くらい前に「六月に出ます」と連絡を受けたまま、今日まで音沙汰なしといったところです。自分であんまり自信のない原稿なので、出してくれれば有難いと思っていますので、こちらからは一切何も問い合せたり、注文を付けたりしていません。何も言ってこないのは「出ない」ということではないと思います。しかし、六月までには出ないかもしれません。いずれにしろ、出版されましたら、早々に送付させていただきます。

石牟礼先生にはお見舞状を差し上げましたが、渡辺先生からもよろしくお伝えいただけましたら、有り難く思います。今になって、目がお悪かったのは糖尿病のせいだったのかなと推測したりしています。糖尿には適度な運動がよいというので、私の「運動場」である近くの小山には何人もの糖尿病の人が登りに来られます。石牟礼先生は足もお弱いので、運動もあまりお出来にならないでしょう。おそらく病気を完治するというのではなく、日常生活が普通に近いようにできる程度に病気をてなづける、というのが石牟礼先生の入院の目的であるのかもしれません。一日も早い御退院をお祈りいたしております。

簡単ですが、今日はこれにて失礼いたします。

先生のご健康を心よりお祈りいたします。

平成十三年五月十日

武田修志

渡辺京二先生

渡辺書簡　武田兄宛（二〇〇一年五月十二日消印、手紙）※消印不鮮明で、五月十二日は推定。

お便りありがとうございました。

熊日の拙稿、お目にとまってありがとうございます。これまでのった四回分のコピー同封します。調子をおとして書いているわけではありませんが、何しろ新聞読者が相手なので、なるべくわかりやすくと心掛けています。これもいい修業です。

四月の中ごろまで流感でねたり起きたりでしたが、もう回復しました。石牟礼さんも流感がひどかったこともあって四月四日に入院、かねての糖尿の方もこの際ちゃんとしておこうとのことで、もうかなり元気で外出もなさるようになりましたが、あと一週間ほどは入院の予定です。どうかご心配なく。彼女の眼は三十年ほど前、白内障で水晶体をとってしまったもので、糖尿とは関係なく、こんども大学病院の診察を受けましたが、とくに心配はいらぬとのことでした。

ご本の出版の遅延、残念です。しかしおっしゃるように出版とりやめということはありますまいから、楽しみにお待ちしています。

とりあえずご返事まで

渡辺生

武田修志様

武田兄書簡（二〇〇一年五月二十三日付け、手紙）

先日はお手紙と連載エッセーのコピーをお送りいただき、誠に有難うございました。厚くお礼を申しあげます。

エッセイ「未踏の野を過ぎて」の四回分、二度三度と拝読いたしました。何とも言えない味のある文章だと思います。「ひとの世にひとりしんと生き」ている人間から発せられた言葉、とでも言ったらよいでしょうか。今や、新聞・雑誌で、こういう味わいのある文章に接する機会は実に実にまれになりました。

第一回目の「賢者の構え」云々の言は、教師である私の場合は、「学生に対する姿勢」ということになります。もう、こんな学生達に何をか言わんやだ、ただ淡々と文法の知識を授けて、あとは自分の勉強を静かに続けよう——そんなふうによく思いますが、再び、「天下国家」を論ぜずにはいられない自分を発見する——そんなことの繰り返しの毎日ですから、先生がここにお書きのことはよく理解できるように思いました。

「商品とサービスの消費者として条件づけされた人間の魂は、やがて腐り始める」——今回のエッセーを拝読して、この言葉に最も同感、共感いたしました。大学教師として、「これが人間か」と思うような振舞、顔つきをした青年の群を連日目にし、相手にしながら生活していますと、今やこの言葉の真実を疑うことはできません。多くの若者が全く無自覚に単なる「商品の消費者」に成り果てて、魂を腐らせていく姿を目前にしているのは、何とも腹立たしく、また、心萎える経験です。こういう極端な消費社会の中では本当に人間の魂は、ちょうど冷蔵庫の中の食品がじわりじわりと腐っていくように、徐々に腐れ果てて行かざるを得ないのでしょう。これからは「収入がいくらか減っても生活のゆたかさは……かえってゆたかになるという途《みち》」を模索しなければどうにもなりません。他人はともかく、自分の生活の仕方をもう一度真剣に見つめなおしてみたいと思いました。

第四回目に、「今は大変いやな世の中だということを書きたい」とあり、まずは「やる」を「あげる」に言いなおしている心根のあさましさ、あるいは、言語テロリズムが論じられていましたが、まったく同感です。言葉遣いの上での最近の日本人の鈍感には、やはりその根底に、「魂の腐敗」を感じます。たとえば、こういうことを、大学の教室で話題にすると、ある種の学生からたいへんに嫌われます。「なるほど、そういう問題があるのか」というふうに聞く学生が二、三割、あとは「こいつは何かおれ達の悪口を言っているナ」というような反応です。それは、自分を反省する——そんなことはまっぴら御免だというたいへんにイライラした反応です。

いずれにしろ、先生がこのあとどんな話題を持ち出されるか、たいへん楽しみです。

簡単ですが、ひとこと感想を述べてみました。

渡辺先生はすでにお元気になられたとのことで安心いたしましたが、その後石牟礼先生はいかがでしょうか。もう退院なさっておられるかと思いますが、一日も早い御快癒をお祈りいたします。

（私の小著は六月末に出ることになりました。先生へお手紙を差し上げた翌日、突然初校が送られてきました。初校は私の原稿そのままで、少しびっくりしました。原稿には満足していたけれども、平成十二年度の出版計画に組み込めなかったので、遅くなったということでした。）

今日はこれにて失礼いたします。

お元気でお過ごしください。

平成十三年五月二十三日

武田修志

渡辺京二先生

渡辺書簡　武田兄宛（二〇〇一年六月五日消印、葉書）

お便りありがとうございました。熊日のエッセイはあまり気ばらずに、しかしいい加減にはならぬようにと思って書いていますが、なかなかうまくいかないです。あなたのように励ましていただくとやる気が出て来ます。小言幸兵衛みたいにならずに現代の深所に切りこむというのはむずかしいですね。石牟礼さんは先月中旬に退院されました。入院中に短編小説をひとつものされ、近く「群像」にのる予定です。＊ご本、校正刷が出た由。たのしみにしています。小生はこのごろ怠け気味。どうにかせねばなりません。

＊　ご本＝『人生を変える読書』（PHP新書）。

渡辺書簡　武田兄宛（二〇〇一年七月五日付け、手紙）

お便りありがとうございました。拙文についてのご感想ありがたき極みです。あなたのような方がいて下さるのはもの書きの最大幸福です。

実はこの文をめぐって熊日とトラブルがありました。というのは担当者が旅行で不在、臨時の記者が担当したのですが、その男が拙文の三ヵ所について書直しを求めたのです。むろん拒否してそのままのりましたが、私は熊日の記者に文章指導をしてもらうつもりはないので連載打切りを通告しました。もちろんこの男は編集者の心得が全くなく、たまたま臨時に担当しただけで、今後はこういうことが再発することはないのでしょうが、そもそもこんなことが起るのも私が場違いのところに執筆したせいで、すべてはおのれの脇のあまさのせいだと自省し、今後新聞には書かない覚悟を新たにしたのです。しかし、三十年来のつきあいのある編集局長が訪ねて来て、その人柄にうたれて連載を来年の二月まで続けることにしました。二月が彼の任期切れだからです。

いまさら考えることではないのですけれど、私はほんの片隅でものを言ってゆくのがふさわしい人間なのです。余生をよきものにするためにも、ジャーナリズムとのつきあいは最小限にせねばと自戒したことです。今の編集者諸君について、二年ほど前、朝日の『一冊の本』という雑誌に書いたもの*がありますので、コピーをお送りします。ご笑読下さい。

いまの学生とだんだん対応できなくなるご苦労まことによくわかります。河合塾での私も塾生と突こんだやりとりをすることがほとんどなくなりました。むろん努力や工夫は必要でしょうし、それをしただけのことはあると思いますが、何か根本的に通じないものが年々露呈してくるようです。しかし少数ながら昔気質というか、むかしの学生とあまり変らぬようなのがいて、大てい孤立していますが（その特徴はケイタイをもたないことです！）、そんなのを見ると、文章や思想というのはいつの時代にも少数者のものなのだなという気がしないでもありません。私は若い連中をあいてに文章を書いてはおりませんので、とっくに匙をなげていますが、大学教師たるあなたはそういうわけにはゆかず、ご心労お察し申し上げます。

ご本はたのしみです。失礼ながら、今後は著述にうちこまれることにあなたの将来がおありなのではありますまいか。

夏休みに帰省される折、もしおたがいの都合が合うものなら、阿蘇あたりへ一泊で出かけたいものです。むろん弟さんもごいっしょにです。
○一年七月五日
渡辺生
武田修志学兄

＊『一冊の本』という雑誌に書いたもの＝「一冊の本」一九九九年四月号「「編集者」は要らない」（『万象の訪れ　わが思索』（弦書房）所収。

渡辺書簡　武田兄宛（二〇〇一年七月十三日付け、手紙）

御高著[＊1]昨日拝受致しました。ありがとうございます。

何よりもまず無事刊行に至ったことをおよろこびします。無事刊行などとは失礼かと存じますが、途中経過をお聞きし、小生なりに心配して居りましたものですから。早速一読させていただきましたが、これなら立派なもの、版元としても否応はなかったはずと納得されました。

いろいろと書きたいことはありますが、何といっても、ひきこまれてすうっと読んでしまったこと、それも心に愉安を覚えつつそうすることができたということをまず申し上げたい。そういう読書はこのごろ希で、そういった意味でもありがとうという言葉をお伝えしたいです。

なぜかというと、第一に文章の格が正しく達意である。近頃は妙に気どっているくせに語法や用語に誤りや鈍感さがみちみちているたぐいの〝ライター〟が多くて、読んでいていちいちひっかかるのですが、あなたのご文章は抵抗なくすうっと入って来ます。格の正しい練度の高い文章だからです。

第二にハートがあり、道心が感じられる。これも当世ではめったにお目にかかれなくなったことがらで、道心あるゆえにこそ、読むものに慰めを与える文章が生れるのだと思いました。

第三に、しかしその道心はむきだしの論理一本槍ではなく、高い批評意識でうらうちされております。批評（これは同時に懐疑でもありますが）の質的な高さが最終的にこの本の〝人生論〟を担保しているのだと感じました。お若いころの小林[*2]との格闘がここで生きているのでありましょう。

具体的なことを申上げると、『アニマの鳥』論が集中第一であります。実に的確で深い鑑賞というべく、石牟礼さんも感激の面もちでありました。あなたの鑑賞家としての実力が十二分に発揮されております。『アニマの鳥』は書評もいくらか出ましたが、あなたのものに及ぶのはありません。次に面白かったのが『キッチン』論。この読書案内の中では異色ですが、これあるゆえに風が吹きぬけてゆきました。「坊ちゃん」との対比は実に意想外で、批評家としての力量が示されていると思います。全体として反時代的志向が強いだけに（そのこと自体は私の共感の対象です）、現代の一面についての内在的な理解が示されているのは、とても効果的であります。

マンやヘッセについての叙述は、もともと両者とも私の青春の読書対象であっただけにとても興味深く読めました。京大に（もう退官なさったと思いますが）上山安敏という人がいて「神話と科学」という本を書いているのですが、その中にヘッセがスイスの療養コロニーに入っていたときのことが述べてあったのを思い出しました。すぐというわけではありませんが、第一次大戦前後のドイツ思想・文学界についてお書きになれば面白いものができるのではありますまいか。そういう仕事もあなたの資質の埒内にあるように拝察します。

ユングがお好きとは嬉しいです。「自伝」を読んだのは十五、六年前ですが、魂を震撼されました。以来ずっとユングびいきで、まさにあなたのいわれる通り、現代の賢者だと信じています。マン、ヘッセ、ユングというラインに、私とあなたの根本的な共通志向があるように感じました。小林さんが「考えるヒント」の中で言及しているとは全く知りませんでした。やはりこの人はえらいです。「考えるヒント」はむかし読んでいるのに、当時はユングに関心がなかったので記憶にとどまらなかったのでしょう。

ショーペンハウエルにはびっくり。でも考えてみるとあなたらしい。私は中学三年のとき（大連で）、彼にかぶれていて、改造文庫版の『意志と表象の世界』（二冊本）を大事にしていました。むろん読み通す力はなかったのです。中学四年の秋、学校へゆくのがあほらしくなって、友人数人と引揚対策協議会というところで働いたのです。これは延安帰りなどの共産主義者が運営する団体で、ここで私はマルクス主義の洗礼を受けたのですが、私がショーペンハウエルと三木清を同時に読んでいるのを見た指導者（といっても三十代終りの人でしたが）は、さんざん私をからかったものです。私にとってショーペンハウエルは、世界は私の表象というところを勝手に独我論的に読みとって気に入っていた程度の、いわば少年の衒示にすぎませんでしたけれど。

ゲーテは中学時代の崇拝の対象で、中四のころは机の上に画像の写真を飾っていました。「へルマンとドローテア」も三年のときに読んでいます。なにしろ「ウェルテル」がゲーテとの出逢いでしたから。工場動員の日々、『ファウスト』(世界文学全集版)を読んでいたら教師にみつかって「君は海兵を受けるんだろう。そんな本はやめたまえ」と叱られたものです。英語を習いに行っていた先生(旅順高校の先生)のところに、あこがれの「伊太利紀行」があるのを発見、かして下さいと言ったら、君にはまだむずかしいですよとの返事。でもかりて帰ったら面白くて全部読んでしまいました。中三の冬のことです。私は中三の八月が終戦で、そのあとは誰はばかることなく文学に没入していました。

リルケや鷗外についても思い出が一杯。しかし、もうやめます。鷗外から選ばれた二品、いいですね。でもこの二品に出会ったのは大人になってからで、少年の日の私にとって鷗外は「即興詩人」の作者でした。

大村はまさんや山本七平さんへのまなざしはやはりあなた独特のものだと思います。私は教えられるばかりです。

最後に拙著の紹介。評というより紹介に徹して下さって、かたじけないやら、何だかすまない気がするやら……。考えてみると私の本は相当紹介しにくい本だと思います。かんどころを全部おさえて下さって、ありがたく存じます。ご苦労なさったことでしょう。

長々書きましたが、私はあなたの批評家としての力量に感じ入りました。批評とは鑑賞につきるというのが私の考えで、「集成」第四巻に収めた私の文芸批評めいたものは、今思うと全部鑑賞です。あなたの批評は鑑賞という原則を守っておいでで、そこがとてもいいのです。今は鑑賞能力の全くない、あるいは鑑賞しようという気が最初からない〝批評家〟ばかりです。しかもあなたには思想史家としての素質がおありです。これは哲学志向でもあり、その点ハードでもあります。文芸批評の柔軟さとともに硬派の素質もおありなのですから、今後、思想史的な領域にも触手をのばされるのではと期待されます。

私は残された歳月、つとめて読み、考え、そして書いてゆくつもりですが、あなたのような若き同行者を得たことをしあわせに感じます。これからも持続的に著述をなさって下さい。

八月は帰省なさるのかと存じますが、あなた方ご兄弟と、私、石牟礼さんの四人で、阿蘇あたりの温泉へ一泊で旅をしたらどうでしょう。ご検討下さい。

たのしい読書の時間を与えて下さったことに改めてお礼申上げます。

○一年七月十三日

渡辺生

武田修志学兄

☆書き落しましたが、数多いゲーテの名作中、「ヘルマンとドローテア」を選ばれたところにこの本の特色とあなたの眼識が示されていると思いました。

＊1　御高著＝『人生を変える読書』（ＰＨＰ新書）。

＊2　小林＝小林秀雄。

※　右の手紙は和紙の横長の便箋六枚にペンでびっしり書かれていて、兄宛の手紙の中で最も長文のものである。兄は封筒の表、左隅に「私の宝物」と記している。

渡辺書簡　武田兄宛（二〇〇一年七月三十一日消印、葉書）

拝復。拙便をよろこんでいただけて、小生も甚だ嬉しいです。本当はもっとこまかく書けたらよかったのですけれど。申上げたかも知れませんが、十数年来ささやかな勉強会をやっているのですが、その仲間にもすすめておきました。読んでくれると思います。弟様のお手配で念願の小旅行*が実現の運びになりありがたいことです。石牟礼さんも楽しみにして居られます。ゆっくりお話できることでしょう。よろしく。

草々

渡辺生

* 念願の小旅行＝八月二十・二十一日、阿蘇郡南小国町に、先生、石牟礼道子氏、武田兄弟の四人で一泊二日（黒川温泉泊）の旅行をする。

渡辺書簡　武田兄宛（二〇〇一年八月二十五日消印、手紙）

この度は楽しい二日間ありがとうございました。もっといろいろお話すべきこともあったかと思いますのに、何だか自慢話みたいなことになって反省して居ります。来夏もまたごいっしょ出来るのを楽しみにしています。小生の熊日エッセイ、大したことも書いては居ませんが同封します。

とりいそぎ要用のみ。

武田修志様

渡辺書簡　武田兄宛（二〇〇一年九月六日付け、手紙）

お便りありがとうございました。旅館についてのご心配ご無用です。あれはあれで結構でした。中原の石橋家訪問[*1]はありがたいことでした。田舎の旧家というものには奥行きがあります。日本の農村の底力だと思います。手作りの万十やら漬物、ああいった接待はもうスイ子様[*2]の代までかも知れません。いささかお礼のつもりで粗品をお送りしたところ、スイ子様じきじきの電話があったのには恐縮しました。なかなかの婆さまです。歴代のご夫婦の写真もみな立派なお顔でした。奥様の弟さんもほんとうに人柄のよい方でありました。

来年もいっしょに小旅行をしたく思いますが、そのときは車をやとって方々ドライヴしたあと、熊本市内に帰って適当なところで食事しておわかれした方がよろしいかとも考えています。私はどうも宿屋に泊るのは苦手で、泊るなら情人とという方。七十爺の言うことではありませんが。

青春記のおすすめ、いくらか心が動きます。ただ自慢話になりそうな気配があり（私は早熟だったもので）、現に黒川の一夜でもそうなってしまいました。ただ私の中三から四年にかけての敗戦後大連での経験は非常に特異なものであり、それはやはり戦前近代の輝きでもあったと思います。また日本へ帰っての二十年代の経験も今から思うと特異です。そういった時代の姿は書いておきたい気がします。書くとすれば昭和三十年、亡妻と婚約するまでです。そのあとはあまり書く気にもなれません。ただその時期は悔恨の多い恋愛話もあり、それを全く書かないでおくわけにもゆかぬのが頭の痛いところです。

今かかえている仕事が一段落すれば、ぼつぼつ書き溜めて、あなたたちご兄弟に読んでいただくことにしましょうか。

今の家に転居してちょうど一年になりますが、このところ一念発起して蔵書の整理にかかり、やっと新書・文庫類も含め分類架蔵を完了しました。これでどの本がどこにあるということがつかめましたので、安心して仕事にかかれます。

私は整理・秩序化ができぬとどうも気持が乱れる性分で、いわゆる強迫型の気質なのかもしれません。その点石牟礼夫人は全く逆で、ちらかっていないと仕事が出来ないようです。

新学期も始まり、何かとご多忙でしょう。お元気ですごされますように。

九月六日　渡辺京二拝

武田修志様

＊1　中原の石橋家＝阿蘇郡南小国町中原の、修志の妻の実家。
＊2　スイ子様＝修志の妻の母。

※この手紙にはもう一枚、次の便箋が添えられている。

前略
「図書新聞」の小生のインタヴュー出ましたのでお送りします。
若いころのことを少々話して居りますので、ご興味がおありかと思いまして。

渡辺拝

修志様

渡辺書簡　武田兄宛（二〇〇一年十月五日付け、手紙）

お便りありがとうございました。いつもながら懇切なご感想をいただき嬉しいです。弟さんにもさしあげたところ、やはりご感想をいただきました。今やあなた方ご兄弟は私のもっとも近しい老後の友となって下さったようです。

私はあなた方おふたりが左翼運動に関わられなかったことが、大変よい結果を生んでいるのではないかとつねづね考えています。左翼思想の影響を受けると、人はどうもひねくれて来るようです。現実も人生も見切ってしまったような錯覚に陥って、地道でまっとうな努力をしようとしません。あなた方がそういう左翼くずれでないからこそ、私は大変気持よくおつき合いが出来るのだろうと思っています。

青春記のおすすめ、どうやらのせられてしまいそうです。ただ実際問題として、どうやって時間をひねり出すかです。それ以前にやらねばならぬことが山積しています。少しずつ書いて、娘にパソコンに入れてもらって、まずあなたがたご兄弟に読んでいただきましょうか。

ときにあなたは白川静さんのものをお読みになって居られますか。私は三十年ほど前にこの人を発見して、以来ずっと愛読しています。学問と人生の師だと思っています。このほど白川さんと渡部昇一の対談『知の愉しみ・知の力』（致知出版社）という本が出ましたが、改めてすごい人だと思いました。ぜひご一読下さい。

あと十年、書いて書き続けねばならぬと思っています。そんな意欲がわいたのもあなたがたご兄弟のおかげかも知れません。

〇一年十月五日

渡辺生

武田修志様

渡辺書簡　武田兄宛（封筒なく便箋一枚のみで日付不明だが、二〇〇一年十一月頃の手紙と思われる）

お便りありがとうございました。おかげで亡妻の一周忌もとどこおりなくすませました。いろいろとお心づかいありがたく思っております。

この度、同封のような雑誌を出しました。[*1] ごらんの通りささやかな小冊子ですが、心ある人々のよりどころとなればとねがってのことです。お気持がむけばぜひご寄稿下さい。次号の〆切りは一月末です。また水俣関係で私が手伝っている冊子も同封いたします。ご一見下さればありがたいです。

『県人』[*2] お読み下さっている由。あれは全くのアルバイト仕事ですけれど、私の本のうちではもっとも気軽にお読みいただけましょう。

渡辺拝

武田様

＊1　雑誌を出しました＝人間学研究会「道標」創刊。二〇〇一年秋。
＊2　『県人』＝『熊本県人』（新人物往来社）。二〇一二年に言視舎より復刊。

渡辺書簡　武田弟宛（封筒なく便箋一枚のみで日付不明だが、右の武田兄宛と同じく二〇〇一年十一月頃の手紙と思われる。「道標」第一号にはさまれていたもの）

お便りありがとうございました。私は筆まめどころか大変な筆無精なのですが、どういうものかこの数年、お便りをいただいたらちゃんとご返事をせねばと心がけるようになりました。しかしこれも気のはずむときと重いときがありまして、あなた方ご兄弟の場合はいつも心なごむお便りをいただきますので、いそいそとご返事を書くという次第です。

白川さんの「孔子伝」はぜひご再読なさいますように。今なら絶対に〝読める〟にちがいありません。また白川さんの漢字研究を一般向けになさった著作も少くありませんので、おいおいその方のご勉強もおすすめいたします。

前便で申上げました雑誌出来ましたので一冊進呈いたします。また水俣関係の「魂うつれ」もおひまなときにご一見下さい。

第二号は来春出したいと思っております。〆切りは一応一月末。井関隆子論、あるいはあなたの江戸期の随筆観、何でもよろしいです。ぜひご寄稿下さい。長短は問いません。

渡辺拝

武田博幸様

渡辺京二拝

渡辺書簡　武田兄宛（二〇〇一年十二月八日付け、手紙）

お便りありがとうございます。『道標』へのご感想もありがたく拝見しました。まことにささやかな雑誌ですが、思ったより反響があります。というのも、こんな同人誌みたいな雑誌も、今の時代はなかなか出しにくくなっているからでしょう。時代おくれがかえって新鮮なのかも知れません。本当はこんな道楽みたいなことにかまけずに、自分の最後の仕事に集中せねばならぬのでしょうが、やはり他者と気持を通わせるということがないと、息が詰ってしまいます。気永に出し続けるつもりなので、あなたにもぜひご寄稿ねがいたいです。ご多忙ならば短いもので結構です。第二号の〆切りは二月十五日です。

人間研はこの数年、誰も参加できる読書会みたいになっていて、大したレベルのものではありませんが、それでもあなた方ご兄弟には、主だったメンバーと一度顔合わせをねがいたく思っております。来夏、帰省されました折に歓迎会をやりたいと考えますのでよろしく。

自分ではあまり認めたくもありませんが、老いというのは仕方のないもので、どんどん体力がなくなって来るのに否応なく気づかされます。元気なうちにしっかりおつきあいをしておかねばと考えています。

〇一年十二月八日

武田修志様

武田弟書簡（二〇〇四年十月三十一日付け、手紙）

昨日、今日と秋のやわらかな日射しが降りそそいでいます。午前の犬の散歩も爽やかな風が吹いて、公園の桜葉も紅葉し、まことに心地よいものでした。

二月に先生からご本をいただいて、はや八ヶ月、ずっと自分の仕事にかまけておりましたが、やっと『日本近世の起源』[*1]を読み終えることができました。古文の教師をやっていながら、いまだに日本史はまるで無知で、大阪城が石山本願寺跡に建ったことさえ知らないような自分ですから（後で女房からそんなことも知らないのかと呆れられましたが）、「石山合戦」など知るよしもなく、日本史事典を時々引いたりしながら、各章二度は読み直しながら読みすすめました。

読み終わって、この本は自分に何をもたらしたかを考えますと、いかにして織豊政権、幕藩体制ができたか、その実相を教えられただけでなく（ここまで明らかにされるには大変なご苦労があったかと想像します）、戦国時代、江戸時代、明治・大正・昭和、そして今に生きている自分へと続く日本史の流れが初めて見えてきたような思いがいたします。

私もこれまでいくらか「日本史の勉強」をしようと試みたことはあります。しかし、これまで手にした本のどれにも私は強い嫌悪感を持ちました。果たしてこの著者たちは「歴史家」なのか。先生のおっしゃる「人間の一切のいとなみの内部に共感をもって浸透する」（一七〇頁）心があるようにはとても思えませんでした。先生がこの本で網野善彦氏を正面切って批判されたことは、妙な言い方ですが、私は親の仇でも討ってもらったような気がしております。あの方の本を読んで、どうにも納得しかねる自分がいても、その学識には敵いようがなく、何とも歯がゆい思いが胸の中に渦巻いておりましたが、完膚無きまでの説得力ある論の進め方に、胸のもやもやが吹き払われる思いがしました。藤沢周平の小説などを読んで、そこに描かれたものの方がよっぽど江戸の本当の姿ではないのかと思ったりもしましたが、フィクションはフィクションなので、学問的・実証的になるほどと思える歴史の本を誰か書いてくれないものかという気持ちを抱いておりましたが、そのような私の勝手な願いにも応えてくださっている本だと思いました。

つくづく人は自分の見たいものしか見えないのかとも思います。先生も厖大な歴史資料の中から見たいものを見ておられるのかも知れません。しかし、やはり見る人の力量というか人間の器量というか、それによってまるで見えて来るものが違うということを一方でつくづく思わせられます。確か大佛次郎の『天皇の世紀』についてだったと思いますが、小林秀雄が、虚構を創作する作家としての力量があるからこそ歴史叙述をなし得ているといったことを書いていたのを思い出します。少年時代から今日まで、世界の文学を読む中で磨かれ、また思想との格闘の中で獲得された眼があって初めて、戦国期の武士や僧侶や百姓の姿、また組織のあり方がこのように見えて来るのだと思います。親鸞についてのあのような深い理解があればこそ、一向一揆が宗教一揆ではないことが明確に論証されているのだと思います。それに比べ、あまりに「人間のことも世の中のこともわからない」人たちの歴史論ばかりが私たちの周りには溢れております。

石光真清の手記[*2]を読んで、私はこの方に心底共感するというか、惚れ込んでしまいましたが、先生の本を読んで、この人の「愛国心」を歴史的に遡れば、まさに惣村の指導者に至るのだと理解しました。戦国期から明治まで、幾千・幾万の人たちが、わが村・わが郷土をみなが飢え死にしないように、殺されないように手立てを尽くしてきた歴史があり、その末端に石光氏がおり、またその末端に自分もいるように思います。私の父の家（下益城郡城南町）は戦前は田圃二町ほどを耕す小作百姓で、祖父は村の小作人の取りまとめ役みたいなこともしていたようです。そんな血（そんな百姓の持つエートス）を受け継いでいるのであろうと感じる自分には、惣村のたどった歴史は先祖の歴史であるような気もして、何か縁あるものに思えました。石牟礼先生の『アニマの鳥』に登場する百姓たちに心惹かれるのも、その生き方に他人事とは思えない近しいものを感じるからだと思います。

一三六頁に「主従関係が前近代にとって生の充溢をもたらす感情的源泉でありえたし、主人に対する奉仕が隷従とほど遠く、かえっておのれの尊厳と内面的自信を保証さえする場合があった」とあるのを読んだときは、すぐに石光真清の従卒井戸口寅吉を思い浮かべました。そしてまた、今自分が職場で何か仕事をやり遂げても、ものさびしい思いを抱かざるを得ないのは、仕える親分もいないからではなかろうかとか余計なことまで夢想したり、さまざまに現代を見直させ、考え直させる眼を与えていただいたように思います。

私は結構細かいことが気になる質で、二箇所これで果たしていいのかと思う所がありましたので、書き留めておきます。一つは七五頁上段九行目の「その指揮権を村内上層部を握っていた」とあるのは、「その指揮権を村内上層部が握っていた」とするのが正しいのではないでしょうか。もう一つは二〇一頁十一行目の「新入りの領主なら必ずとるべく措置だった」は「新入りの領主ならば必ずとるべき措置だった」とすべきではないでしょうか（『戦国史を見る目』という本を見て言っているのではありませんが）。私の勘違いでしたら、失礼の段、どうかお許し下さい。

この手紙を書いておりますところに、この十ヶ月の余暇をすべて注ぎ込んできた古文単語集が、ようやっと出来上がって届きました。出来上がったものを見ると、たかがこれだけのものにこの一年こんなに苦労したのかというほど、あっけない思いがしますが、この本に使われた百六十枚あまりのイラストは二十歳になる娘が描いてくれました。こんな本を先生にお送りしても全くしようがないのですが、娘と一緒に一生一度の仕事ができましたということで、同封いたします。

『日本近世の起源』を読んで、もっと本気で日本史を勉強しようと意欲を掻き立てられましたのは、この本の「徳」のなせるわざだと思います。いつも十月末には来年度の模試やテキストの仕事の割り振りが決まるのですが、百万円分くらい仕事を減らしましたので、いくらかなりとこれからは勉強ができそうです。受験参考書も今回の単語集で終わりと思っております。「おまえなんぞを弟子にした覚えはない」と間違いなく言われそうですが、先生を「親分」と考えて、遥か後方からでもとことこと付いて参ろうと存じております。これからもどうぞよろしくお願い申し上げます。

武田博幸

十月三十一日

渡辺京二様

＊1　『日本近世の起源』＝『日本近世の起源　戦国乱世から徳川の平和へ』（弓立社）。二〇一一年に洋泉社新書y。
＊2　石光真清の手記＝『城下の人』、『曠野の花』、『望郷の歌』、『誰のために』の全四部作。中公文庫。

武田弟書簡（二〇〇六年十月八日付け、手紙）

今日はご講演[＊1]有り難うございました。昨日は、果たして明日も生徒たちが来てくれるか心配しましたが、あまり変わらない人数が集まりましたし、講演内容も、生徒が分かりやすいようにと工夫して話して下さったお陰で、「知見を広めるとともに自らの思索を深める具体的な手がかりを与える」という学生向け講演会としての役割を見事に果たされた名講演だと思いました。

私は今回の講演を聴かせていただいて、先生が一貫して「小さきもの」の思いを忘れず、失わず、汲み取り、自らも「小さきもの」の一人として、世界を見、言葉を紡いでいくという姿勢を常に変わらず保持されていることを確認したような気がします。そして、「小さきもの」が志を述べるには、常に自らを振り返りつつ、世界を見る目を養うべく（いつの間にか流行思想に囚われないように）、弛みなくもっと勉強[＊2]をしなくてはならないと思った次第です。

先生が河合に来られなくなって、私にとっては一番の刺激源がなくなっていたんだなと今日改めて思いました。今年から名古屋の会議にもぱったり出なくなりましたので、よく運動をして体調はよくなりましたが、頭はぼうっとするばかりで、読書も一向に進まず、こんなおつむでは何もできはしないと、暇を得て、かえって自信を失うような有様でした。

何となくそんな状態で新学期が始まりましたが、五月半ば、これはまさに晴天の霹靂でしたが、女房が慢性骨髄性白血病と診断されました。本人はもちろん私も暫く動揺いたしました。いくつかガン関係の本を読みましたが、慢性白血病は治るとはどこにも書いてありません。ただ差し当たって目に見える症状はありませんので、次第に女房も私も気持ちを落ち着かせることができるようにはなりましたが、さすがに、あまり先のことは考えられなくなりました。今年をいかに乗り切るか、来年はこのままで行けるか、そんな思いで、毎日を送るようになっております。

女房は肺炎をこれまで六回も患っていまして、抗生物質による度重なる治療などが原因ではないかと私は勝手な臆測をしています。とにかく肺炎になれば体力を弱める一番の原因になろうかと思われますので、ホコリを少しでも少なくしようと、家の中の掃除機かけばかりは私が努めてやるように心がけています（差し当たり私ができることはそれくらいなものですから）。

勉強をしていない口実をただ書き並べるようなことになってしまいましたが、今日は先生に久し振りにお会いし、こうしてお話をお聴きして、素直に御礼を言いたくなりました。たまには先生にお便りを差し上げようと何度も思いましたが、何か内から元気が出てくるものがなく、何となくしょぼくれておりますと、実際書くまでは至りませんでした。今日は、しょぼくれながらも、やはり勉強はせないかんなと思いました。買って積んだままにしてあるブローデルの本も読んでみようと思っています。

兄が暑中お見舞い一つ書かず、大変失礼していますと申し上げておりました。奇人と人が思おうが、心に期するものがあるようで、四、五年かけて鳥取大学を美しい大学に変えると一人で意気込んでおります。朝六時からやっているので、兄が学内の掃除をやっていることに気付いている人はめったにいないそうですが、道徳家になろうというのではなく、「道楽」だと本人は申しております。体のため、精神衛生のためには大変いいそうです。中野三敏先生が岩波の新大系に入れておられた文章に、町内の掃除を毎日やる男が出て来ます。「この男とあんたはそっくりだ」と言って、挿絵入りのその文章を私は兄に送ってやりました。そんなことでもせずにはおれない、やむにやまれないものがあるのかと思っております。

今日は本当に有り難うございました。私の元気づけにもなりました。生徒も本物の知識人に触れて、学問というものの持つ力、すごさを感じ取ったと思います。

最後になりましたが、渡辺先生、石牟礼先生のご健康を心よりお祈り申し上げます。

十月八日

武田博幸

渡辺京二様

＊1　ご講演＝河合塾福岡校と北九州校での文化講演会。
＊2　河合に来られなくなって＝二〇〇六年三月に河合塾講師を退職し、河合文化教育研究所特別研究員に就任された。

渡辺書簡　武田弟宛（二〇〇六年十月二十二日付け、手紙）

ありがたいお便りいただき感謝しております。こんな励ましをして下さる方はあなたのほかありません。

奥様のこと、まことにご心配ですね。私も女房をガンで亡くしましたので全く他人事とは思われません。一度しかお会いしておりませんが大変魅力的な方で、あなたとのお仲もさぞかしと思ったことでしたが、とにかく最善の医療を受けて希望を失うことなく生きられることだと思います。女房をなくしてから、生前もっともっと可愛がっておけばよかったと後悔しました。十分仲よくされて、いっしょにいろいろと楽しまれることが大切ですよ。

先日の講演、出来もよろしくなく何とか責をふさいだといった有様でした。それにしてもみなさんに親切にしていただいて、これでいいのかなという思いを禁じえませんでした。とにかく、あなたや茅嶋さん、小池さん[*1]のおかげです。

河合をやめてみると、ずいぶんと心身のゆとりを感じます。とくに授業をしなくてもいいのが一番ありがたいです。最後の五年くらいは本当にいいかげんな授業しかできなくなっていましたから。つくづく人にものを教えるなんてめんどうくさいことは性に合わぬのだと感じます。あなたたちにくらべると、全くの落ちこぼれ教師でした。何とかつとまったのは全くあなたたちのおかげです。

私はもう人生の門口に立った初学者のような気分で、人が何と思おうと構ったものではなく、ただ楽しく勉強して楽しくそのノートを書きつけてゆこうと考えています。今度書いたトゥルゲーネフ論もそういったもので、おそらく笑う人が多いでしょう。それで別にかまいません。あなたもどうか仲間入りして下さい。「道標」というのはもともとそんな雑誌なのですから。ゆっくりやりましょう。人生は長いです。

お兄様のこと。ちょっと感心しました。ひとつの生き方ですね。ただやはり文章に生きるお方でしょうから、ぼつぼつ筆をとってもらいたいとは思います。
奥様のことで[*2]、それどころではないでしょうか、そろそろ「道標」に短いもので結構ですから寄稿なさって下さい。書くという行為はつらいときのなぐさめにもなります。

〇六年十月二十二日　　渡辺京二拝

武田博幸様

＊1　茅嶋さん、小池さん＝河合塾福岡校の同僚。
＊2　奥様のこと＝新薬のお陰で徐々に回復に向かうことになった。

渡辺書簡　武田兄宛（二〇〇七年一月八日消印、葉書）

御年賀忝けなし。小生去年より年賀を廃しました。失礼ながらお許し下さい。去年から小生全く本の虫となり果て、余生はただ読書一本道で行くことになりそう。思えば幼少のころただ書物の世界が救いであったのですから、老いの果、本性に戻ったということでありましょう。古本屋とのつきあいも本格化して、ごらんの座談会[*1]になった次第です。弟さんのお話によれば近頃は校内の清掃[*2]に努めておられるとのこと。うれしくなってしまいました。それも結構ですが、どうか何でも結構ですから、「道標」にお書き下さい。己れをあまり律しすぎてはいけません。書けばそれだけのことはある――私の実感です。

＊1　座談会＝熊本市の古書店天野屋の店主・柏原優一氏との座談。二〇〇四年十月二十九日に行われている。この座談の内容は「上通古書店物語」という見出しで「道標」第十五号（二〇〇六年冬）に掲載されている。

＊2　校内の清掃＝鳥取大学校内の清掃。

渡辺書簡　武田弟宛（二〇〇七年一月十日消印、葉書）

「道標」へのお原稿＊まことにありがとうございました。さっと一読しましたが、河合における小生のつとめかたが描き出されたところ、なんだか自分を突き離して見るようで苦笑させられました。まったくよくない教師でした。河合もよくがまんしてくれたものです。活字になったときまたじっくり読ませていただきます。これをきっかけにどうかどしどしお書き下さい。建部綾足のことなどどうでしょうか。建部のことを私に教えて下さったのはあなたでしたよ。井関隆子もね。思えばご恩いっぱいです。

＊　「道標」へのお原稿＝「道標」二〇〇七年春の第十六号に「予備校というところ」を寄稿。

渡辺書簡　武田弟宛（二〇〇七年六月二十三日付け、手紙）

お便りありがとうございました。あなたの「道標」にお書きいただいた文章はこちらでも好評です。次号には小池さんの釣の話[*1]がのりますが、これもなかなかよろしいです。あなたや小池さんに「道標」に書いていただけることが、私が河合で二十五年働いたことのしるしであるように感じます。講師としては何の工夫も努力もせず、見のがしてもらったような二十五年間でしたから。

「道標」については別にとり立てて言うほどの抱負があるわけじゃなし、編集からも手を引いていて、もっぱらライターとして参預してゆくつもりですが、あなたのような方が書いて下さることが刊行の大きな意義のように感じています。どうかまた書いて下さい。最近読まれた本の書評でもよろしいです。お兄様にもそろそろ書いていただきたいですね。

「選択」の連載読[*2]んで下さっているのですか。実はこれがいまの頭痛の種なんです。一回わずか七枚なのにこんなテーマで書き始めたら、いつになって終るかわからず、編集部もあまりよい顔をしませんので、単行本化のとき書きこむつもりで、今はエスキスのかんじで書いているのですが、ある程度密度がないとおもしろくなし、どうもやりにくい。しかも今後の仕事のプランからすればいつまでもひっかかっているわけにゆかず苦慮しています。あと二十回くらいで終るつもりですが、うまくそういう具合にゆきますかどうか。

ふつう老年には静かな日が訪れるものでしょうが、私の場合世間様との交渉はずっと減っているものの、何やら忙しくてたまらず、一日が三十時間ほどないとどうにもなりません。まず石牟礼さんの世話、ガールフレンドとのデート、読書、これでまずいっぱいいっぱい、執筆にはなかなかゆきつかないのです。読書だけで二十四時間では足りません。新刊・古本等、購入に追いつかぬのです。本を読んだって、片っ端から忘れるだけなのにね。
奥様のお具合よろしい由、嬉しく存じます。大事にしてあげられますように。熊本へお帰りの節は顔をみせて下さい。

〇七年六月二十三日

渡辺京二拝

武田博幸様

＊1　小池さん＝小池政幸。河合塾福岡校国語科講師。
＊2　「選択」の連載＝『バテレンの世紀』の連載。

渡辺書簡　武田弟宛（二〇〇七年八月二十一日消印、葉書）

ご無沙汰しています。当地も暑いですが、そちらもなかなかでしょう。夏期講習の折柄どうかご大切に。先に「道標」にお出しいただいた貴稿とても好評でした。どうかまたご寄稿下さい。どんなものでも結構です。ところで残念なお知らせですが、川原直治君＊が七月十二日になくなりました。九大病院で五十数日の闘病の末、多臓器不全ということです。家族だけで密葬なさった由にて小生も八月に入ってから知りました。奥様もあなたが時々お訪ね下さったことを感謝されておりました。私からもお礼申上げます。

＊　川原直治君＝川原さんには二〇〇二年八月に父の本『駐在巡査奮闘記』をNK文庫として制作していただいた。

武田弟書簡（二〇〇七年八月二十六日付け、手紙）

お葉書有り難うございました。川原さんがお亡くなりになられたこと、何も知りませんでした。勤めの帰りに貝塚を通りますので、何度もお寄りしようかと思いながら、またそのうちにと思って、今年は一度もお会いしないいまま、こんなことになってしまいました。

昨年のいつだったでしょうか、先生が「暖かくなったら、川原さんの所を訪ねようと思うので、その時は一緒に」とおっしゃって下さって、私は、「これから、車の練習をしてうまくなりましたら、私がお連れします」とお約束をしておきながら、先生をお誘いすることもなく、川原さんと先生がお会いになる場を設けることもいたしませんでした。まことに申し訳なく思っております。

先生からお便りをいただいて、一昨日の晩、川原さん宅にお電話し、奥様から最後のご様子をいくらかお伺いしました。五月の入院から亡くなられるまで、凄絶とも言える苦しい闘病の日々であったこと、たいそう胸が痛みました。尿が出ないという苦しみは、私も数日ですが経験があります。そんな耐え難い苦痛も含め、ありとあらゆる体の痛みを課せられて死んでいかねばならぬものなのかと、何とも言いがたい思いがいたしました。

奥様から、「涼しくなって、私の体調ももう少しよくなってから、ゆっくりお話にお出で下さい」とのことでした。十月か十一月にお参りにお伺いさせていただこうと思っております。

弁解になりますが、車は昨年の四月からぱったり乗っておりません。こんなに自分が文明の利器になじまない人間だったかと、自分でも驚いております。車に乗るというのは、私にとって気を遣うばかりで、ドライブを楽しむどころではなく、少しも乗ろうという気が起きません。来年、田舎に住まいを移そうと思っていまして、どうしてももう一度車に挑戦しなくてはならない状況なのですが、結果はいかが相成りますことやら。

昨日は女房と「鑑真和上展」を福岡市博物館に見に参りました。「鑑真和上座像」は一度見ることができるものならばと思っていたものですが、思いがけず、向こうから博多まで出向いて来られて（ただ今、唐招提寺は大改修中で、その間、鑑真さんは日本中を回られるようです）、絵や彫刻の作品鑑賞としてはいまだ経験したことがないような時間を持つことができました。

今年は、京都に二度行く機会がありまして、仏像の名品をいくつか見る機会があったのですが、「鑑真像」は、制作者の想像の作である阿弥陀仏像などとは明らかに違う印象を受けました。「鑑真」という一人の実在した僧のお姿を、そのまま後の時代に残したいという弟子たちの思いがひしひしと感じられる作品でした。描かれた人物への親愛や尊崇の思いがこれだけ伝わってくる作品は見た記憶がありません。何としても「あの方」のお姿を永遠なものにしたいという、鑑真に直に触れた人々の切実な思いが、あの像を作らしめたように思われました。そんな思いを周囲の者に持たせた鑑真という坊さんはよほど徳の高い僧であったのだろう、そんなことを考えたりもしました。

お顔の表情も、芭蕉が「若葉して御目の雫ぬぐはばや」と詠んだように、深く悲しみをたたえたようにも見えますが、柔和な笑みを秘めているようでもあり、頭の恰好、頬骨、顎から、柔らかく両手を重ねて印を結んだ姿など、どれも、鑑真さんはこんなお姿だったよなと、弟子たちが（その中に間違いなく図抜けた芸術家がいたのでしょうが）、心に刻まれた記憶をたどって懸命に再現したのだろうなと、いくら見ていても見飽きることがありませんでした。

それから、ホテルのレストランで遅い昼食を取り、尾上菊之助主演の映画「怪談」（三遊亭円朝『真景累ヶ淵』を映画化したもの）を見に行ったりもして、久し振りに女房と外で過ごしました。薬の副作用で、たまに顔や足がむくんだりはしておりますが、家のことは何でもやっておりますし、このように外出も楽しむことができております。他事ながらご安心下さい。

「道標」に何でも書くことを先生からいつも勧められて、何なりと書けるものがあったら、遠慮などせず書こうと思うのですが、一向に勉強が進んでおりません。昨年末、古文問題集を作る誘いを受けて、もう足を洗ったつもりでいた受験参考書作りを、性懲りもなくまたやっております（これは、あと二ヶ月で終わります）。お声が掛かるうちが花かと思うと、つい手が出てしまいます。

『バテレンの世紀』*は、これからいよいよ日本人と西欧人の出会いが描かれることになるのだと思います。一回分をまとめるのが大変だと、この前の手紙に先生が書いておられましたが、身勝手な読者にとっては、膨大な読書から、こんなにすっきり整理されて、十五、十六世紀の西欧のアフリカ・インド・アジアへの進出、そしてそこに現出した日本のもう一つの姿を見ることができるのは、こんな有り難いことはありません。十月か十一月には今年もまた講演に来ていただけると思いますので、お会いできます日を心待ちにいたしております。残暑どころか、いつまで続く猛暑かという毎日です。どうかお体くれぐれもお大事になさって下さい。

拝具

八月二十六日

武田博幸

渡辺京二様

＊『バテレンの世紀』＝月刊総合雑誌「選択」に二〇〇六年四月号から連載中であった。

武田弟書簡（二〇〇七年十一月三日付け、手紙）

先日は、三時間もお付き合いいただきまして有り難うございました。『バテレンの世紀』関連の蔵書も拝見できて、いい刺激にもなりました。また、まだまだ御元気そうな石牟礼先生にも久し振りにお会いできて、嬉しゅうございました。

講演会＊のチラシを作りましたので、一応こんなものになりましたということで、お送りさせていただきます。表も裏も、『バテレンの世紀』の連載第一回をもとに作りました。こんなものでよろしいでしょうか（よろしいも何も、来週には生徒に配るようになっているのですが）。

連載第二十回目の先生の自筆原稿をいただいたことを鳥取の兄に伝えましたところ、兄がひどく羨ましがりまして、「自分にも一回分、いただけるようにお願いしてくれ」と言われてしまいました。できましたら、兄の願いを聞き入れていただけないでしょうか。

先生から遊びに来るように言われたことも伝えましたら、今月二十三日（金）から二十五日（日）に帰省するとのことで、それで、二十四日（土）に先生の所にお伺いしようかということにしたのですが、先生のご都合はいかがでしょうか（二十五日でもかまいません）。ご都合がおつきになるようでしたら、お邪魔させていただきたいと思っております。

先日は梨佐さんに健軍小学校の近くまで送っていただき、その後、電車道を渡って、森本酒店という所から小さい道に入り、四十年振りに、かつて住んでいた所を見てきました。家はみな建て代わっていましたが、住んでいた家も両隣も前の家も、みんな名前はそのままで、馴染んだ庭も、たくさん植えられていた木は大方なくなっていましたが、庭はほぼそのままあって、ほっとするような思いがいたしました。真宗寺というお寺から五十メートルくらいの所ですが、もしかしたら、このお寺は先生が連続講義をなさっていたお寺でしょうか？

では、十七日のご講演を楽しみにしております（あんまり何も知らないのも恥ずかしいと思いまして、以前買っただけで読んでいなかったピーター・ミルワード『ザビエルの見た日本』など読んだりしております）。

拝具

十一月三日

武田博幸

渡辺京二様

＊ 講演会＝河合塾福岡校での講演会。演題は「ファースト コンタクト〜16世紀の西洋との出会い〜」であった。

渡辺書簡　武田弟宛（二〇〇七年十一月七日消印、葉書）

先日はご苦労様でした。講演のチラシ、むろんあれで結構です。二十四日に*お兄様ともどもご来訪いただける由、楽しみにしています。老来、人と会うのが負担になって来ましたが、あなた方ご兄弟は別です。小生の生原稿はいくつか手許にありますから、ご希望ならいくらでも差上げます。生来の悪筆、何の値打ちもないものですけれど。

あなたの旧居が真宗寺の傍だったとは。もちろんこれは私が講義していた寺で、住職は亡くなりましたが在世中は親しくつきあっていただきました。今でも未亡人や娘さんとはおつきあいしています。石牟礼さんの仕事場も以前は真宗寺のとなりにあったのです。お会いの節くわしくお話しましょう。

＊　二十四日に＝この日のことは『石牟礼道子全集　不知火　別巻』（藤原書店・二〇一四年五月発行）の「Ⅱ　評伝年譜」三六五ページに、「十一月には武田修志（鳥取大学教授）・博幸（河合塾福岡校講師）兄弟が来訪。」と記されている。そこに「（二人は）以前からの道子ファンで」とあるが、それは「以前からの渡辺ファンで」とはさすがに先生も書きにくくて、そのように書かれたのだと思われる。正しくは、われわれ兄弟は第一に渡辺京二ファンであり、石牟礼道子ファンでもあった。

渡辺書簡　武田弟宛（二〇〇七年十二月六日付け、手紙）

先日はわざわざお訪ねいただき、ありがとうございました。石牟礼さんはお客をすると疲れるので、なるべく避けておいでなのですが、あなた方ご兄弟は大好きで大歓迎です。楽しかったと言っておられました。どうかまたいらっしゃって下さい。

お送り下さった柿の御礼申しあげるのがおくれました。いつもお心遣いいただき恐縮しております。

私は本を読むしかすることがなくなり、来る日も来る日も読書三昧。文章を書くのはその副産物にすぎません。ただ読むものは無限で、切りのないことのようにも思えます。しかし空しいとは思いません。いろいろありましたが、結局本だけが慰めであった少年の日に戻った訳で、これが一生の定めであったのかと思います。

おたずねがひとつ。「まい」という助動詞の接続のことですが、「するまい」という表現をこのごろよく見かけます。私はずっと「しまい」あるいは「すまい」だと思っていましたが、これは文語の語法なのでしょうか。「するまい」というのは妙な語法だと思いますが、今の文法では認められているのですか。おひまなときご教示下さい。デンワでも結構です。

渡辺京二拝

〇七年十二月六日

武田博幸様

武田弟書簡（二〇〇七年十二月十日付け、手紙）

わざわざのお手紙、有り難うございます。二日ほど、古文単語集の改訂会議で、東京に行っていまして、お返事が遅くなりました。ご容赦下さい。

先生から質問を受けて私が答えることができるものがあるというのは嬉しいことです。お尋ねの、サ変動詞と助動詞「まい」の接続の件ですが、結論から申し上げますと、「するまい」というのは現代語としては問題ない（間違っていない）言い方ということになるようです。「まい」は「まじ」の口語形で、「まじ」は基本的に終止形接続の助動詞ですから、文語の「すまじ」は口語では「すまい」となります。ただ「まい」はサ変動詞の場合、未然形にも接続することがあって、近世から「せまい」「しまい」の例があるとのことです（「せ」も「し」もサ変動詞「す」の未然形です――「そんなことはせぬ」「しない」の「せ」「し」です）。ですから、先生のおっしゃる通り、文語とのつながりからすると、「すまい」「しまい」が正しいのですが、いかんせん、現代語ではサ変動詞は「す」ではなく「する」が終止形ですから、「するまい」という言い方が出て来るのだと思います。でも、「なかなか得心すまい」とか「得心しまい」とかいう言い方になじんだ者には、「得心するまい」なんていう言い方はどうしても違和感を覚えるのではないでしょうか。

私は「べし」という助動詞をサ変動詞に付けるとき、いつもちょっと迷います。「すべき」とするか「するべき」とするかで。「べし」という助動詞が文語の言葉ですから、上の動詞も文語の終止形「す」にして「すべき」とするのが本来正しいわけですが、「する」が現代語ではサ変の終止形なのですから、やはり「するべき」としなくてはいけないのか……。

東京に行って半日自由な時間がありましたので、先日、先生が講演依頼があったと言っておられた両国の「江戸東京博物館」という所に行って参りました。昔の日本橋が半分ほど実物大で再現してあったり、江戸の大名屋敷の精巧な模型があったり、江戸という都市の物流が分かりやすく図示されていたり、江戸城田安門からすぐ近くの井関隆子さん*のお屋敷を大きな地図の中に確認したり、千両箱はどれくらい重いか持ち上げてみたりと、一人で四時間近くも結構楽しく過ごせました。江戸時代になって初めて、和歌や学問や芸事において師匠という形で食べていけるようになったという解説など、面白く思いました。

先生も新聞でご存じだと思いますが、河合塾福岡校の生徒二人が大麻所持で逮捕された事件で、ここ数日、河合塾はその対応で大わらわであったのですが、茅嶋先生のこういう時の対処能力というか態度はお見事なものですね。校舎長・幹部職員への指示、生徒への訓示まで何もかもやってのけられました。つくづくこういう万事に怠りなく対処できる人が身近におられて、今日まで、予備校という所で、自分は仕事ができて来たんだなと思います。もう少しは私も河合にいくらかなりと貢献しながら、読書の楽しみは今以上に深めて参りたいと思っております。

河合に年に二度来るのも億劫だと言っておられましたが、先生とお会いすること、先生のお話をお聞きすることを心から楽しみにしている者も何人もいます（先日、世界史の辻野先生が『逝きし世の面影』を絶讃しておられたのにはびっくりしました）ので、「啓蒙」のためにもどうかまたお出で下さるよう、お願い申し上げます。

石牟礼先生にもどうぞよろしく申し上げます。先生と石牟礼先生とのご関係というのは、いわく言い難い、世にも不思議なもののように思えます。そんなお二人にお会いできた幸運を大変有り難く思っています。どうかくれぐれもお体ご自愛下さい。

拝具

＊ 井関隆子さん＝『井関隆子日記』の筆者（一七八五〜一八四四）。

渡辺書簡　武田弟宛（二〇〇八年一月四日消印、葉書）

おたずねに丁寧にお答えいただきありがとうございました。しかし「〜するまい」というのはいかにもダサイ表現ですね。今の世の中はこういう締らない語法がふえている気がします。「してやる」という表現が全面的に「してあげる」にとって替ったのもどういうわけでしょう。実に子供に向って言うようで気持悪いです。その方が上品と思っているんですかね。言葉遣いひとつとってもますますいやな世の中になってゆくようです。あなた方ご兄弟のような方が居られることだけがすくいですよ。

渡辺書簡　武田弟宛（二〇〇八年九月五日消印、葉書）

お送りした拙著*、お読み下されてありがとう。お兄様からも長文の感想いただきました。まことにあなた方ご兄弟は私の本のもっともよき読み手であります。ありがたいことに思っております。小生、七月より熊日夕刊に週一回の連載を始め、夏バテがどうのなど言っておられず、日々努めておりました。やっとストックが八回分出来て、一息ついているところ。「選択」の方はもう一回分しかストックがありませんのでそろそろこちらをやっつけねばなりません。夏は講習会でお忙しかったことでしょう。そろそろまたお遊びにおいで下さい。

＊ 拙著＝『アーリイモダンの夢』（弦書房・二〇〇八年八月十日発行）

渡辺書簡　武田兄宛（二〇〇八年九月七日付け、手紙）

マンの翻訳[*1]、まことに恐縮です。その前には梨をいただき、またその前には長文のお便りいただき重ね重ねありがたく存じております。

拙著[*2]へのご感想、いかなる書評よりもありがたいお言葉です。私はあなたや弟さんにおもしろく読んでいただければそれで満足、言うことはないのです。論壇の反応などどうにどうでもよろしく、ただ少数の親しい友に読んでもらえれば本望であります。もし東京に住んでいるのならそうも言っておられますまい。これも田舎ずまいの功徳でありましょう。

自著をほめられた場合も、何かちがうな、この人は自分をよくわかってくれていないなと感じられる場合がままありますが、あなたのご感想は著者たる私からするとまことにツボにはまっているのです。わが意を得たりという感じなのです。というのはあなたが鑑賞家として大そうすぐれておられるからだと思います。石牟礼道子をほめたたえる人のなかに、私と気の合わない人々がいることもちゃんと見抜いておられますね。私は今回の評論集は最後に収めた短いエッセイ群が気に入っているのです。あなたはそこにも目をつけて下さっておりますから、私からすればありがたいこと仏様みたいなものです。

マンの翻訳大変だったでしょう。一読して、これは当時のドイツの状況、マン自身の心境がわかっていないと読解しにくい論文であると感じました。厄介なものをよくも訳して下さいました。論旨がわかるように訳されており、御学力がしのばれます。下手な訳者の手にかかれば何言っているのかわからぬものになってしまうでしょう。そういう論文です。ところで折角でありますから、もし他にご予定がなければ、「道標」に発表なさいませんか。邦訳全集に入っていないのなら、そうなさる値打ちが十分ありましょう。ただし著作権の問題があるかも。マンが死んでもう何年になりますかね。

梨はありがたく賞味いたしました。いつもお気にかけて下さり申訳ありません。まずはとりあえず、くさぐさ

御礼まで。

○八年九月七日

渡辺京二拝

武田修志様

＊1　マンの翻訳＝コンラッドの「密偵」という作品にトーマス・マンが長い「前置き」を書いていて、渡辺先生が「その序文は読んだことがない」とおっしゃったので、修志が訳して差し上げたもの。よく分からないところが多く、

「道標」にも発表されなかった。
＊2　拙著＝『アーリイモダンの夢』（弦書房・二〇〇八年八月十日発行）

武田弟書簡（二〇〇九年二月十三日付け、手紙）

今日は早くも春一番の風で吹き荒れていますが、いかがお過ごしでしょうか。

先日は、いきなり私の思い付いた題で講演[＊1]をご依頼申し上げましたが、お引き受け頂き有り難うございました。「アイヌ」でお願いするなら、演題くらい、案を考えた上でお願いすべきであったと、後で反省することしきりでありました。申し訳ありません。

茅嶋先生から、教職員向けであれ、簡単な講演内容くらい作れと命じられまして、別紙[＊2]のようなものを作りました。随分とピンとはずれの案内文になってしまわないかと恐れていますが、とにかく作りましたということで、ご容赦願います。


もうすぐ一六歳になろうかという我が愛犬が二三日前から病気で、何ともせつない気持ちにさせられています。ほんのわずかしか食べませんし、よろよろと歩くような状態です。昨年も同じ病気（脳の病気ということです）にかかって、もう駄目かと思いましたが、一週間ほどで元気になりました。ただその時、これは老犬特有の病気だから、再発するかも知れないと言われていました。予告通りになって、今度も回復してくれるかどうか、心配しております。寿命の短い犬猫と暮らしていると、先生の文章にもありました通り、どんな親しい者との暮らしもずっと長く続くものではないことを知らしめられます。

女房は、たまに薬の副作用で吐き気がしたりしてはいますが、幸いなことに普通の生活が続けられています。他事ながらご安心下さい。

毎日、自分の出来得ることをして、日々をいとおしんで参りたいと存じます。

先生の穏やかなお暮らしが何年も何年も長く続くことを願ってやみません。

敬具

二月十三日

武田博幸

渡辺京二様

追伸
私が口をはさむようなことではないとも思うのですが、河合塾での講演会はそろそろお止めになったらいかがでしょうか。先生が河合文教研の特別研究員であったり、近代思想史研究会を組織したりしたことで、年二回の講演が義務づけられているのだと思いますが、私個人としては、先生のお話を直に二度お聴きできることを大変嬉しく思いながらも、煩わしいことには関わられず、読書と執筆（と石牟礼先生のお世話）に専念なさるのが、一番よろしいように思います。河合への義理立ては十分果たされたのではないでしょうか。

＊1　講演＝河合塾福岡校教職員向け文化講演会。

＊2　別紙＝演題は「アイヌ問題あれこれ〜近世日本の北方史を考察する中で〜」となった。

渡辺書簡　武田兄宛（二〇〇九年五月十一日付け、手紙）

『小林秀雄名言・名句集』頂戴しながら御礼遅れて申訳ありません。熊日の連載＊等々で落着かぬ毎日でしたので。

この御本、長年小林を読み抜かねばできぬお仕事で見事な出来映えと存じます。楽しみながら教えられる仕組みになっており、私のような者には大いに有益です。コメントなしというところにあなたの覚悟を見る思いがしました。こんな御本を自費で出さねばならぬのも今日の文化の低さです。御礼までに私と小林の関わりを少々白状しておきましょう。

私は彼のよき読者ではないのです。全集も持ちません。モーツァルト論もゴッホ論も読んではおりません。というのは達人というものに自分は縁がなかったからだと思います。いわば体質が合わぬのです。つまり小林は私の体質を批判する存在なので、自分の先生と思ったことはありませんが、人生のいろんな時期に叱られたような気分になったことはありますが、自分の先生と思ったことはありません。彼との出会いは三回ありました。一度目は大連で中学の三、四年生のころで、新潮文庫で出ていた（改造文庫だったかな）『Xへの手紙』等数冊持っておりました。その頃の記憶として、彼の文章を読むと何か不安で、いやな気分になったものです。何だか自殺でもしたくなるのです。というのは当時の私は度しがたいロマン主義者だったので、夢をひっぺがされるのがイヤだったのでしょう。ドライザーの「アメリカの悲劇」を映画化したものを論評した一文など、なぜか心に残っていますが、きれいごとで心が一杯だった少年には彼の文は毒がありすぎました。余談ながら、この小説、戦後も「陽の当る場所」という題でリメイクされました。テイラーとモンゴメリ・クリフトです。

二度目は昭和三十一、二年ごろで、左翼文学から抜け出すプロセスとして彼を読み、このときはかなり感心したおぼえがあります。しかし熱心な読者にはなれませんでした。もう吉本・谷川が書き始めていて、そっちにひっぱられましたから。ただ吉本さんは小林を評価していましたから、そのことは心に留まりました。雁さんには、「小林秀雄をどう思います」とたずねて「もう関心が風化したね」という返事をもらったことがあります。

三度目は昭和五〇年ころでしょうか。「考えるヒント」を読んで、これは大変感心しました。従来のコワモテする感じがなくて、あれこの人はこんなに素直だったのかなと思ったくらいです。つまり私は長年小林を誤解していたようなのです。全面的に賛成・共感という感じでした。でもそれにつられて他の著作を読むということもありませんでした。それは結局、小林さんは芸術大好き、それもホンモノが好きなのに、私は芸術はキライ、ホンモノとニセモノの区別もつかぬからだと思います。また小林さんは人生の達人だけれど、私は永遠の青くさい子どもだからと思います。

以上何のとりえもない思い出話です。

「黒船前夜」はあんな調子で終りそうです。理屈を言うのが、近年かなり面倒くさくなりました。述べて作らずというのは境地ではなくて、単なる老衰かもしれませんね。私はエピソードが面白くて仕方のない性癖で、それを探してとりあげる楽しみだけで書いています。

以上、ほんの御礼までに。

〇九年五月十一日

渡辺京二拝

武田修志様

＊ 熊日の連載＝熊本日日新聞夕刊に二〇〇八年七月一〇日から二〇〇九年九月二四日まで「黒船前夜」を週一回連載。

渡辺書簡　武田兄宛（二〇〇九年九月二十一日付け、手紙）

梨をお贈りいただきましたのに、お礼を申し遅れて申訳ありません。いつもながらのご好意ありがたく思っております。

石牟礼道子さんが七月二十一日自宅で転倒骨折なされ、大学病院にて手術、目下託麻台病院というところでリハビリ中です。大学病院の医者のいうには骨が細くなってしまって、もう一方の脚もいつ骨折してもおかしくない、退院後は二十四時間介護の要ありとのこと。しかしその後回復順調で、これならもとの仕事場へ帰れるのではという見通も立ちました。一時は特養老人ホームに入れることまで考えたのですが。何せ歳とるというのはお互い大変です。

熊日の連載はやっと書き終りました。目下補筆したり注をつけたり、図版をそろえたりしているところです。今月末には書店へ渡せましょう。書店は洋泉社です。

ここに小川君という編集者がいて、昔私の「宮崎滔天」を出してくれた人なのですが、この人が来年三月で編集者生活にピリオドを打つので記念にくれというもので、そのようにしました。

本になりましたら、*もちろん献呈いたします。
あと「選択」の連載（「バテレンの世紀」）が残っていますが、これは長期戦なので、そのほかに新しい仕事を始めるつもりです。テーマは二十世紀。まず文献の読み直しにかかったところです。私はやがて八〇なのですが、幸い頭ももともと変りませんので、もうしばらく仕事が出来ましょう。書くのも読むのも以前より早くなりました。
あなたは私よりずっと物の見方が懐疑的で辛口でいらっしゃいますから、安易に執筆はなさらないのだと思いますが、私はずっとあなたに書いていただきたいと考えております。どうか老人をよろこばせて下さい。
御礼と近況報告まで
〇九年九月二十一日
渡辺京二拝
武田修志様

* 本になりましたら＝『黒船前夜　ロシア・アイヌ・日本の三国志』（洋泉社・二〇一〇年二月一七日発行）。新装版が弦書房より二〇二三年に刊行。

武田兄書簡（日付不明だが、二〇一〇年二月末か三月初めの手紙と思われる）
御著書『黒船前夜』を御恵贈にあずかりましてから、だいぶ時間がたってしまいました。御容赦下さい。この間、採点をしたり成績を付けたりと期限のある仕事に追われていましたが、この書は毎日手元において少しずつ読み進めていました。魅力たっぷりの内容で、続けて二回拝読し、すばらしい著作だと感嘆しました。

こういう歴史書のよしあしは、一番底のところに、「二十一世紀のあるべき文明の姿を模索する私たち」の気持にびりびりと応じてくるものがあるかないかではないかと思いますが、そういう部分が多くの叙述の中にあって　読んでいる間中、夢中になって考え込むことが再々ありました。先生のお若い時からの、人類史を見通そうとする長年の御精進が、やはり、この本にも成果として出ていると思いました。

私はこういう十八世紀の半ばから百年余りの「北方史」といった本を読むのはまるで初めてです。それで、先生の今回のご本は、私にとってはこの方面の知識を授けてくれる最良の入門書になったわけですが、しかし、関係文書をこれからいくらか読んだら、また立ち帰ってくるべき、この領域での最高の書でもあるだろうと予想しています。と言いますのは、先生の本を読んだことで、本屋に行くとたちまち、『開国への道——日本の歴史十二』（小学館）といった類書が目に飛び込んできました。さっそく読んでみましたが、やっぱり、書物には「文章」ということがあると改めて思いました。先生はあとがきで、「本公害に加担している罪軽からず」とおっしゃっておられますが、文体のない本を書くことが罪なんですね。先生の悠揚迫らぬ、達意で、味のある文で綴られた歴史叙述のようなものこそ、もっとたくさん書かれるべきで、「気鋭の研究者」たちの、文体喪失の本があまりに多すぎるのです。

今、特に印象に残っていますことを以下に少し書かせていただきます。第二章の冒頭に、西洋世界との日本の出会いを語るとき、これまで我々は「西洋人を迎える立場」で見てきたが、しかし「訪れた者たちの視点」も必要ではないか、言い換えれば、「世界的視圏」で捉えなければ、事柄の全体の正しい姿は見えてこないということが述べられていますが、この書の全体に渡って、批判されている相手や事柄も、そちらの側に立って見て、論評がなされており、並の歴史書とはひと味違うおもしろさが醸し出されていると感じました。たとえば、ロシア人に対する理解においても、彼らの残酷さとともに、彼らの高貴さ、人なつっこさも指摘されています。これは外国のことではありませんが、松前藩のアイヌモシリ経営についても、武家の価値観に対して「武人が商人を兼ねる人間類型」という見方を持ち出して、できるだけ公平に評価しようとしています。こういうところの叙述は、少ないページで、ぶ厚な専門書にもできない洞察を、読者にも提供していると言えると思います。アイヌと日本人の関係についても、侵略者と弱者の抵抗というような類型に堕していず、ようやく客観的な見方ができるようになってきていると納得いくものがあります。

このほかに第九章に語られている、江戸時代の「優秀な官僚」の話が、私には妙に心に残りました。フォブストフの報復事件への対処の仕方について老中から諮問されて上書を書いた二人の松前奉行、河尻春之と荒尾成章のことです。当時の状況について的確に把握し、これからの国の方針について「死罪に当る」ことも承知しながらあるべき方向を具申しています。二七六ページに、「こう述べて上書は感情を高揚させる」という一文がありますが、この数ページを叙述する先生もかなり「感情を高揚」されているように感じとれて、たいへんおもしろく思ったのです。私も国立大学にいて似たような立場の者として、やはりこういう官僚が「今日ありやなしや」と思います。私は官僚ではありませんが、教員として、いささかなりと、今の日本の大学の有様ももう少し深みのある人間味のあるものになるよう努力したいと思ったことでした。

アイヌについても、この本で初めて基本的知識を得た次第です。統治も行政もなく、国家も持たなかったアイヌ、自分を「徳ある人」として完成せしめようとする人生観——こういうアイヌ人に接して、ヨーロッパ人のクルーゼンシュテルンが「最良の」民族とアイヌ人をみなしたというのは私を感動させました。この本のここの最後のしめくくりがいいですね。この本全体の感じのよさの集約のように感じました。

まだまだ印象に残ったこと、改めて考えさせられたことはたくさんありますが、とりとめがありませんので、このくらいに致します。

次の先生の御著作がますます楽しみになりました。

武田修志

渡辺京二先生

渡辺書簡　武田兄宛（二〇一〇年三月五日付け、手紙）

お便りありがとうございました。いやあ、実にありがたいお便りでした。まったくあなたは私の神様です。本を出した直後*はいつものことながら、何だか落着かずいやな気分です。もちろん自分の仕事が、うぬぼれとは裏腹に、どれだけのものか疑われて、何だか日暮れの野原で心細くなった子どものような気分なのです。そこにあなたのような方が現れて、なかなかいいよと言って下さるので、不安と自己嫌悪がすうっと消えてゆきます。こんなふうに読んで下さる方があれば、また書いてみようかなと元気が出るのです。要は読んで楽しくなって下さること。それこそ私がねがう読者で、あなたはきっとごく少数であるに違いないそういう読者を代表して私に感想を聞かせて下さったのです。深謝致します。ほんとうにありがとう。無私の方でなければ、あのように励まして下さることはできません。

私は理屈を言うのがほとほといやになって（というのは学者や「思想家」の言う理屈が、このごろは本当に下らなく思えるからでもありますが）、史料の片隅からエピソードばかりひろってそれで本をかけたら本当に幸わせなのですが、そんな本は出してくれるところもないでしょうし、多少は理屈めかさねばなりません。次はやはり開国を書かねばなるまいと思って、文献を読みにかかっているのですが、研究者達の今風の理屈がいやでいやで、こんなにいやな思いをするのがなぜ勉強なのか、世をはかなむ気分になってしまいます。勉強だって読書だって執筆だってみんなよろこびでなければならぬはずなのに、人が悪くなる修業をしているみたいなものです。そもそも何故本を書かねばならぬのか。金を稼ぐ必要がなければ書かないですむのです。本を書くというのは世間に自己を露出することで、こんなに疲れることはないのです。賢人なら絶対にしないことです。そういういやな毎日を過していたところにあなたのお便りは一陣の涼風を送って下さいました。

書くというのは自分の生が少しは楽しくなるためにすることのはずです。それなのに修羅になってしまうのはやはり我執のせいでしょう。でも我執をぬけられぬ文章というのは情けないものです。しかし現今は修羅ですらないコンピュータの文章がはやりですから、私が修羅で通すのもこの人間宇宙では何かの意味があることかも知れません。『道標』の方にももっと出稿せねばと思っています。あなたも何か書いて下さい。以前いただいたマンのコンラッド論を掲載させていただきたく、おねがいもしてみたと記憶しておりますが、いかがでしょうか。

ついこないだ義兄が脳出血で急死。八十五歳でした。若いころいろいろ世話になった人で感慨なきをえません。そんなことでお礼がおくれました。最後に再びありがとう。

二〇一〇年三月五日

渡辺京二拝

武田修志様

＊ 本＝『黒船前夜――ロシア・アイヌ・日本の三国志』（洋泉社・二〇一〇年、弦書房・新装版二〇二三年）。

渡辺書簡　武田兄宛（二〇一〇年三月二十三日消印、絵葉書）

お便り拝受。フランクルの芝居の翻訳＊楽しみにしております。「道標」にはもったいない気もしますが、単行本になさる折もそのうちにありましょう。出来上りましたら小生宛お送り下さい。まずはご返事まで。

渡辺京二

＊ フランクルの芝居の翻訳＝『夜と霧』の著者として知られる精神医学者フランクルの創作劇の翻訳。「道標」（二

〇一一年夏　第三三号）に掲載された。

渡辺書簡　武田弟宛（二〇一〇年四月十日付け、手紙）

お便りありがとうございました。拙著*ていねいに読んで下さり嬉しいです。先にお兄様からも読後感いただきましたが、実にあなた方ご兄弟は私の最上の読者でいらっしゃいます。このような方々がいらっしゃるからこそ、書いてゆく勇気を辛うじて保てるのです。

また、誤記・誤植のご指摘もありがたいことです。元来私は表記がルーズ、校正もルーズで、本になって冷汗が出ることしばしばです。

幕末維新について書くかどうか迷っておりましたが、やっと書く気になりつつあります。最近『安吾捕物帖』を初めて読み、この時代の裏面の面白さに気づかされました。そういえば山田風太郎がすでに明治初年という転移期の魅力を描いていたのでした。開国期についていわば表から書かれた本はそれこそ汗牛充棟もただならず、小生の出る幕ありやなしや、覚つかない気がしていましたが、どうやら出る幕もありそうです。

しかし、その前に『バテレンの世紀』を何とか片づけねばなりませぬ。連載のペースで行ったら、この先何年かかるかわかりませんので、この際終りまで書いてしまおうと思っています。出来れば半年でやってしまいたいです。少くとも今年一杯で。そうすれば来年から、私なりの開国物語にかかることが出来ましょう。文献はかなり集めました。

さて、花見でありますが、私は昭和三十年ごろ花見して以来、一度もしたことがありません。もっとも歩いて眺めはしますが、それは花見ではありませんね。桜はやはり山の桜がよいのです。

ソメイヨシノはダメです。熊大の構内にも立派な桜があって、今年はとくに見事でした。石牟礼さんが立田山麓のリデルライトホームという老人ホームに入られましたので、見舞いのあと熊大の中を通るのです。立田山にもシダレ桜とかヒカン桜とか、よいものがあります。

ご健康にはくれぐれもご注意なさって下さい。やはり一番よろしいのは歩くことのようです。

二〇一〇年四月十日

武田博幸様

＊　拙著＝『黒船前夜——ロシア・アイヌ・日本の三国志』（洋泉社）

武田兄書簡（二〇一〇年四月と思われる葉書）

「書物という宇宙*」、拝読いたしました。渡辺先生の「根」がここにあるといった感じを受け、誠に興味深いエッセーでした。おしまい近くに、「専門がなくて濫読に終始した私も歳月が重なるほど、専門をもたなかった強みが生きて来るように感じるのです」とありますが、全く、本人ではない私にもそのように感じられます。と言うより、歴史叙述を行うに最もすぐれた著者とは、先生のように、専門の枠にとらわれることなく、常に「世界全体を読み解きたい」と願って、営々と書物を読み、この世界のいとなみを見てきた者ではないでしょうか。今、先生は歴史書を書く者として、無目的に勉強をお続けになって来られたからこそ、最高の資格を備えておられるように私には思われます。

先生は御自身のことを「本から生まれた本太郎」と言っておられますが、幼いときからこれだけ本を読むというエネルギーが流れ込んだ人間というのは実にまれだと思います。人は何か、それに触れると生命の源泉から莫大なエネルギーが湧きだしてくるものではないかと、いろいろまた別のこともも考えさせられました。不一

＊「書物という宇宙」＝「道標（二〇一〇年春・第二十八号）」に掲載されたもの。

渡辺書簡　武田兄宛（二〇一〇年四月二十九日消印、葉書）

小生の愚にもつかぬ講演をあなたのように読んで下さる方があるとは。あれは古書店組合主催の話で、その方でやがてパンフになるのですが、＊榎田君がどうしても「道標」にのせるというものですから。一種の自慢話で鼻もちなりませんが、私としては自分の少年時代の特殊さを改めて自覚することになりました。ところであなたのフランクルの翻訳は進んでおりましょうか。楽しみにお待ちしております。また、あなたご自身のエッセイもそのうちに読ませて下さるものと期待しています。何はともあれお書きになって下さい。

＊その方でやがてパンフになる＝「書物という宇宙」（第四十四回熊本古書籍即売展講演録・二〇一〇年五月刊）。『細部にやどる夢　私と西洋文学』（石風社）所収。

渡辺書簡　武田兄宛（二〇一〇年六月二十四日消印、葉書）

思いがけずお祝いいただきましてありがたく存じます。高雅なる品にて恐縮致しました。あなた方ご兄弟の純粋なご好意が、いつものことながら身にしみます。老いて友といえる人間も少なくなっただけにひとしおです。

フランクルの戯曲の件、了解致しました。やはり研究誌にのった方がよろしいのは言うまでもありません。その後「道標」に転載が許されればありがたいです。小生も二十枚ほどのエッセイを書きましたが、次号はもう〆切とのことで、掲載は次々号になる由です。

渡辺書簡　武田弟宛（二〇一〇年六月二十四日消印、葉書）

思いがけずお祝いをお贈り下さいまして恐縮かつありがたく存じます。ポットとカップ、高雅かつ落着いた色調にて大層気に入りました。何よりもお二人のあたたかい友情が嬉しいです。年とって、友も段々少なくなって来ています。私にとってあなた方の存在はとても貴重です。

昨日は受賞式*がありました。大の苦手でありますが、日頃接触のない地元の名士たちと何とか無事に対面を了えました。これで一難がすぎ去った思いです。最後に改めてありがとう。

＊　受賞式＝熊日賞の受賞式。

渡辺書簡　武田兄宛（二〇一〇年八月七日消印、葉書）

講演会へのご感想ありがとうございました。方々へ送りましたが（抜き刷を沢山もらったものですから）、あなたのようにちゃんとした感想をいただいたのは初めてです。きっとあなたはもともと小生に近い感性をお持ちなのでしょう。ありがたいことです。小生このところわりと頑張って書いておりますが、お便りをいただきまた少々元気が出て来たようです。このところ熊本も暑いですが、近頃は北の方も暑いようですね。鳥取も例に洩れぬことでしょう。どうかご大事に。

渡辺書簡　武田弟宛（二〇一〇年九月六日消印、葉書）

お便りありがとうございました。畑を耕して半日*を過されるなど、羨望の限りです。といって小生、真似をする体力はありませんけれど。今年は各地万遍なく猛暑のようで、からだだけはご注意下さい。小生夏負けはしない方で、原稿書いたり本読んだり、それなりに努めていますが、何せいろいろ関心が多すぎて、一向前へ進みません。どうかお遊びにおいで下さい。

＊　畑を耕して半日＝福岡県朝倉市美奈宜の杜に家を建てたので時折出向いて畑を耕したりした。美奈宜の杜に住まいを移したのは翌年四月。

渡辺書簡　武田兄宛（二〇一〇年十二月二十七日消印、葉書）

お便りありがとうございました。受賞*の件で出京せねばならずアタマ痛いです。ゾッとします。講演など一切断わっていましたのに。ところであなたのフランクルの翻訳どうなりましたか。期待しております。マンの訳文ものせたいのですけれど。翻訳のほか、あなたご自身の文章も読みたいです。あなたにはまだ時間がありますので、どうかじっくりあなたらしい述作をなさって下さい。それを見るのが私のよろこびです。私はこの一年、物忘れがひどくなって来ました（とくに人名）。しかしアタマがいかれた訳ではなさそうなので、もうしばらくは仕事が出来そうです。

＊　受賞＝『黒船前夜　ロシア・アイヌ・日本の三国志』（洋泉社）が第三十七回大佛次郎賞を受賞。

Ⅱ　二〇一一年一月〜二〇一八年二月

＊『黒船前夜　ロシア・アイヌ・日本の三国志』刊行翌年から『バテレンの世紀』刊行後まで

渡辺書簡　武田弟宛（二〇一一年一月十七日付け、手紙）

この度もお祝いいただき恐縮です。あなた方お二人のお気持ほんとうにありがたいです。無償の友情というものがこの世にあるとすればあなた方ご兄弟のお気持こそそれに当るのでしょう。感謝いたします。

大佛賞というのは影響力があるらしく、今回は方々から祝っていただきました。私は偏屈なところがあって、つねに心の壁を崩さぬ癖から抜けられぬのですが、今回は人の善意というものを素直に感じさせられたことです。ただ受賞式に出ねばならぬのは本当に苦痛で、しかも東京にずいぶんご無沙汰しているもので、会わねばならぬ人も多く、その打ち合わせ等々、心が大いに乱されております。早くふつうのペースに戻りたいです。

あといくつか仕事をするつもりですが、連載中の「バテレンの世紀」が難物で、とにかくこれを抜け出さねばなりません。一回の枚数が少ないので、掲載にあわせて仕事すればあと数年かかりそうなので、この際終りまで全部書いてしまっておこうと、昨年末よりふんばっていたのですが、今回のさわぎで中絶。さわぎが終れば、優先的にこれととり組んで書き上げたいと思っています。次は〝開国〟ですが、史料読みはこれからです。読みこんでみないとテーマもはっきりしません。今年一杯は史料読みということになりそうです。それが終れば、あとは一九三〇年代をやります。スターリン、ヒトラー、毛沢東です。最近モンテフィオーリ『スターリン』上・下二巻読みましたが、実におもしろく、ソビエト権力の実像がやっとわかりました。本当はこれが一番やりたい仕事なのです。

八〇歳でまだ仕事ができるのはありがたいですが、体は相当ガタが来ているのです。ただアタマがまだ働いてくれます、しかしこの方も最近、言葉や人名がすぐに出てこないことが多くなり、ボケの兆候かなと危険も感じています。人より若いのは、要するに人間がいつまでも幼いからだと思います。老人らしい心の成熟がなくて、いつまでも青年のままなのです。未熟なのです。笑うべきことですが、そのためまだ仕事が出来るとすれば、思わぬもうけものです。それに見栄がなくなったものだから、楽に文章が書けます。たるんで来たのかも知れませんね。

お二人にそのうち会えればとねがっています。また、もちろん文章を書いてほしいとも思っています。とくにあなたの場合、お子さんが成長され、今のお仕事から引退されるとあれば、あとはものを書かれるしかないでしょう。期待しています。

二〇一一年一月一七日　　　　渡辺京二拝

武田博幸様

渡辺書簡　武田兄宛（二〇一一年一月二十二日消印、葉書）

この度はお心のこもったお品を頂戴し、恐縮かつありがたく存じます。あなた方ご兄弟の友情が私の晩年にとってどんなに貴重なものか、改めて痛感致しました。最後のひと仕事に向けて努めますのでどうかよろしく。あなたご自身のお仕事も期待しています。フランクルの戯曲の翻訳も楽しみにしております。

近く上京せねばなりませんが、いろいろと煩しいです。もう死ぬまで東京へゆくことはあるまいと思っておりましたのに。ひたすら忍耐です。

武田兄書簡（二〇一一年一月三十日付け、手紙）

先日、一月二十七日が「大佛次郎賞」贈呈の日だったと思います。今回の御受賞、誠にお目出とうございます。改めて心よりお祝い申し上げます。東京へお出掛けになるのが（いただきましたお便りから）たいへん御負担のように拝察されましたが、無事熊本へお帰りになりましたでしょうか。こういう受賞など、先生には、読書と執筆三昧の御日常の邪魔のようなものかもしれませんが、こういう機会に、文庫本を出しているような出版社の編集者でも先生の著書を繙いて、文庫化の企画でも立ててくれたら、読者の範囲が広がってよいのだがなぁと、私などは秘かに期待しています。

先日は内祝のお品（洋菓子）、確かに拝受いたしました。お礼を申しあげますのが遅くなってしまいましたが、おいしくいただいています。有難うございました。

「道標第三十一号」掲載の「山田風太郎の『明治』」を拝読いたしました。風太郎の「明治小説」を私も読んでみたくなりました。私が山田氏の本で読んだことがあるのは「戦中派不戦日記」一冊きりで、それも三十五年以上も前の、大学院の学生のときに読んだのです。それで内容はほとんど忘れてしまいましたが、ただ「この人は信用できる」と思ったことだけが心に残っています。

「山田風太郎の『明治』」を拝読して一番に思ったのは、山田氏が未だ存命で、この評論を読まれたら、大いに喜んで、先生に感謝されたのではないかということです。私は読んだことはないわけですが、風太郎の明治小説を十分に味わうには、江戸幕末から明治期についてそれ相当の知識がないと駄目なようで、先生のような博覧強記の読者こそ山田氏の期待した読者であったことでしょう。しかし、ただの博識な読者はほかにもいたかもしれません。それだけではなく、山田風太郎の歴史や人間を見る目への共感がなければ、氏の明治小説のおもしろさを満喫することはできなさそうです。その山田氏の歴史眼、人間観への共感がこの評論にはよく表われていて、私にはそこのところがたいへん興味深く思われました。

「人は歴史の動きなどとは関係がなく、信義に立つべきである。これも彼が敗戦から得た論議の要のない信念である」

「『芝居なら知らず、ほんとうの人間の世界には、脇役というものはない』という明石の述懐……」

「この人の胸底には人間のもつ真率で純粋な熱誠に感動する熱い心が匿されていて……」

こういう言葉が私の心に残りました。

また山田風太郎の明治小説は、先生の御著作の構想に対して相当に刺激するものがあったのではないか、先生が明治についてお書きになるなら、今まで誰も考えたことのないような重層的、独創的思考によるものになるであろう――そういうこともこの評論を読みながら、いろいろ考えさせられました。

昨年末三十日から正月四日まで熊本に帰って、父といっしょに過ごしましたので、三日の熊日に掲載されていました先生のエッセイを読むことができました。一読して何か目頭が熱くなりました。この短い文章には本一冊分の洞察が凝縮されていると思いました。全く先生の書いておられる通りだと思います。ここに示された考えに従って、我々は一人一人が自分と自分の周囲を充実させて行けば、そんなに悪い世界を引き寄せることにはならない――少なくとも人間としてできる責任を果たしたということになると思いますが、確かにメディアは第二義的、第三義的なことを最重要事として騒ぎ立てていますね。こういう時代は私のような職業の者が一番責任があるのかもしれません。今回、先生のエッセイを拝読して、自分の考え方、生き方はそうまちがってはいないかもしれないと、先生から励まされたように感じました。私も自分の立場でできる「試行」を続けていきたいと思います。

フランクルの創作劇の翻訳は昨年の夏にひとまずやってしまい、知人の紹介で「フランクル研究会」というところで（大阪）、この創作劇についての私の見解を発表し、また、何人かのフランクル研究家に私の翻訳を読んでもらいました。その結果、私の翻訳にはまだあちこち問題があること、私のこの創作劇理解も不十分なことが分かりましたので、その後、いつか暇を見つけて徹底的に見直しをしたいと思っているのですが、昨年の九月以降、このための時間を全く確保できずにいます。そんな中で昨年末、私を「フランクル研究会」に紹介してくれた知人がメールを送ってきて「武田さんの翻訳をドイツにいる（日本人の）フランクル研究者へ送った。そうしたら、その男が自分でこの翻訳をやると言っている」と。私としては、暇ができたときにゆっくり見直せばいいと思っていましたが、翻訳の競争相手が現れたのなら、やっぱり一度早くどこかに発表しておいたがよいかもしれないと、今、考えているところです。それで——話が長くなりましたが——もし可能であれば「道標」に発表させていただけたら、この上なく有難く思います。ただ、この創作劇は原文のテキストで五十ページありますので、「道標」の相当なページを占めることになりますので、お願いするのをいささかためらっています。これから三月いっぱいくらいで見直しをして、出来上がった原稿をためしに編集の方に見ていただき、掲載できるかどうかを御判断いただけたら、私には一番有難いことです。

誠に勝手なことを言って申し訳ありませんが、よろしくお願い致します。

今日はこれにて失礼いたします。

御健康には御留意なさいまして御健筆をお振い下さいませ。

平成二十三年一月三十日

武田修志

渡辺書簡　武田兄宛（二〇一一年二月五日付け、手紙）

貴信拝受。小生の風太郎論についてのご感想、いつもながらありがたく励まされます。開国から明治にかけて一冊書きたいと思っていますが、まだ視点が定まりません。溜めこんだ資料も一応読破せねば、しかるべきイメージもわいて来ない（先人がさんざん語っている〝物語〟をなぞっても仕方ありませんので）わけですが、例のバテレンの連載がいまだに片づかず、これをやっつけるのが先決。今年の半分はこれにとられるかもしれません。早くとりかからねばボケるんじゃないかという恐怖がありますが……。

熊日の駄文お目にかかって恐縮。でも、大きいことを言ったって仕方ないので、ひとつひとつ具体化するしかないというのは私の偽らざる心境です。あなたは立派ですよ。すでにそのことを実践しておられるではありませんか。

正月帰熊された由ですが、そういうときはぜひ私宅にお立ち寄り下さい。久しく一夕をすごしておりませぬ。フランクルの翻訳、ぜひ「道標」にいただきたいです。連載ものを休載にすれば掲載可能だと思います。この件は辻君と相談しますので、あなたは案じられることなく、出来上り次第送稿して下さい。訳文だけでなく、あなたの解説をつけて下さい。ただし、他に発表の場があれば（稿料の出るような――これは大事なことです）、それが最善なのですけれどね。「道標」掲載後は弦書房あたりから単行本に出来るんじゃないかと思います。とにもかくにも、ひと踏んばり願います。
こんどの出京はくたびれました。人と会うばかりで、東京にいればこんな社交ばかりやって仕事にならんぞという気がしました。熊本にいたのが正解です。また、東京で暮していると、見えるはずのものも見えなくなるんじゃないかという気もしました。

二〇一一年二月五日

渡辺京二拝

武田修志様

武田兄書簡（二〇一一年五月十一日付け、手紙）

前略

「道標」三十二号で御論文「共同主義の人類史的根拠*」を一読いたしましてから、だいぶ日数がたってしまいました。これは私にとりましては、たいへんにおもしろく、教えられるところの多いものでしたので、もう一度熟読して先生へお便りを差し上げたいと思っておりましたら、ずるずると今日になってしまいました。今日の午前中、二時間余りをかけて、ゆっくりと拝読いたしました。全くすばらしい論文です。単にポランニーの業績の本質が何であるかが分かるだけではなくて、我々が今、どういう世界に生きているかということをパッと照らし出してくれるような、人間の歴史の流れに対するすぐれた洞察を含んでいます。久しぶりに充実した読書の時間を持った気がしました。

先生の次の著作か、次の次の著作かが、いよいよ楽しみになりました。近代から現代への大過渡期、二十世紀の世界の動きの本当の意味を、先生は、スターリンやヒットラーを題材にして、書いてみようと考えておられるのではないでしょうか。ポランニーの「大転換」が出てから半世紀以上が過ぎて、今度、先生が近代という時代の意味を問われるとしたら、——ポランニーは「共同社会を希求する潮流の人類史的根拠は明らかにした」が——「その潮流が近代においてかならず敗北せざるをえないことの根拠を」先生は問われることになるのでしょう。これはまだ西洋の知識人も誰もやっていない思想の冒険であるように思います。人類にとって「何が自然な展開であり、何が人為的な変異」なのか——これは実に難問ですが、先生は何か、この問に対して、ある解答のヒントをお持ちなのかもしれません。

昨日辻信太郎氏からお手紙をいただきました。辻氏には先日メールを差しあげて申しあげましたが、このたび「道標」に載せていただきます翻訳の原著の著作権者からは、三五〇部限定ということであれば「無料で」翻訳を許す旨のメールをもらっています。先生にもここにお知らせしておきます。今回は私の拙い翻訳を「道標」に載せていただけることになり、心より感謝いたします。全く先生のお陰です。いささか心配なのは、今度の翻訳が必ず誤訳を含んでいるので、「このレベルの翻訳を掲載するのか」と、「道標」に迷惑をかけることになりはしないかということです。

授業に出なければならない時間になりましたので、中途半端ですが、これにて失礼いたします。

乱筆、乱文、ご容赦下さい。

平成二十三年五月十一日

武田修志

渡辺京二先生

＊ 御論文「共同主義の人類史的根拠」＝『さらば、政治よ 旅の仲間へ』（晶文社・二〇一六年六月刊）所収。

渡辺書簡 武田兄宛（二〇一一年五月二十日消印、葉書）

お便り拝受。フランクルの戯曲、無事掲載に運びまして何よりです。本当はもっと陽の当るところに発表されるべきなのに、私どもの小さな雑誌にいただけたこと光栄であります。辻君に必要となさる部数は無料でお送りするよう言っておきました。稿料を払えぬせめてのつぐないでありますから、どうか必要部数をご請求下さい。どうせ余っておりますから。（発行部数三五〇のうち半分以上残っているようです）。朝日紙上での紹介記事も拝見しました。嬉しく思っております。

渡辺書簡 武田兄宛（二〇一一年七月十六日消印、葉書）

冠省

あなたのフランクルの翻訳は「道標」の価値を重からしめるものでした。御礼を言わねばならぬのは当方です。戯曲の解説、フランクル論をつけて単行本になる日が待たれます。白水社あたりから出してくれぬものでしょうか。

思い立って月に一回真宗寺で西洋文学講義を始めました。第一回は「エヴゲーニイ・オネーギン」をやりました。そのうち原稿化したものをパンフレットにしますので、一本をお送り出来ましょう。小生、さすがに体はだいぶ弱って来ましたが、アタマはもう少しもちそうなので、いまのうちに出来ることをやってしまうつもりです。暑いなど言っておれません。どうかお元気で。

渡辺京二

武田博幸様

渡辺書簡　武田弟宛（二〇一一年九月一日消印、手紙）

ご無沙汰しています。お元気ですか。お兄様からフランクルの翻訳いただいて、本当にありがたく感謝しております。

熊大での話がまた小冊子[*1]になりましたのでお送り申上げます。この歳になってフランス革命とは、全く身の因果であります。

河合塾での歳月[*2]ももう遠い思い出になりました。

*1　小冊子＝「知の技法の伝承」シリーズ⑥「フランス革命再考——近代との関わりについて」（熊本大学大学院社

会文化科学研究科　客員教授　渡辺京二）。二〇一一年八月一九日発行。
＊2　河合塾での歳月＝一九八一年四月から二〇〇六年三月まで河合塾講師を務められた。

武田弟書簡（二〇一一年九月八日付け、手紙）

朝夕はめっきり涼しくなってまいりました。夏に弱い私は秋の到来を喜んでいるところですが、先生は夏の暑さも何の関係もない精力的な奮闘ぶりのご様子で、ただただ頭が下がる思いです。

熊本大学での講演記録をお手紙まで添えてお送りいただき、まことに有り難うございます。二度、三度と読ませていただきましたが、これまでフランス革命の歴史もその持つ意味も、あまり知りもせず深く考えたこともない私などには、批評めいた言葉は浮かんで参りません。ただ人間はこの近代、現代という二百年、三百年の間にまあ何ということをやってきたかということは考えざるを得ず、それをよく考えることなしには、今、自分がどういうところで生きており、どこに生きる指針を求めていくのかも、何もわかりはしないのだという思いは強く抱きました。

今年の四月の半ばに朝倉市美奈宜の杜という所に引っ越しました。女房と二人暮らしです（旧宅は息子夫婦に譲り渡しました）。福岡市の東区千早という所に三十年近く住んでいましたが、生活に便利は良くても、何とも味わいのない街で、こんな所で人生を終わるのはたまらないとずっと思い続けておりました。どこか自然豊かな土地で晩年を過ごしたいという夢を抱いていたのですが、何とか女房を説得できて、女房の親の里にも近い朝倉市に家を建てることになりました。

眺望はすばらしいものです（それが気に入ってここに決めました）。小高い山の中腹にありますので、遥か南西方角には久留米の街が見えます。正面（南）には東西に耳納山《みのうさん》が連なっています。南東方向には日田方面へと山々が続いています。田主丸や吉井の街を見下ろす位置にありますので、「下々の者の暮らしは……」といった、ちょっとした殿様気分も味わうことができます。

すぐ近くの森から満月が出て来る光景が、私が今一番気に入っているものです。山の端がうす明るくなって、月が顔を出すあの瞬間は、折口信夫の本に出て来た「山越阿弥陀」を実感できるような気にもなります。ビルの合間に見ていた月とはまるで違う情感があります。タヌキにもウサギにもたまには出会います。こういう所で過ごすことに満足を覚えているのは、小学校から中学を阿蘇の南小国の自然の中で過ごしたことが自分にとっては大きいのかも知れません。

来年の三月をもって、河合の専任講師を務めるのはおしまいになります。すでに週三日しか出勤していませんが、来年度からは非常勤で週二日も仕事が出来ればよいかと思っております。今年はこれから、亡き母（先日、十三回忌の法事を行いました）を記念する本を自費出版で出すことを兄と計画していますが、それが片付いたら、自分の勉強に取り組まなくてはいけないと思っています。

先生は七十代、八十代になられて、読む力も考える力も、何ら衰えを見せられるどころか、ますます冴えわたっておられます。まったくもって驚嘆の限りです。どうか九十と言わず百までも、先生の執筆活動が続きますことを、私は心から祈っております。

二〇一一年九月八日

武田博幸

渡辺京二様

渡辺書簡　武田弟宛（二〇一一年九月十一日消印、葉書）

お便りありがとうございました。田舎に土地を買ったということは伺っていましたが、とうとう引越されたのですね。羨しい限りです。わが身を省りみるに、あなたの方がずっと立派でよき生き方をなされているように思います。小生のやっていることは業であり妄執です。もちろん楽しみもありますが、これは本から生れた本太郎というだけのこと。何ら誇るべきことではありません。八〇を越してなんで休めないのか。情けないですよ。ただ週一度、立田山で遊んでいますけど。たまには顔を見せて下さい。どうかお元気で。

渡辺書簡　武田兄宛（二〇一一年十一月九日消印、手紙）

冠省

フランクルの戯曲の反響いかがでしょうか。東京外大の教員をしている女性が「びっくりした」と言って来ました。このお芝居のあなたの解釈を「道標」誌上で拝見したいものです。

熊大での話がまた小冊子になりましたのでお送りします。今度はフランス革命か、なんてお笑いになりませぬように。

渡辺京二拝

武田修志様

武田弟書簡（二〇一一年十一月十二日付け、手紙）

今日は朝からまことにいいお天気で、穏やかな秋の日射しが部屋に差し込んでいます。庭の木々も葉を落としたり、もみじは色づいたりと、秋も深まって参りましたが、この度は、新しいご著書『未踏の野を過ぎて』をお送りいただき、有り難うございました。

いくつか読んだことのある文章が収められていますが、改めて読んでも、いい文章だなあとしばらく思いにふけったりして、読ませていただいています。

今、こうして、自然の多い土地に引っ越して来て、樹々や雲の美しさを存分に味わう日々を過ごしています。十月にお医者さんから肺の機能が落ちていますと言われたこともあって、ここ一ヶ月ばかり、時間のある限り、朝も夕も、家の近辺を歩き回っています。起伏のある土地で、遠望も楽しめますから、自分の立つ位置ごとに、風景の構図が変わり、一ヶ月毎日歩き回っていても、日々新たな発見があり、見飽きることがありません。ちょっと小高い所にあるだけで、雲が随分と近くに感じられます。天気のいい日の早朝の雲が特にすばらしいです。遥か上空に筋雲が広がる中、手の届きそうな所を大きな綿雲がいくつも早く流れていくさまなどは、うっとりします。近所の人からは、空を見上げてはぼんやりしている変人が引っ越して来たと思われているかも知れません。

十分間も少し急な坂を上ると、ゴルフ場の入り口がありますが、そこに今、数百のピンクの花を咲かせた山茶花があります。誰も見る人とてありませんから、私が毎朝見に行っております。私が日本画家なら、この一枝を描いてみたいものだと思うような、見事な咲きっぷりです。遠くにはゴルフ場の雑木林の紅葉が見えたり、帰りの道ばたには蜘蛛の糸に吊された黄葉が中空に浮かんでいたり、あ、そうです、先日は、夕方タヌキが道路に現れて、ほんのいっとき道路で遊び、ゆっくり森の中に去って行きました。

ディケンズの『大いなる遺産』という本のことが二回も先生の本に出て来ましたので、昨日、河出文庫の二冊（上下）を買って参りました。これから読んでみようと思っているところです。

今、兄と二人で、亡き母を記念する本を作ろうとしています。日記でもあった家計簿が二十年分くらい残されていますので、その一部を活字にして（その作業はすでに終了しました）、それに母の思い出を添えるつもりです。河合の仕事による忙しさももう一時ですので、こういう誰のためにならなくても、自分にとっては大切なことを一つ一つやっていきたいと思っております。

先生がご健康を保たれて、お仕事がはかどられますことを心から祈っています。

敬具

二〇一一年十一月十二日

武田博幸拝

渡辺京二様

渡辺書簡　武田弟宛（二〇一一年十一月十七日消印、絵葉書）

お便りありがとうございます。新居周辺の山野の描写、羨しき限り。よい生活をなさっていることがよくわかります。またお母様の日記の出版もやり甲斐のあるお仕事でしょう。それこそ生活というものです。私はただ本を読むばかり。これも一生の帰結として受けいれるほかはないのですが……。どうかお元気で。

武田兄書簡（二〇一一年十一月二十日付け、手紙）

御著書『未踏の野を過ぎて』[*1]を、出版社よりお送りいただいてからだいぶ日がたってしまいました。お礼を申し上げますのがこんなに遅くなってしまいました。ご容赦下さい。遅ればせながら、厚くお礼申し上げます。有難うございました。大学の方が、来年度の授業計画を立てなければならない時期で（また、ちょうど夏休みに準備したノートが種切れになる頃でもあり）、まとまった時間が取れず、御著書を持ち歩いて、少しずつ楽しみに楽しみにして、二度ほど拝読いたしました。本を読む喜びはエッセーを読む喜びだと、どこかで読んだ記憶がありますが、今回の『未踏の野を過ぎて』はまさにそんな御本で、本を読む喜びを十分に味わいました。

巻頭の「無常こそわが友」に、今回は一番教えられました。「現代人はどうしてこんなに危機に弱くなったのか」――こう言われて、確かに危機にひ弱な自分がいることを認めざるを得ませんでした。今回の東北の災害に対して、マス・メディアのように大騒ぎをしているわけではありませんが、「人類の記憶を失って、人工的世界の現在にのみ安住してきた」自分がいることをズバリと指摘された思いです。これは私が昭和二十四年生まれで、戦中・戦後の日本の混乱を我が身を持って体験していないこと、また、日本の歴史や世界史に対して表面的な理解しか持っていないことと深くかかわっているように思います。そういう意味では、私の世代と私より若い世代の日本人には、今回の大災害は初めての大事件で、これを克服していく中で、「長期的なスパンで沈着に物事を受けとめ考えてゆく」――そういう態度を身につけていく最初の訓練になるのかもしれません。それにしても「無常こそわが友」は、渡辺先生以外には誰からも聞けない内容で、多くの読者のざわついた気持をしんとさせたのではないでしょうか。

今回の御本には、この二十年ばかりの日本の世相について、先生の御批判、御指摘、嫌悪があふれていますが、私はこれを拝読して、久しぶりにわが意を得たりと胸のつかえがおりました。「この頃の人間の表情の変わりかた」「言葉遣い、しゃべりかた」「現代人の『やさしさ』なるものの欺瞞的性格」「樹木の美しさに対する感受性」の劣性化。「ケータイの画面に見入る人々」……全く、先生のおっしゃる通りではないでしょうか。「このごろの社会と人間の変貌には、娑婆はいつも変わっていくものだし、その変化は多少の弊害は伴うにしても結局は福利をもたらすものだといった、これまでは通用したかもしれぬ言説を一切無効にしてしまうような、なにか根本的に怖ろしいところがある」。正鵠を射た御指摘であり、全く同感です。私は職業柄、二十歳前後の青年をいつも相手にしていますので、この「恐しさ」を日々痛いように感じています。世相が悪くなると、影響を一番に受けるのはやはり若者です。この二十年のあいだに、学生の顔つきの悪くなったことは、本当に驚くばかりです。私の大学には農学部がありますが、どの教師に聞いても、一番雰囲気のよい教室は農学部のクラスと、同じ返辞がかえってきます。これは今も変らないにしても、しかし、その農学部の学生の中にも、表情のとぼしい、のっぺらとした酷薄な顔つきの者がふえてきたことは誰の目にも明らかです。「商品とサービスの消費者として条件づけされた人間の魂は、やがて腐り始める」全くこの通りではないでしょうか。大学側は学生を「お客」とみなす考えが広がってきています。この風潮の中で、教師は万全のサービスを提供する者として学生に対さねばなりません。良質のサービスが提供されなければ、学生は指一本動かさないというわけです。

今回のエッセー諸篇の中で「佐藤先生という人」を格別の興味を持って拝読いたしました。人間論として出色のものだと思いました。私は佐藤氏を直接にも間接にも全く存じあげず、お名前も今回初めて知った次第ですので、私のこのエッセーを読む興味は、人間と人生について考える興味です。その点で佐藤氏の「怒り」についての渡辺先生の論述がたいへんにおもしろく思われました。佐藤氏は「怒るのは俺の責任じゃない」と言われたと。「怒りは俺の中から湧いて来るのじゃない。どこか外から飛んで来るんだ」と。

「この言葉を聞いた時私は「そうなのか」と思わず唸りました。ということはその怒りはすでに「私」の怒りではないわけです。どこか宇宙の涯から乗り移って来るような根源的な怒りであるわけです。ひとりひとりの怒りなど知れたものだ、ほんとうの怒りというものは人間を離れてあるものじゃないかと、そのとき私は思いました。先生は実はそのような怒りに乗り移られる人であったのです。」

思わず写してしまいましたが、一人の人間が「怒り」という観点で、よくとらえられていると思います。見事な叙述です。佐藤氏の本質をよく表現していると同時に、この世における人間のありようというものを考えさせられます。（――自分の「怒り」の体験をちょっと振り返ってみると、教師生活三十六年間に、三度ほど怒りにまかせて白墨をおもい切り学生へ投げつけたことがありますが、三度とも当たりませんでした。反省してみると、怒りにまかせて投げたのではあるけれども、投げるときに「当らないように」一瞬計算したのではないかと思われます。私の怒りは一〇〇パーセント「私的な」怒りだったとは思いませんが、宇宙の涯からやってきた怒りではなかったようです。）

「佐藤先生という人」の中で、佐藤氏の「信心」の内実を明らかにする過程で、親鸞の教えについての渡辺先生の理解は、私にはたいへん分かりやすく、説得力のあるものでした。「親鸞さんにとって阿弥陀仏とは、人間は救われない存在だからこそ救われるのだという強烈な逆説の体現だったように思われる」――親鸞の悪人正機説の説明は何冊もの著作で読んだような気がしますが、いつも「どうもよく分からない」と思っていました。渡辺先生のこのエッセーの中での論述で、初めて理解のきっかけを得たように思います。

「三島の『意地』」の中の「死んでみせた三島をあざ笑う者たちが縁なき衆生に感じられた」の一文には、心から同感しました。

三島事件が起きた時、私は大学二年生でしたが、ちょうど三島の小説作品を四、五冊続けて読んだところでした。どの作にも感心せず、自分とは極めて縁遠い人間だと思いかけていたときあの事件が起こり、自分でも誠に意外ながら、あの事件に自分が全身的に感動してしまったのです。自分の中に、戦後の風潮とまっこうから対立するものの眠っていることを、強烈に自覚させられた事件でした。

このくらいにしたいと思います。先生には退屈なおしゃべりになり始めました。『未踏の野を過ぎて』は、先生とお話しでもするような感じで、楽しく、時に目頭を熱くして、拝読いたしました。また、私について書かれた文章[*2]が先生の御本の中に収められているというのは、私にとりましては誠に嬉しい限りですが、何か申し訳なく思います。有難うございました。

今日はこれにて失礼いたします。

健康に御留意になりまして、ますます御健筆をおふるい下さいませ。

平成二十三年十一月二十日　　武田修志

渡辺京二先生

＊1　御著書『未踏の野を過ぎて』＝弦書房より刊行された単行本。

＊2　私について書かれた文章＝「ある大学教師の奮闘」

渡辺書簡　武田兄宛（二〇一一年十二月六日付け、手紙）

拙著への長文のご感想いただき、ありがたく嬉しく存じます。献本して、こんなに丁寧な読後感をお寄せ下さるのはあなただけです。こんなふうに読んで下さる方が一人あればもって瞑すべしという気が致します。十二月に入ってもう一冊[*]出しましたので、これもお送りするよう手配しておきました。
小生、歳にしては元気と人から言われますが、さすがにこのごろは弱って来ました。まず脚がダメになりました。昔は健脚で二里くらいは苦にせず歩いたのですが、いまは二キロくらいがせいぜいです。街に出ても、方々廻れなくなりました。次はやはりアタマです。よく言うように短期記憶がダメになりつつあります。人名が出てこないのはずっと以前からなので気になりませんが、最近はチョットひどいようです。それでも昔にくらべると本を読むのもずっと早くなっているのですが、それがいつまで続くか不安になって来ました。やりかけている仕事を早くまとめねばといささか焦ります。
弟さんからお聞きしましたが、お母様の日記抄の出版をご用意の由。先のお父様のご本といい、本当に羨しい親子の間柄だと思います。また弟さんからは新居へ移って山野に親しまれているご様子とうかがい、これまた羨しき限りです。あなたたちのようなご兄弟と知り合えたのは小生晩年の幸わせであります。
ご多忙のことと存じますが、どうかおからだご大事に。
二〇一一年十二月六日
渡辺京二拝
武田修志様
＊ もう一冊＝『細部にやどる夢　私と西洋文学』（石風社）。

渡辺書簡　武田兄宛（二〇一一年十二月十三日消印、葉書）

冠省

この度は立派な蟹をお贈りいただき恐縮に存じます。なんだか北の海の匂いをかぐような気がします。

年々時の経つのが早く感じられますが、今年もあっという間に年の暮れになってしまいました。向寒の節どうかご大切に。とりあえず御礼のみ。

武田兄書簡（二〇一一年十二月二十三日付け、手紙）

前略

御著書『細部にやどる夢　私と西洋文学』*、たいへん楽しく、興味深く拝読いたしました。有難うございました。私は先生の愛読された本をほとんど読んでいませんが、そんな中にシュティフターの『晩夏』が取り上げられているのは、思いがけず、昔の知人にでも出会った感じで、嬉しく思いました。私もこの長篇を三十年も前に読んで、決して退屈しなかったという記憶があります。しかし、読後感を書いてみようとして、うまく書けなかったように覚えています。今回、先生の評を拝読して、当時私が十分に理解できずに言葉にできなかったところが見事に表現されていると思いました。「……青年の世界を知りたいという衝動は、この世にみちみちている物象を正確に感受し、それを生のあるべき場所にあらしめたいというねがいなのだ。」「人の一生を生きるに値するものにするのは、観念でも事業でも集団でもなく、ただ物象との調和ある関係だとこの小説は語っている。……」――三十年ぶりにこの作品をもう一度読んでみたくなりました。

「甲斐先生とオーウェル」は既に一度拝読したエッセイですが、今回再読して、何か目頭の熱くなるものを感じました。甲斐弦氏に対する先生の親愛、敬愛の念が『オーウェル紀行』の書評という形を取りながら、よく伝わってくるからでしょう。甲斐氏の本は『高志さんは帰って来ない』を読んだだけですが、そのお人柄は、渡辺先生のお書きになったところから、私にも推量できるように思います。「甲斐さんはオーウェルの『コモン・ディーセンシー』という言葉に、戦後という納得しにくい時代を生き抜く拠りどころを見つけたのだ」。戦前戦後を一貫する生き方の基準を求めて、それを「品位ある庶民の生き方」、「日常平凡な、まっとうな生き方」において見い出した――そういう文学者が熊本におられたんだなぁ、一度お話をお伺いしたかったなぁと思いました。この渡辺先生のエッセーが私の心を打つのは、先生の甲斐氏に対する親愛の気持ちがよく出ているということもありますが、このエッセーのテーマがこの「コモン・ディーセンシー」というところにあり、それが失われていくことを筆者が深く残念に思っているからでもありましょう。

「勉強するなら西洋文学」は、私の周囲にいる何人かの学生に、コピーして読ませたいと思っています。私は職業柄、たえず、「何かおもしろい本を紹介してくれ」と言われますが、先生もお書きのように「何でもいいから好きなものを読めばいいでしょう」と言いたくなる自分がいます。やはり、よい本、すごい本、おもしろい本というのは、人それぞれ違うものですから、相手の人柄、性格、人間を知っていないと紹介する元気は出てきません。しかし、「紹介してくれ」

と問われるということは、多少なりとこちらを信頼してくれている故でしょうから、ぐっと「不機嫌」をおさえて、長年、本の紹介ということを自分の「専門」のようにやってきました。

「勉強するなら西洋文学」を読んで、私はこの渡辺先生の助言をかなり忠実に実行してきた人間かなと思いました。大学に這入った頃を思い出してみると、私も「政治学をやりたいとか、日本近代史をやりたいとか、具体的な目標」を持った学生ではなく、「自分が生きていることをもっと自覚的にとらえたいという、漠然とした欲求に駆られて」、よしこれから文学を読んでいくぞと決意したように思います。それから四十年、全く遅々として、知識、見識どちらも深まりも広がりもせず、六十を越えてしまいました。しかし、あまり後悔の思いもないのは、ようやく少しは本のおもしろさが分かるようになってきた、これからもう少し頑張ると何か分かるかもしれない――そんな思いが胸に湧いてきているからでしょうか。「勉強とは何よりもまず自分が得心するためのものです。わかってきたぞとひとりほくそ笑むだけでよろしいのです。」――このお言葉に励まされて、これからもしばらく、これまでの道を歩み続けてみたいと思いをあらたにしたことでした。

こういう本を読んだのだから、すぐに一冊はお勧めの作品を読まなければならないと思い、今回はディケンズの『大いなる遺産』を取り寄せました。昨日（二十二日）で冬休み前の授業が終りましたので、昨日の午後は久しぶりにこの長篇に読みふけっていました。こういう読書の時間が案外、人間一番幸せな時間かもしれません。

ぶっつけ本番で、だらだらと書いてしまいました。御容赦下さい。

年の暮れ、冷え込みが急にきびしくなってきました。風邪など召されませんよう御留意下さいませ。
今日はこれにて失礼いたします。

平成二十三年十二月二十三日

武田修志

渡辺京二先生

＊　御著書『細部にやどる夢　私と西洋文学』＝石風社より刊行された単行本。

渡辺書簡　武田兄宛（二〇一二年一月十七日消印、葉書）

お便りありがたく拝見しました。いつものことながら、ありがたき読後感お寄せ下され、身のしあわせを感じます。本を出すのは業のようなものですが、せめてあなたのように読んで下さる方があるのが救いです。作品が書ければ今よりもう少し落着いた心でおれたのでしょうが、批評めいた文しか書けず、批評は決して心の静まりをもたらしてくれません。このごろまたチェスタトンを読み直しておりますが、この人みたいにカトリックになるわけにもゆかず、せめて親鸞上人の真似ごとをと思っております。どうかお元気で。

武田弟書簡（二〇一二年二月二日付け、手紙）

今日は朝起きましたら、一面の雪景色です。更に十時くらいまで降り続いて、三、四センチは積もっています。一旦止んで、再び降り出しています。これではどこにも出かけられそうにありませんが、心洗われる美しさです。

昨年十二月に本[*1]をお贈りいただいていながら、御礼がまことに遅くなりまして、申し訳ありません。この本はこれからの私の勉強の指針となると思って、繰り返し読んでいます。

兄の影響もあって、ドイツ文学はいくらかは読み、またチェーホフとトルストイは学生時代に全集を買い込んで読んだりしておりましたが、フランス文学、特にイギリス文学は（シェイクスピアは福田恆存訳でいくらか読みました）さっぱり読んで来ませんでした。ディケンズなど、そのおもしろさにもっと早く気づいておれば、「詩の世界の住人」でもなく、いたって散文的人間である私などは、若い時でもおもしろいと思ったのではないかと思います。しかし、周りにディケンズがおもしろいと言う人もいませんでしたし、『デイヴィッド・コパーフィールド』も少し読みかけてやめてしまったような記憶があります。やっとそういうものが味わえる年齢に自分もなったということでしょうか。

『大いなる遺産』を読みました。最初の脱走囚人との出会いなど、こんな偶然的出来事をなんでいつまでも描くのかなと思っていると、それがこの話の中核であることがわかって来て、作者にまんまとしてやられたような思いも抱き、ストーリー展開のうまさに舌を巻きますが、話がどう展開しようとそんなものに関係ないくらい、一ページ、一ページの描写が楽しめます。作り話に決まっているのに、いかにもピップという少年、青年が実在し、ほんとに彼が思い出を語っていると思わせられてしまいます。「描写にリアリティーがある」というのはあまりに平凡な言い方ですが、まるで嘘っぽさを感じさせず（誇張した言い回しがあろうと）、ある人物をまざまざと描けるというのは、やはりこれぞ大作家だと思えます。

いつか先生に勧められて、ゾラの『パリの胃袋』や『ボヌール・デ・ダム百貨店』を読みましたが（『金』はまだ読んでいません）、ディケンズの方により心惹かれるところがあります。ジョーやビディーはもちろん、主人公のピップから、ハーバートやウェミックや、それに脱走囚人のプロヴィスまで、何ともそれぞれに愛すべき人物たちですね。先生の本に導かれて、まずはディケンズの作品を読んでいこうと思っています。

先月の十一日、父が鳥取の兄のもとで亡くなりました。九十二歳でした。お正月まで元気にしておりましたので、あまりに急なことで（ほんの数日、風邪で寝込んだだけでした）、びっくりしましたが、寝たきりになったりもせずにさっとあの世に行けたのは、それはそれで父の望むところであっただろうと、兄と話したりしております。

こんなことを書くと、まるで人非人ですが、父が亡くなったことより、昨年の十一月末に十八年余り飼っていた犬が死んだほうがよほど悲しく私には思えました。なぜならば、犬はほとんど欠かさず朝晩ともに歩いていた相棒で、私の体の感覚に食い込んでいたからです。いつも傍にいたものがなくなった空虚感で、一人近所を散歩する度に、私は愛犬を思い出しては毎日のように涙していました。それに比べ、昨年から住み始めたこの家に、父の痕跡はほとんど何もないのです（過去に遡ればいくらでも思い出はありますが）。
鳥取の兄はまた違うようです。土曜、日曜には車で眺めのいい所に毎週連れて行ってやったようで（昨年四月から父は鳥取で暮らしていました）、助手席に親父が坐っているような気がふとして、涙が溢れてきて困るとメールに書いていていました。

辻信太郎さんの本[*2]の「あとがき」に、思いがけなく私の名前があって、これは書評くらい書かねばなるまいと思いまして、先月書いて辻さんにお送りしました。次号の「道標」に載せて下さるとのことでした。後で辻さんから、先生が熊日に書かれたものを送ってもらいました。先生の目の付け所と私のとだいたい同じだったので（文章の質はまるで違いますが）、読み損なってはいなかったかなと少しほっとしました。

以前にも書いたのではないかと思いますが、亡き母が二十年分くらいの家計簿を残していまして、その日誌欄には家族の日々の出来事を書き留めています。その二年分だけを活字にし、それに兄と私の「母の思い出」を添えて、自費出版しようと今準備中です。今月中に、印刷屋さんに渡せるところまで持っていきたいと思っているところです。
まだまだ寒い日が続きますが、先生、どうかお体を大切になさって下さい。今年も先生の新たな作品が生まれて来る（まずは『バテレンの世紀』でしょうか）のを楽しみにしております。

敬具

二〇一二年二月二日

渡辺京二様

武田博幸

＊1　本＝『細部にやどる夢　私と西洋文学』（石風社）

＊2　辻信太郎さんの本＝『スコール！デンマーク　塔のある風景』（石風社）。

渡辺書簡　武田弟宛（二〇一二年二月二十四日付け、手紙）

お便りありがとうございました。御尊父が亡くなられた由。よき生涯を送られたという気がつくづく致します。こうして昔の日本人は一人ずつ消え去ってゆくのでしょう。また犬の死のお知らせにも胸突かれます。私はむろんその犬君は一見もして居りませんが、お便りの中によく出て来ておりましたので、何だか旧知の死報に接したように感じられました。お母様の御記録の出版は嬉しいことです。それにしてもあなたたちご兄弟のような子どもを持たれた親御さんは幸せ者です。

ディケンズを読んで下さる由。嬉しいです。ゾラはすごい作家ですが、真実性においてはディケンズに劣ります。私は歳とって英国文学がぴったり来るようになりました。とくに十八世紀から十九世紀初めまでの作品は江戸時代の日本を思わせるところが多々あります。あなたはG・K・チェスタトンを読まれたことがありますか。彼のディケンズ論はすばらしいです。

私は毎日それなりに努めているつもりですが、その割には仕事が片づいてゆきません。手を広げすぎるからだと思いますが、この癖だけは直らないのです。『バテレンの世紀』は連載が六年に及び、しかもやっと全体の三分の二あたりまで来たところ。何せ一回分の分量が少ないので、完結にはあと三、四年かかりましょう。とにかくこれを片づけぬと動きがとれぬので、掲載に関わりなく全部書いてしまおうと目下奮闘中です。

『細部にやどる夢』の誤植の件、ご指摘の通りです。いつもながら教えて下さって助かります。また辻君の本の書評*もありがとうございます。どうか、おからだ大切に。

二〇一二年二月二十四日

渡辺京二拝

武田博幸様

＊ 辻君の本の書評＝辻信太郎『スコール！デンマーク』（石風社）の書評。「道標 二〇一二年春」第三十六号。

武田弟書簡（二〇一二年八月十六日付け、手紙）

長らくご無沙汰しております。復刻版など次々と先生の本が出ていることは承知しておりますが、何もお便りもせず申し訳ありません。

ここ三年ほど兄とともに亡き母を記念する本作りに取り組んでまいりましたが、やっと完成にこぎ着けましたので、ここにお贈りさせていただく次第です。

熊本の小さな印刷屋さんに頼んで二百部ほど作ってもらったのですが、この方が本作りはあまり手慣れておられず、この五ヶ月ほど随分とエネルギーを消耗するやり取りを重ねましたが、結果としては装丁などもほぼ満足できる本が出来たと思っています。

母の本を兄と二人で作り終えて、兄が今度はおまえと書評集か何か本を出すようにしようとか申しております。私は兄ほど「書くこと」に精魂を傾けてまいりませんでしたが、こうしてたまたま兄弟で文学に関心を持ち続けている人間も珍しいといえば珍しいと思いますので、二人で一冊の本が出来たらと今は漠然と夢見ているところです。


先生のおすすめに従い、ディケンズを読み続けています（ぼっちぼっちですが）。『大いなる遺産』の後、『デイビッド・コパーフィールド』、『我らが共通の友』を読み、今『荒涼館』を読んでいるところです。チェスタトンの『チャールズ・ディケンズ』は先生からお手紙を頂いてすぐに読みましたが、『大いなる遺産』くらいしか読んでない者には、まだまだ付いていけないと感じることが多うございました。だいたい主な作品を読んだところで、再度挑戦したいと思っています（よく分からないながら、チェスタトンには大変魅力を感じましたので）。

ディケンズは今まで読んだどの小説家よりもしっくり受け止めることができます。おもしろおかしい人物描写で毎ページ毎ページ楽しめますし、必ず心底共感できる人物が出て来ます。一生ずっとディケンズを読んでいれば、それで人生は十分に面白く、他に何にもいらないという感じさえします。ディケンズと誕生日が同じということも分かって、勝手に、何やら深い縁を感じたりもしています。ディケンズについて何か書くレベルまで行くにはまだ相当の時間がかかりそうですが、手に入る限りの翻訳は読んでいこうと思っているところです。

先生の頭のなかにある作品が、構想で終わることなく、一つ一つ本となってこの世に現れて来ることを心から願っています。そのために、先生のお体が変調を来したりしないことを心から祈ってやみません。まだまだ暑い夏が続きます。どうかお体、ご自愛下さい。

武田博幸拝

平成二十四年八月十六日

渡辺京二様

渡辺書簡　武田弟宛（二〇一二年八月二十五日消印、手紙）

冠省

お母様のご本[*1]とうとう出来ましたね。お目出度うございます。何しろ愛情こめられて作られた本ということが一目でわかります。お父様のご本と言い、お宅はまことに祝福された一家、ゲーテの小品に出てくるようなご一家です。なんだか戦後日本の奇蹟のようです。

お父様、ご兄弟、お孫さんの文章もそれぞれ読みごたえがありました。それにしてもお父様は文章が上手です。

お母様という方はまことに魅力ある女人です。しかも親兄弟がブラジルへゆき、一人残されて養女となったという運命に昭和初期の日本の歴史が重なります。こういう無名の日本女性のささやかな記録を本になさったということに、涙がこぼれる思いを致しました。たとえ少部数で、世間に知られることがないにせよ、手にした人の心に鮮やかな痕跡を残すに違いありません。世間に広告なさる気はないと思いますが、熊日にお送りになりましたか。まだなら、文化部の浪床敬子という記者宛送っていただけませんか。きっと紹介してくれると思います。私からも頼んでおきましょう。

私としてはご一家が健軍に住まれていた一時期[*2]について個人的思いがあります。それは私が真宗寺とのおつきあいの関係から、あのあたりについてかなり知っているからかも知れません。当時私は黒髪に住んで、「熊本風土記」を出しておりましたけれど。

お父様がこの一月亡くなられたこともこの度始めて知りました。そういえばあなたともお兄様とも、もうずいぶんお会いしておりません。おついでの際はどうかお寄り下さい。

ご本、「道標」でもとりあげるように辻君にたのんでおきます。

渡辺京二拝

武田博幸様

＊1　お母様のご本＝『母の家計簿——千代子の記録——』（自費出版）

＊2　健軍に住まれていた一時期＝一九六六年四月から一九六八年秋まで真宗寺から百メートルほどの貸家に住んでいた。博幸、中三から高二のとき。

武田弟書簡（二〇一二年八月二十七日付け、葉書）

先生、お忙しい中、『母の家計簿』を丁寧に読んで下さいまして、まことに有り難うございました。先生からこのようなお手紙をいただき、こういう無名の人間の記録を残すことは意味ある事だと言っていただけたのは、何にも代え難く、嬉しいことです。

亡き母とお付き合いのあった数人の方にもお送りしましたが、九十五歳のご婦人から母をいかに「心の友」と思っていたかというお便りを数日前いただいたりしております。本を作ってほんとによかったと思っています。御指示に従い、熊日の方にも送らせていただきます。

平成二十四年八月二十七日

武田弟書簡（二〇一二年十一月十七日付け、手紙）

ご無沙汰いたしております。先生、御元気でいらっしゃいますでしょうか。

私は山間に引っ越して二年目になりますが、深まり行く秋を日々楽しんでおります。近くの森も赤や黄に色づいた木々がたくさん見えるようになりました。そんな近くの景色や遠くの山並みを眺めながら、毎日、犬を連れて紅葉した街路樹の並木道を散歩しております。朝のひんやりした空気も山間ならではのものです。

『母の家計簿』を出して三ヶ月近くになりますが、これまで十数名の方から感想をしたためたお手紙やお葉書をいただきました。今日はその中から二つをお送りすることにいたしました。八月に先生からいただきましたお手紙に「手にした人の心に鮮やかな痕跡を残すに違いありません」とありましたが、そのお言葉通り、ぽつりぽつりですが、心から共感して読んで下さる方がおられることを、兄ともどもたいそう嬉しく思っております。

一つは鳥取の兄から先日送られて来たものですが、鳥取県立中央病院の婦長を務められた方だということです。一読して、この日本には立派なご婦人がおられるものだとつくづく感心いたしました。素直な読者というものは、学者などより民間の方々の中にこそおられるものだと思ったりしました。

もう一つは、お隣のご婦人が書いて下さったものです。今住んでいる所にはまだそれほど親しい方はおられませんが、お隣のご夫婦がいろいろ教えて下さったりして、とてもよくして下さいますので、一冊差し上げましたら、思いがけず、このような感想文を書いて下さいました。

今日はこれから、『母の家計簿』に登場する中学の同級生がささやかな出版祝いをしてくれるとのことで、これから車で南小国に行こうとしているところです。中学の同級生が四、五人集まるようです。車での遠出はめったにしないのですが（何しろ五十歳過ぎて免許を取りましたので）、今日は一時間半余りのドライブで、私にとってはちょっとした冒険です。

河合塾のほうは、先日、茅嶋先生が地下鉄の階段で転んで眉間をケガされたり、小池先生が夏にぎっくり腰になったりと、いろいろあったりはしていますが、何とかみんな元気で、変わらず仕事もしておられます。私もまだほどほどに仕事に精を出しております。お勉強はぼちぼちというところです。

先生が少なくとも九十歳まではばりばり仕事がお出来になって、どうしても書きたいと思っておられる作品は書いてしまわれることを、心から私は祈っております。

平成二十四年十一月二十七日

敬具

渡辺京二様

武田博幸拝

＊犬を連れて＝新しく飼い始めたマルチーズを連れて。

渡辺書簡　武田弟宛（二〇一二年十二月五日消印、葉書）

先日はお便りありがとうございました。『母の家計簿』への読者の方々の感想文も嬉しく拝見させていただきました。こういう読者があれば、ご兄弟の出版のご努力も十分酬いられたといえましょう。

あなたの美奈宜の杜での生活、羨しき限りです。小生は何の変哲もなく毎日本を読み、ときどき文章を書き、週に六日石牟礼さんの夕食を作ることの繰り返しです。お元気で。

武田弟書簡（二〇一三年四月二十三日付け、手紙）

木々の新芽が日々数センチも伸びているように感じるこの頃ですが、先生、お変わりないでしょうか。一月に茅嶋先生＊とご自宅をお訪ねいたしましたときには、川尻の鰻屋に連れて行っていただいたり、神風連記念館に案内していただいたり、まことに有り難うございました。その節は御礼状も差し上げず、失礼いたしました。

河合塾のほうは先週水曜日（十七日）に新学期が始まりました。今年も週二日の四コマ、仕事をするようになっています。今の体調を維持できれば、六十五歳までは勤めようかと思っているところです。

一昨日は、水俣病記念講演会の案内が「道標」のほうからありましたので、石牟礼さんも来られるということで（それと緒方正人さんのお話を一度お聴きしてみたいと思いましたので）、行って参りました。最後に石牟礼さんが登壇されましたが、お話の内容よりも、無事にお話ができになるのだろうかと、親戚のおばさんを心配するような思いで石牟礼さんを見つめていました。約三十分のお話を無事務め終えられましたので、内心ほっとする思いでありました。それにしても、石牟礼さんが登壇されるだけで、会場がしんと静まりかえり、他の講演者とは全然違う雰囲気が漂うのは不思議な感覚でした。会場に集まられた人たちにとっては雲の上の方のような存在である石牟礼さんと、先生のご好意で、自分は何度もお会い出来て、普通に会話を交わし、一度は石牟礼さんと二人で散歩までしたことがあるというのは（それに、阿蘇旅行までご一緒させていただきました）、何か妙な感じがいたします。何ともったいない時間を過ごさせていただいたことかと、今は思うばかりです。

池澤夏樹さんの解説付きで『椿の海の記』が文庫本になっているのを知って、講演会場で購入しました。石牟礼さんの作品では、私はこの『椿の海の記』が最も好きな作品です（それと『アニマの鳥』も）。河合文化教育研究所の「わたしが選んだこの一冊」に来年取り上げてみようかと思っています。

ディケンズは読み進めています。『骨董屋』『二都物語』なども読みました。今、『リトル・ドリット』を読んでいるところです。まだいくらでもあるようで、すでに手に入れているのもあれば、まだなのもあります。読み進めて、何を得ることになるのかいまだよく分かりませんが、おもしろいと思えるうちは読んでみようと思っています。先日、オースティンの『高慢と偏見』がひどくおもしろかったので、少しは英文学の他のものも読んでみようとも思っています。

ここ数年、すぐ疲れて頭がぼんやりすることが多く、読書も書くこともあまり身が入らず、もう何ができるわけでもないといった弱気な気分になりがちでしたが、最近、山歩きをしたりしていることで、体調が持ち直したのか、もうちょっと何かやれそうな気になっています。受験参考書を一冊新しく作るという話がありますので、これは最後の仕事としてやろうと思っていますが、これが終わったら、書評でも何でも「書くこと」に心を向けたいと思っています。やはり書かないと、読んでばかりでは駄目なようですので。

昨年撮りました写真が今頃できましたので、数枚、同封いたします。今、住んでおります辺りの写真です。この美奈宜の杜に引っ越してちょうど二年になりますが、ここに来てよかったなあと思っています。山登りの仲間もできましたし、何より、毎日の散歩が楽しめます。

河合の仕事もあと数年と思うと、この仕事も、以前より丁寧にやろうという気持ちになりました。生徒をあまり突き放さず、できるだけ親切にしてやろうという気持ちが前より強くなりました。渡辺先生には大きなお仕事がおありになりますが、私のような卑小な人間は、ちっとはましな教師で終わりたいと思っているのではないかと自分では見ています。

先生のお体が健やかで、ご執筆がはかどられますことを心よりお祈りいたします。また、石牟礼さんが何とかよき状態を保っていかれて、この現代において誰にも代え難い言葉を紡ぎ出し続けられますことを、陰ながらお祈りいたしております。

敬具

平成二十五年四月二十三日

武田博幸

渡辺京二様

＊　茅嶋先生＝茅嶋洋一。河合塾講師。河合塾相談役。

渡辺書簡　武田弟宛（二〇一三年五月九日付け、手紙）

お便りありがとうございました。

水俣病講演会へゆかれた由。全く石牟礼さんという人は新興宗教の開祖になってもよかった人です。お便り、彼女にもお見せしました。

お住いの写真ありがとう。すてきなところですね。私は立田山へよく行きますが、あそこの斜面にも近頃住宅群が開発されていますけれど、あなたのところはそれよりもっとすてきですね。あんなところに住まれたら、生臭い欲など無縁になるのも当然です。

先日、茅嶋さんが文教研の加藤さん*といっしょに拙宅にみえられました。茅嶋さんというのは大変な人で、いまや河合の人事も握っているようです。私に無私といってよい好意を示して下さって、一体なぜだろうと思うのですが、これは私だけじゃなくすべての人に対してこの人は親身になって世話なさるのですね。いやあ、人物です。

私は懸案の大仕事の準備にかかってはみたものの、二年や三年で片づく仕事じゃないとわかって、その前にこれも懸案の維新について書いてしまおうか、なんて、グラグラしています。どうなることやら。とにかく、外に出て人とつきあうことが全くなくなりましたから、その分仕事する条件は出来たのですけれど。

近くにいらっしゃったら、時にお会いして雑談も出来ますのに残念です。

ご健康を祈りつつ、

二〇一三年五月九日

渡辺京二拝

武田博幸様

* 文教研の加藤さん＝河合教育文化研究所の加藤万里。

武田兄書簡（二〇一三年六月十九日付け、手紙）

渡辺先生、その後いかがお過しでしょうか。先生の新著『もうひとつのこの世——石牟礼道子の宇宙』*が出版社の方から送られてきて、もうだいぶ日にちが経ちました。お手配、有難うございました。今日までいつも持ち歩いて、一読、再読いたしました。

先生の御著書を拝読して、いつもまずその文章に魅せられます。達意の文であり、かつ、独特の味わいがあります。先生の御文章は、日本の近代批評の歴史の中での、一つの見事な達成です。私は、近ごろはもう全く文芸雑誌など読まないので、今はだれか文芸時評の文章と言えるものを書いているのかどうか知りませんが、先生の御著書に接すると、ああここにまだ本物の文芸批評の文章があると嬉しくなります。

小林秀雄の出現で、小林に学びながらも、独自の批評文を書いた人々が何人も活躍しました。中村光夫、福田恆在、江藤淳、西尾幹二といった人々です。私は若いときからこういう人達の文章を読んで、文学と人生を学んできましたが、先生はこの流れの人々とはまたひと味違います。先生の文体がどういうふうにして確立されてきたか、先生の読書範囲と私のそれがあまりに異なるので、推測することもできませんが、ひとこと言えるのは、先人の影響というようなことはひとまず置いて、先生のこの十年くらいの御文章は、お若いときに比べて、とても読みやすくなり、しかも、先生独特の味わいはひょっとすると今の方がよく出ているのではないかということです。日本の近代批評の歴史の中で、何人の人がここまで達することができたか。ほんのわずかな人々だと思います。

石牟礼さんの作品の中で私が熟読したと言えるのは、『アニマの鳥』ただ一作です。それ故、渡辺先生の石牟礼評を、批判的に読むことは私にはできません。しかし、私が石牟礼作品を読んでいようがいまいが、先生の石牟礼評こそ、この作家の本質を最も的確に言い当てたものであることは疑いようもありません。石牟礼作品の多くの読者が先生のこの書を読むことで、自分の理解の偏りや不足を教えられ、再読を促されることでしょう。石牟礼全集が完結に近づいた今、先生のこの評論が一書にまとめられ、多くの人の目にふれることになったのは、とても時宜を得たことでもあったと思います。（私も石牟礼全集は予約で購入しています。しかし、どういうわけか、未だに積んだ状態が続いています。今回「タデ子の記」を読んでみました。これはまさに石牟礼道子の処女作というにふさわしい作品です。）

今回御著書を拝読して、印象に残ったことを二、三書いてみます。

次の文章が、今回最も心に残りました。

「一人の人間の魂がぜったいに相手の魂と出会うことはないようにつくられているこの世、言葉という言葉が自分の何ものをも表現せず、相手に何ものも伝えずに消えて行くこの世、自分がどこかでそれと剥離していて、とうていその中にふさわしい居場所などありそうもないこの世、幼女の眼に映ったのはそういう世界だった。」（二六ページ）

真実で、しかも詩のような文章だと思いました。

今回たいへんおもしろく思いましたのは、石牟礼文学を、一度、農民文学の流れの中において みることで、その特質を明瞭にしてみようというやり方です。長塚節の『土』、島木健作の『生活の探究』、和田伝の『鰯雲』（これは読んだことがありませんが）と順にその特質を挙げていって、そのどれとも全く違う石牟礼氏の農、漁民の捉え方、描き方を鮮明にしておられます。この部分は実に分かりやすく、説得力があって、また、石牟礼文学の本質を的確に言い当てていて、石牟礼作品がもう一つよく分からないといった読者にも、眼を開くよすがとなるのではないでしょうか。先生の博識、各作家の本質を見抜く眼力、論述の巧みさ、全く間然するところがありません。こんな部分などは、先生のやすやすとなされるところでしょうが、読者としては、よくわかるなあと感心してしまうのです。

もう一つ、これもたいへんおもしろく、眼から鱗が落ちるように感じましたが、御講演「石牟礼道子の時空」の締め括りの部分、つまり、中井久夫氏の『分裂病と人類』を援用して、なぜ石牟礼作品のなかでは、社会の周縁に位置する人間達が主人公であるのかということを説明した箇所です。ここは、まず中井氏の独創的な洞察にあっと驚きましたが、それを、一つの理解の仕方として、石牟礼作品の主人公たちの本質解明に利用されているのは、見事だと思いました。

今回、先生の見解をじっくり味わったことで、石牟礼全集を読む準備はできたという気持ちになりました。すぐには取りかかれませんが、大きな楽しみができたという思いです。有難うございました。

簡単ですが、今日はこれにて失礼いたします。

お元気で御活躍くださいませ。

武田修志

平成二十五年六月十九日

渡辺京二先生

＊　先生の新著『もうひとつのこの世――石牟礼道子の宇宙』＝弦書房から刊行された単行本。

渡辺書簡　武田兄宛（二〇一三年七月三十一日消印、葉書）

冠省

先日はお心のこもったお便り頂戴し、ありがたく嬉しく存じました。過褒とは知りつつ、それでも心励まされるものがあります。それにつけても、あなたもどうか書いて下さい。文章の道は持続しかないと存じます。

暑さのみぎり、どうかお大事に。

草々

武田兄書簡（二〇一三年十月二十九日付け、手紙）

先日は御著作『万象の訪れ』『近代の呪い』＊の二冊が同時に、それぞれの出版社から送られて参りました。お手配、有難うございます。先生の新刊を二冊もいっしょに読めるとは、嬉しい限りです。さっそく読み始めました。

『近代の呪い』は先生の御講義のご様子を思い浮かべながら、一度目は多少あわて気味に、二度目はゆっくりと、拝読いたしました。読了して、久しぶりにいい話を聞いたなあという快い充実感を味わいました。自分の気持ちの整理ができ、もう一度自分も、先生に倣って、先生の百分の一でも勉強し直してみようかという気になりました。

近代とは何かを理解するのが、自分のテーマの一つだと、大学生の時に考えたことは、今も記憶に残っています。そして、その後、関係の本を少しは読もうと努めたこともありました。しかし、先生のように、このテーマを人生の課題として執拗に追求して、自分独自の考えを持つという所まで行くことは、全く私には力の及ばないことでした。いつの間にか、若い時の勉強の目標を忘れていることに気づかされました。

先生の近代理解には教えられることばかりであり、納得のいくことばかりです。どうしてこうも渡辺史観には説得されるのかと改めて考えてみますと、やはり、私のような者の、二つに分裂した心あるいは精神の両方へ語りかけてくるものがあるからだろうと思います。第一話で例を挙げれば、留学生秋瑾女史が、日本に学んで、民衆を「国民」にしなければ、西欧列強と対峙していける国家はできないと考え、教育の必要を痛感する――こういう国の指導者になる人々の心の動きや実際行動を押さえたあとに、江戸末期に博徒として生きた男の、大きな世の動きとは関わらぬ庶民の生活実態が紹介され、こういう民衆の生活の中にこそ、人間としての幸せはあるのかもしれないと暗示される。そして、近代世界とは、こういう民衆世界を撃滅したところに成立したのだと説かれています。――私のような者は、一人の半インテリとして秋瑾女史のことも多少なりと、「我が事」として見ることができますし、また一方、世の片隅で一人の庶民として生きることこそ、人間の一番幸せな生き方かもしれないといつも考えるような人間なので、渡辺先生が江戸末期の博徒の生き方を自立した民衆世界の一例として注目しておられるのが、とても納得がいくのです。

第四話で挙げられた近代の二つの「呪い」、「インターステイトシステムと世界の人工化」、まさにこの二つこそ、我々が今直面している最大の問題だと思います。我々はこの両方の事態を漠然と感じとっていますが、今回私は、「インターステイトシステム」と「世界の人工化」という言葉で、先生からはっきりと指摘・分析してもらうことによって、より明確にこの事態を把握することができたように思います。

この事態に対してどう対処していくのか？

第四話の先生の締め括りの言葉が印象に残りました。「人間という生物自体はそれほど偉いものじゃないということを悟るのが案外大事じゃないか」。

こういう考え方は、西洋にも、中世などにはあるのではないかと思いますが、現代西洋の大多数の知識人にとっては、相当に思いがけない発言ではないでしょうか。先生がこの発言で何を言おうとされているのか、私にはもう一つ分かりませんが、やはり、近代の二つの呪いの出てきたところには、西洋化された人間の思い上がりというものが深く関わっているとお考えなのかもしれないと推察しました。

こんなに小さな本で、近代というものを、こんなにはっきりと教えてくれる本はまれです。近くにいる学生諸君へ推薦したいと思います。

簡単ですが、今日はこれにて失礼いたします。『万象の訪れ』もすでに一読いたしました。ですが、もう一度読了してから、感想を述べさせていただくことにします。

くれぐれも健康に御留意になりまして、御健筆をお揮いになって下さいませ。

平成二十五年十月二十九日

武田修志

渡辺京二先生

* 御著作『万象の訪れ』『近代の呪い』＝『万象の訪れ』は弦書房から刊行された単行本。『近代の呪い』は平凡社新書。

武田弟書簡（二〇一三年十一月五日付け、手紙）

この度は『近代の呪い』、ご贈呈いただき、有り難うございました。二読、三読いたしましたが、先生のご本は教えられることばかりで、なまじ感想を申し上げることもできません。フランス革命にしても、俯瞰図的なお話でありながら、一つの見方、捉え方にも、膨大な史論、文明論また小説等の裏付けがあり、何一つ勝手な空論を唱えておられないことが読む者に大きな説得力をもって迫って来ます。多くの歴史学者と先生が違うのは、圧倒的と言える読書の幅の広さがあると思いますが、最も違っているのは、やはり文学（小説）というものへの深い傾倒があるように思います。日本、西洋を問わず、ある時代ある状況で生きた人間たちの姿を掘り下げて表現した文学作品をこよなく愛し、読んで来られて、そこで養われ培われた眼があるからこそ、無限に複雑な歴史事象から自分勝手な理論を考え出すのではなく、具体的事象に裏付けられつつ、諸々の事を見事に関連づけ整理して語るという稀に見ることがおできになるのではないかと私は思っています。

『もうひとつのこの世　石牟礼道子の宇宙』もお贈りいただきながら、何の御礼状も差し上げず、まことに失礼しております。この本を読んで、石牟礼さんの本を久し振りに読もうという気になり（その上で感想文でも差し上げたいと思っていたのですが）、『椿の海の記』、そして『苦海浄土』を第一部まで久し振りに読んだのですが、忙しさに取り紛れてしまい、何も書けずに終わってしまいました（弁解です）。

今は仕事は週二日出勤ですが、自分で企画した古文の参考書作りでほどほどに忙しい毎日です。これが私にとって最後の受験参考書作りになります。今までにないものを一つ作って、これで予備校講師としての仕事の締め括りにしようと思っています。

先生も八十の齢を越えられて、体のあちこちに不具合なこともある日々のお暮らしではないかとお察ししますが、どうか一つ一つ作品を完成されていかれますことを心よりお祈りしております。

武田博幸拝

二〇一三年十一月五日

渡辺京二様

渡辺書簡　武田弟宛（二〇一三年十一月十四日着、手紙）

懇切なお便りありがとうございました。それにまた立派な柿までお送り下され恐縮しております。

小生も当然のことながら、体がめっきり弱りはがゆいばかりですが、幸い読書と執筆は可能なので、死ぬまで細々と仕事はしてゆくつもりです。あなたも今の参考書のお仕事が終れば、ご自宅周辺の山野のことなどについて「道標」にお書きになりませんか。「美奈宜の杜通信」というタイトルで連載なされば楽しいものが出来ましょう。ご来熊の折などあればぜひ遊びに来て下さい。拙著もう一冊お贈りします。これは笑って読んで下さい。どうかお元気で。

京二拝

渡辺書簡　武田兄宛（二〇一三年十一月十九日付け、手紙）

冠省

この度は拙著*についてありがたきお言葉を賜り、いつものこととはいえ、忝く感じ入ります。どういうご縁によるものかあなたは小生の拙い述作の一番あたたかくこまやかな読者であって下さいます。著述者というのはいやしいもので、なまじっかな批判などより、たとえ儀礼であろうと一片なりとほめ言葉の方がこやしになるのです。ましてやあなたは小生の拙文を心から楽しんで下さっているようで、心から御礼申上げます。小生は大した頭の持ち主ではなく、ただ幼少のみぎりより文章というものが好きで、生涯ずっと書きつづけて来たのも、読んで下さる方がウフッと笑って楽しんで下さったり、ちょっとしんみりなさって下さったりするのを期待してのことでした。あなたはそういう訳で、小生にとって一番ありがたい方です。

ところであなたも文の人であると小生はずっと考えて来ました。失礼ながらまだお若いのでありますから、これからうんと書いていただきたいものです。言いたいことはおありのはず。感じられることはそれ以上におありのはず。どうか「道標」をご利用になって下さい。文業とは愚直な持続以外の何ものでもありません。

ご健康をいのりつつ。

二〇一三年十一月十九日

渡辺京二拝

武田修志様

＊ 拙著＝『近代の呪い』（平凡社新書）。

武田兄書簡（二〇一三年十二月二十二日付け、手紙）

前略。先生からご丁重なるお手紙をいただきましてから、早、ひと月余りが過ぎてしまいました。お手紙、有難うございました。

御著者『万象の訪れ』は、ご恵贈いただきましてからすぐに一読しましたが、このひと月の間も、いつも鞄に入れて持ち歩き、あちらを繙き、こちらを味わいと、存分に楽しんでおります。近頃はエッセイ集の出版される機会が少ないように感じますが、好きな作家のエッセイ集を読むというのは、読書の愉しみの中でもまた格別です。『万象の訪れ』は、私にとりまして、我が意を得たりという文あり、教えられることあり、考えさせられることあり、本の紹介ありで、まさに愉しみ満載の一冊です。

今回の御著書には、今も申しましたように、我が意を得たりと思わず膝をたたきたくなるような御文章がとても多かったのですが、特に「世間」の項に集められたエッセイはそうでした。「地震・台風、何者ぞ」に「昔はマスコミ、特にテレビが今ほど地震や台風について、時々刻々詳しい報道をすることはなかったようだ。今は煩いといったら、ありゃしない。」とお書きになっておられますが、全く同感です。私も、こういうことを人はいったいどう考えているのだろうと日頃思っていましたので、先生も同じ受取り方をなさっておられるのが分かり、嬉しくなりました。「ああ、いやだいやだ」では、最近のわが同胞の話し方について苦言を呈しておられますが、これも全く同感です。「今日のように胸くそ悪い自己顕示・自己肯定、鈍感で無恥な言辞が横行する時代は、これまでの日本にはなかったと信じる。」私もそう思います。同じエッセイの中に「三十年ほど前の映画を観ると、男も女もきちんとした切れのよい綺麗な話し方をしていたのがわかる。」とあります。この一文に接して、（話が少し逸れますが）私が、初級ドイツ語の受講者に最初に見せるドイツ映画を、一九五〇代に作られた平凡な映画「野薔薇」「菩提樹（トラップ一家）」等を見て、発音がはっきりしていて、ものの言い方に品があるように感じられたので、本物のドイツ語の発音を最初に聞かせるにはいい教材だと思ってみせていたわけです。最近のドイツ映画をよく観ているわけではありませんが、しゃべり方が速く、ぞんざいな物言いが多く、教材としてはあまりふさわしくない、と。よくは分かりませんが、ドイツにおいても、我が国と同じようなことが、話し方において起こっているのかもしれません。

「いわゆる名訳とは」も深く同感し、また教えられるところのある名エッセイだと思いました。よくこなれていて読みやすいのが最上の翻訳と思い込んでいる翻訳者が増えてきているように感じます。今年、ジェイン・オースチンの『高慢と偏見』を光文社新訳文庫で読みましたが、実によくこなれた、全くひっかかるところのない分かりやすい翻訳で、すらすらと読了することができました。実に綺麗な訳だと感心しました。しかし一方で、「これでいいのだろうか」という疑問も残りました。先生のご指摘通り、「もとの英文の感触は失われてしまっている」ので、イギリスの十九世紀小説を味わったという満足感がないのです。こなれた、分かりやすい訳を最上とするということは、結局、『高慢と偏見』のストーリーを、楽に理解できるようにして差し上げましょうという、無意識に読者を見下げた精神から出てくる信条かもしれません。

「何を読んだかであなたが決まる」、「汝は汝の読みしところのものなり」——この二つの訳例は、翻訳の問題を考えるに実によい例です。私が翻訳者なら迷うことなく「汝は汝の読みしところのものなり」を取りますが、しかし、これでは、現実には出版社が私の訳を採用してくれないでしょう。実際に対処したら難しい問題です。

私もせっかくドイツ語教師を長く務めてきましたので、退職後は勉強の一つとして翻訳をしてみようと考えています。死ぬまでに一冊くらいは、先生に読んでいただけるような訳本を仕上げることができれば本望ですが。

第一のパートに収められたエッセイはどれも、今回の御著書の中でも、特にしみじみと味わい深い文章であると思いました。心に残る言葉がいくつもありました。その中でも「自分の家」

の最後の一行は、誠にユニークでみごとな言い回しだと感心してしまいました。「それにしても、家が自分の貌をしてたっているというのは、ぎょっとするほどはずかしい」と。

　私は四十歳のとき、今住んでいる鳥取市郊外の新興住宅地に家を建てましたが、そのとき初めて家や庭というものに関心が湧いて、先生のように、あちこちと散歩をしました。そのとき、何人かの知人には、家や庭の中まで見せてもらったりしましたが、一軒の住宅というものはまさにその人なのだということにはたと気がつきました。「家というものは、こんなふうにその人の内部を白日のもとにさらけ出してしまう」――まさにこの通りだと思います。これを「家が自分の貌をしてたっている」と表現できるのはすばらしいと思いますし、更に「ぎょっとするほどはずかしい」と続くと、実に真実で、しかもユニークな表現になっていて、忘れられません。

「人間は独りぼっちで、悲しくさびしくおそろしい思いをしなければならぬ生きもののさだめを、日ごろは忘れたつもりで暮らしている。救いがない孤絶から、必死になにかに慕いよろうとする心の叫びをおし隠して、なに喰わぬ顔で生きている。そんな生命の切ない原型を露出してしまったら、たがいにやりきれないし、第一にそれでどうなるものでもない。だから芭蕉は捨て子に、わが身の拙さに泣けと、一見非情な言葉を吐きすてたのだろう。」――これは「犬猫のおしえ」の一節です。最初に発表されたときに、学生にも配った、私の大好きなエッセイの一編ですが、右に写した文章は私の理想とする、自分も書いてみたい文章の見本です。こんな文がこの本の中にはたくさんあります。

　先生のエッセイには、また、あちこちで笑わされてもいます。今回何回読んでも笑わずにはいられなかったのは、「犬と猫」の中の「こいつは、相互的オルガスムを求めているのだ」ですね。

これは、今写していても、思わず笑ってしまいました。

今回も『万象の訪れ』を一読したのち、本を三冊、インターネットで注文しました。先生ご推薦の本です。先生の読書量は桁外れで、比較になりませんが、こちらが読書量が少ないというだけではなく、いつも感じるのは、自分とは読書範囲がずれているということです。すなわち、量が一桁二桁違う上に、読んでいる本が違いますので、毎度確実にいろいろと興味深い新しい本を教えていただけるのです。

今回はまた、先生の個人的なご体験についても更に知ることができました。五十歳前後に、それまでの激しい御勉強に倍して、本格的な勉強に取り組まれたことが分かりました。そして、（いささか失礼な言い方になりますが）そのことにたいへん刺激を受けました。もう六十をとっくに越えてしまいましたが、初心に返ってもう一度しっかり勉強をし直そうという気になっています。

今日はこれにて失礼します。

年を取ると一年の過ぎるのが早くなるといいますが、全くその通りですね。今年もあと一週間を残すだけとなりました。

来年も先生の御活躍の一年となりますよう、心よりお祈りいたします。

武田修志

平成二十五年十二月二十二日

渡辺京二先生

郵便はがき

料金受取人払郵便

福岡中央局
承認

59

差出有効期間
2024年６月
30日まで

（切手不要）

８１０-８７９０

156

福岡市中央区大名
二−二−四三
ＥＬＫ大名ビル三〇一

弦書房

読者サービス係 行

通信欄

年　　月　　日

このはがきを、小社への通信あるいは小社刊行物の注文にご利用下さい。より早くより確実に入手できます。

お名前

（　　歳）

ご住所

〒

電話

ご職業

お求めになった本のタイトル

ご希望のテーマ・企画

●購入申込書

※直接ご注文（直送）の場合、現品到着後、お振込みください。
送料無料（ただし、1000円未満の場合は送料250円を申し受けます）

書名	冊
書名	冊
書名	冊

※ご注文は下記へFAX、電話、メールでも承っています。

弦書房
〒810-0041 福岡市中央区大名2-2-43-301
電話 092(726)9885　FAX 092(726)9886
URL http://genshobo.com/ E-mail books@genshobo.com

渡辺書簡　武田兄宛（二〇一三年十二月二十七日付け、手紙）

冠省

この度は拙著*についてありがたいご感想をいただき、まことに感謝しつつ拝読しました。またそれに立派な御品までお贈りいただき恐縮しております。どうかこのようなお心遣い今後ご無用にねがいます。もちろん嬉しいですが、それとともに気がひけて。

私は自分がそれほどの文章を書いているつもりは、昔も今もないのですけれど、自分の文章がどうも他の文章家諸氏と違う、書生気が抜けぬというか、一方演戯的というか、人工的というか、日本近代文人の伝統に入りきれぬ異質なものがある、という「少数派」的自覚はかなり若いときから抱いていたようです。それを面白いと感じて下さる、これも少数の方々があれば私は以て瞑すべきと思って来ました。しかしまた、うぬぼれが少々でもなくては文なんて書けませんからフォークナーの言ったように批評の無用、お世辞歓迎といった覚悟もないではありません。あなたは私をあまやかし、いい気にさせて下さいます。つまり私が書き続ける意欲をかき立てて下さる最上の友です。決してのぼせあがることはないけれど、オレのものを読んで楽しんでくれる友がいるんだというのは、今となっては何よりの書き甲斐です。

私はあとふたつ大きい仕事をしたいのです。ひとつは日本の「開国」について、もうひとつはヨーロッパの反近代思想についてです。しかし実際問題として、もう時間はないのですから、そのどちらかをやりかけて多分死ぬのでしょう。今はフランス革命からスターリニズムの破産までのヨーロッパ知識人の知的彷徨を見直しているところです。とくに第一次大戦については自分にとって切実な問題、すなわち国家とのかかわりをどう考えるかという問題をふくめ、考えさせられることが多いのです。何しろ読むべきものが多くて、今まで何をして来たのかと、空しく過ぎ去った刻が悔まれてなりません。

あなたはそろそろ大学も停年が近いのではありませんか。これからご勉強の時間にも恵まれることでしょう。私どもの勉強は何も成果を世に問おうというのではない、ただほんとうのところを知りたいということですよね。「道」は広大で計り知れません。死ぬまで知的な探究を続ける定めの下の私であり、あなたであるのではないでしょうか。

どうかお元気で。いつかまたお会いしたいものです。

二〇一三年十二月二十七日　渡辺京二拝
武田修志様

＊ 拙著＝『万象の訪れ』（弦書房）。

武田弟書簡（二〇一四年三月二十七日付け、手紙）
大変ご無沙汰いたしております。この度は、新刊の『幻影の明治』を平凡社から送られるように手配していただき、有り難うございました。『道標』で読んだことのあるものも含めて、改めてじっくり読ませていただきました。
先生の本はいつもそうですが、感心するばかりで、先生に向かって何も言う言葉が浮かばず困ってしまうのですが、新保さんとの対談の中で先生が語っておられることが、まさに先生の本を読んで「そうだ」と思うことでしたので、それを書いておきます。

「一人の人間に当時の状況はどう見えていたのか」「その時代に生きていた人々の課題は何であったのか」、それを印象的なエピソードを交えて先生が格調あるすっきりした文章で書いておられるので、われわれはおもしろく感じるのだと思います。

比べるのも失礼かと思えるものを取り上げますと、テレビをつけると、NHKで大河ドラマというものをやっています。ちょっと見たりするのですが、ほんの数分で大概消すことになります。要するに、現代の価値観に立って戦国時代を描いております。そんなものは見たくもないし、ちっともおもしろくもありません。今の自分たちとは違って、戦国時代の人間はこう考えこう行動したのかと思わせるものがあったら引きつけられようもするのに、なんでこうも今のヒューマニスティックな物の見方にこだわらなければいけないのか、脚本家や演出家の気が知れません。いや、ご本人たちはあれで戦国時代を描いていると思っているのでしょうか。

先生が吉村昭のことを話しておられます。確かに、この方の『桜田門外の変』などものすごく面白かったのですが、何かもの足りない感じが残ったのは、歴史家としてその時代を俯瞰する眼がないということなのでしょうか。その点、藤沢周平氏はもちっとえらい時代小説家ではないかと私は思っています。『漆の実のみのる国』とか『市塵』とかは時代を批評的に見る歴史家の眼もあったように思います。

今回の先生の本を読んで、自由民権運動というのが初めていくらか分かったような気がしました。また、司馬遼太郎を先生に一度批評していただきたいとかねがね思っておりました私の願いもかないました。また、「女人賛歌」が今回の本にもあちこち出て来て、おもしろく思いました。「鑑三に試問されて」には特別の感慨がありますが（私が大学で哲学科に進んだのは、ただただ「正しきよき人生があるのか、そんなものはなく、どんな人生でもそれはそれで人生なのか」を確かめるためでした）、これは書くのが難しいので今日はもう書きません。兄がひどく感動したと申しておりました。先生に手紙を書きたいが、二月末に痔で出血して坐っているのもつらく、長く立ったり歩いたりすると足の付け根が痛くなったりで、手紙一本まともに書けない状態だということでした。

河合塾の「私がすすめるこの一冊」に石牟礼道子氏の『椿の海の記』を取り上げましたので、この感想文も同封します。

今年中には『バテレンの世紀』は完成されるのでしょうか。どうぞ一日一日いいお仕事がお出来になることを心より祈念いたしております。

武田博幸拝

二〇一四年三月二十七日

渡辺京二様

武田兄書簡（二〇一四年三月三十一日付け、手紙）

その後いかがお過しでしょうか。ご無沙汰しています。

先日は新著『幻影の明治』*、お送りいただきまして有難うございました。さっそく拝読いたしました。

「第六章　鑑三に試問されて」は、三度、四度と読み返しました。感動いたしました。最近、論文を読んでこんなに心を動かされたことはありません。

これは先生の「信仰告白」と言ってよいでしょうか。どういったらよいか、うまく言葉が見つかりませんが、これを先生の「信仰告白」と受け取ってよければ、これは実に個性的な信仰告白であると同時に、私のような迷える現代日本人に、これからの時代をどういうふうに生きていけばよいかを暗示する力を秘めた、非常に普遍性のある信仰告白であると言えると思います。私はこの論文を読むことによって、最近鬱々としてたのしまなかったわが心に、ひさしぶりにさわやかな風が吹き込むのを感じました。

内村鑑三の『ロマ書の研究』を読んで、先生は「鑑三から重大な問題をつきつけられたと感じた」と書いておられます。「あえていえば試問されている、糾弾されているとさえ思った」と。こういう反応の仕方が私の心を打ちます。素直で、正直です。先生くらいの大知識人になると、普通こんな率直な反応はしません。学者はみんな、何でも知識にしてしまいます。しかし、先生は鑑三の信仰告白に対して、自分の信仰告白を持って対決しておられます。

内村鑑三の信仰の核心がどういうものであったかを明らかにするために、先生は、正宗白鳥のエッセイを利用しつつ、そこに自分の考えを織り交ぜながら、論を進めておられます。この論述がすばらしいと思いました。鑑三の信仰、白鳥の懐疑、先生の実在への直感と世界理解とが実に明晰な文章で論述されています。

「明治三十六年当時の日本の『大困難』は、本来キリスト教と抱きあわせであるべき近代文明を、キリスト教抜きで採用したから生じたのではない。近代化によって従来の精神的基軸が失われたから生じたのである」（一六四ページ）「思想的基軸が存在しないのは近代社会の特徴であって、何も日本ばかりのことではない。神が死んだとき精神的基軸もまた死んだのである。」（一六五ページ）

そして、この見解は、内村鑑三が生きていたら、彼によってどう受けとめられただろうかとふと考えました。おそらく、鑑三は新たな思索を強いられたのではないでしょうか。そして、先生の方も、先生の心の奥の方にまだ眠っている考えを更に展開されたかもしれません。

「鑑三のメッセージの中核とは、生は義《ただ》しいものでなければ、生きるに値しないという叫びである。おのれが義しい存在であるか、おのれがその中に在らしめられている世界が義しいものであるか、それこそ第一義の問題で、それ以外は第二義、第三義だというのである。彼の一生を導くのは、義しくありたい、そうでなければ自分は生きられないという、彼の魂から湧き出てやまぬ悲痛な要請である。しかし、現実には、おのれは義しいどころか悪念のすみかであり、世界は不正かつ醜悪である。汝はそれでも生きてゆけるのかと彼は私に問うのである。」（一七〇ページ）

鑑三の「絶対の義しさを求める心」、彼のこの世への絶望の深さ、彼が至りついた信仰の姿について、この引用のあと、簡潔に、明確に叙述されていますが、この部分は、私も『ロマ書の研究』を読んでから、もう一度読み直してみたいと思います。先生の記述は実に明晰ですが、私には、鑑三の信仰というものがどういうものであるのか、もう一つ分からないところがあります。

今回私が強く心を打たれましたのは、この鑑三の「試問」に対する、先生の応答の内容です。

先生は鑑三の呻きに、彼の悲しみに深く共感されていますが、「だが、どう叱咤されようと、私は十字架におけるキリストの贖いなど信じようがないのである。」これは、我々大多数の日本人の気持ちですが、そこで先生はまずこう述べておられます。

「人としてこの世に在らしめられている以上、生きる上での問題は九割九分まで世俗の領域に属することは認めても、なお一分の残余が生じ、その残余こそあとの九割九分の存在意義を左右するのではなかろうか。その残余とは、それが神であろうと何であろうと、われわれの上に在ってわれわれの生を照らす大いなるものの光ではなかろうか。」

この「残余」について、先生はこれまでにも何度か書いておられると思いますが、「大いなるものの光」という表現には初めて接したような気がします。暗示的というか、象徴的と言うか、たいへん印象に残りました。

さて、この「大いなるものの光」の具体的現れとでもいうものについて、今回の御論考は、これまでの先生の表現より、より具体的でより深くなっているように思われました。

その一つが「朝起きて喫する一杯の粥」です。これについては先生の別のエッセイでも触れておられますが、この「一杯の粥の与える満足」についての思索が、今回は誠にすばらしい文章で展開されています。

「一杯の粥によって始まる朝の穏やかな浄福に浸されるとき、人は俗世における野心や競争や利害から束の間超越しているのだ。欲念や憎悪や孤独からふっと解き放たれているのだ。街角でさして来る斜光を浴びて一瞬世界が変貌したり、空を圧する密雲の切れ目に一筋塗られたコバルトを見出したりするとき、現世を超越していま在るという思いは偽りではない。義しいか義しくないかも、最早問題ではない。自分が悪念のすみかであろうと、世界が歪んで不正に満ちていようと、何か自分を超えた大いなるものが自分の前に、束の間顕れたのであることは、そのときの自分の感覚が保証している。幻覚でもなければ宗教的体験でもない。ただ、人も人の世も自然もすべて悪であるという紛れもないリアリティが一瞬反転して、大いなるものが存在して自分を生かしめてくれているという、別なリアリティが顔をのぞかせただけなのである。」そして「それは存在の理法といってよい」と言っておられます。深く納得させられるものがあります。先生が別のところでおっしゃっているように、「神仏なき」我々は「その大いなるものに、山河の形をとって顕れる実在を宛てるしかない」のでしょう。

このほか「絶対他力の問題」についても、また、「男にとって女は経験すべき実在の一端である」ことについても、改めて教えられるものがありました。

この論文は、ひょっとすると、先生にとっては「本業」の合間の「余技」であったかもしれませんが、私にとっては、改めて先生の本質を知ることができた一編であり、また、これから折に触れ読み返すことになるであろう、大切な一編ともなりました。

そのほかの御論考についてもたいへん興味深く拝読いたしました。教えられることがいつものようにたくさんありました。それについても書くことができますが、すでにあまりにだらだらと書いてきましたので、今回はこのくらいにしたいと思います。

御健康に留意なさいまして、ますます御健筆を揮ってくださいませ。

平成二十六年三月三十一日

渡辺京二先生　　　　　　　　　武田修志

＊新著『幻影の明治』＝平凡社より刊行された単行本。二〇一八年に平凡社ライブラリーの一冊となる。

渡辺書簡　武田兄宛（二〇一四年四月九日付け、手紙）

冠省

この度は、いつものことながら、懇切かつ忝ない読後感をいただきありがたく存じます。実にあなたは私の最もよき、最も寛大な読者であって下さいます。何か魂に通うものがあるのでしょう。もっとも私は破れかぶれの気味のある人間でして、あなたのような誠実さ、真摯さに欠けているといつも反省させられるのですが、にも拘らず、初心のようなところで案外似ているのかも知れません。あなたのお便りでいつも私は励まされています。書評なんぞよりずっと深く素直に私を受けとって下さって、こんなふうに読んで下さる方がある限り、書き続けてゆこうという気になるのです。

ところで、弟さんから痔で苦しんでおられると伺いました。苦痛をおしてお便り下さってありがたくありがたく存じます。鬱々としているとお便りにありましたが、私は大学というところがあなたには向かぬのだと思います。失礼な言い方でしょうか。しかし、まもなく退官なさることでしょうし、その時にはあなたらしい充実した月日がきっと訪れましょう。何よりもお書きになることだと存じます。あなたはもともと文筆の人です。そう運命づけられているのだと思います。宮澤賢治の言う「慢」の心から免れていらっしゃるあなたのことゆえ、ご自分の生のいとなみとして文章を書くという道が大きく開かれることでしょう。忠言めかしていらぬおせっかいを焼くようですが、小生の気持お汲みいただければと存じます。

とにかくありがとうございました。

二〇一四年四月九日

渡辺京二拝

武田修志様

渡辺書簡　武田弟宛（二〇一四年四月十七日消印、絵葉書）

拙著についていつものことながらありがたい読後感をいただき深謝致します。お兄様からも懇切なお便りいただきました。いつかお二人と熊本でお会い出来る日を夢見ております。どうかお元気で。

武田兄書簡（二〇一四年八月十九日付け、手紙）

先日は新著『無名の人生』*をお送りいただきまして、有難うございました。

さっそく拝読いたしました。「語りおろし」ということで、先生のこれまでの御著作とは、本の醸し出している雰囲気が少し違うように感じました。先生から直接お話を伺うように、全篇頷きつつ、心楽しい時間を過すことができました。

一三二ページには感動いたしました。娘さんのフランス人の友人が、渡辺家を「聖家族」と評したというのに、どういう意味で言われたのか、少し分かるような気がして、胸打たれました。また、二番目の娘さんが、「登校拒否になった友達に同情して」登校できなくなられたという話にも感動しました。そして更に、この娘さんが「私は小さいときから、自分のお父さん、お母さんほどいい両親はいないと思ってきた」と書かれたという話に、感極まってしまいました。先生のご家族には「聖家族」という題に纏められるような豊かな物語が隠されていることを思いました。

今回の御著作を拝読して、いささか唐突ですが、小林秀雄が「自伝」を書かなかったことを思い起こしました。小林に対しては晩年、「自伝を書いてほしい」との要望が随分方々からあったようですが、とうとう書きませんでした。「書きたいことがまだある。それを書いてしまったら、書いてもよい」というようなことを言っていたと聞いています。実際、絶筆は正宗白鳥についての論でしたが、やはり、自分をストレートに世間へ露出することを自らに禁じていたからではなかろうかと、私は推測しています。渡辺先生と気質が似ていると思います。先生もまだまだ書くことがあるとおっしゃっています。我々も先生の大著を期待しているわけですが、今回の『無名の人生』を読みますと、先生の青春彷徨の時代だけでも、一篇の自伝小説として書いていただけたら、先生の精神の根の部分がよく分かるとともに、その自伝小説は、ほかのだれにも書けない「時代の物語」にもなるだろうことが予測できます。考えておいていただきたいものです。(小林秀雄は自分自身は『自伝』を書かなかったのに、本居宣長に対しては、「もう少し身辺のこと、自伝的なことを書いておいてくれたら、論文が理解しやすかったのに」というような意味のことを、ある講演で述べています。）

『無名の人生』に述べられている先生の「人生訓」やご意見に対しては、私は同感することばかりであり、また、改めて教えられることもたくさんありました。

「彼ら（小さきもの）にもし救いがあるのなら、それはただ彼ら自身の自覚のうちになければなりません。自分がいかなる理不尽な抹殺の運命に襲われても、それの徹底的な否認によって乗り超えたいものだ。」

これは、先生の思想の核を一つ言い表した言葉ですが、改めて私は自分の胸に刻みました。

「自覚」というところに、我々人間の存在の意味を求めるこの言葉が、ある強い情感を込めて言われているのが、改めて感動的だと思いました。

「戦争だけではなく、地震や津波が襲ってきたり、火事に出逢ったりしたとき、自分一人だけ逃げるのか、それとも仲間を救おうとするのか、そういう危機に際しては、仲間を見捨てて逃げることもなかなかできるものではない。この感情こそ真実であり、正義だと思う。」

「……今日、日本語があまりに貧しくなっているように思える。……」「こうした表現力の劣化、幼稚化をいかにして食い止めるか。それが、今後の課題となるでしょう。なぜなら、人間というのは言葉の動物ですから。言葉の能力が落ちると、日本語の文化も、個人の人生も貧しくなってしまうからです。」

全く同感です。私は、いわば「日本語があまりに貧しくなっている」現場にいる人間ですので、この事態を、教師としての最も大事な課題として受け取り、日々取り組んできました。最近では、「鳥大読書ゼミナール」という枠組みを作り、少人数で一冊の本を熟読する、または多読して読書力をつけるという提案を全学に向かってしたことがあります。六百人以上いる鳥大教師の中で賛同してくれたのはわずかに十五人ほどでしたが、当の学生たちからは大いに喜ばれました（全体的な表現力衰退の状況の中では全くの焼け石に水だったわけですが……）

「出世など、自分から求めるものではない……。すべての不幸は、出世しようと思うところから始まるといってもいい。」

これにも全く同感です。そして先生の「出世はいやいやいや、いやながらするものだ」というのは、真実を言い表した実に上手な表現だと思います。私も教室で同じようなことを時々口走ったりしていますが、学生は「それは武田先生が単に実力がなかったので出世できなかったのだ」というふうに受け取るようで、あまり説得力がありません。渡辺先生に、こういう読みやすい本の中で、こういうことを言っていただいたのは、たいへん有難いことです。今やこういう言葉は、ほかの人からは容易に聞くことができなくなりました。

こんなふうに書いていけばいくらでもありますが、つまらぬおしゃべりはこのくらいにしたいと思います。

今私は少し体調を崩しています。前期の授業は何とかできましたが、そのほかの仕事は全くできませんでした。病気になると（病気というほどではないのですが）やはり、勉強するにも土台は健康だとつくづく思います。

先生も御健康にはくれぐれも御留意になられまして、御健筆をふるって下さいますよう、切に念願するものです。

今日はこれにて失礼致します。

平成二十六年八月十九日

武田修志

渡辺京二先生

＊ 新著『無名の人生』＝文春新書。

渡辺書簡　武田弟宛（封筒なく便箋一枚のみで日付不明だが、二〇一四年十月頃の手紙と思われる）

本日、柿一箱いただき、恐縮に存じます。いつもお心づかいいただきいたみ入ります。お返しするものとてありませぬので、友人の著書＊をお送りさせていただきます。牧水のお母さんについておもしろい話がのっております。

おからだご大切に。奥様にもよろしく

渡辺京二拝

武田博幸様

＊　友人の著書＝前山光則著『若山牧水への旅』（弦書房・二〇一四年九月三十日発行）。

武田弟書簡（二〇一四年十二月六日付け、手紙）

先日は石牟礼道子さんの初期作品集＊をお送り下さり、有り難うございました。読ませていただきました。生きるべき道をひたむきに求め、何ものかを生み出すべく悩み続ける若き心というものを強く感じました。「錬成所日記」からは皇国婦人というか皇国の乙女のけなげな姿や、児童を思う若き先生としてのお姿が思い浮かびました。代用教員をされていたことは知っておりましたが、児童にどんな思いを抱いておられたのか初めて少し分かりました。石牟礼さんが学校の先生を続けておられたら、どんな先生になられたことでしょうか。

　後のお仕事から考えれば当然のことですが、石牟礼さんは作家としての資質、歌人としての素質をともに持ってこの世に生まれてこられた人なんだなあと改めて思いました。歌はどれも近代人の悩める乙女のものですが、「うらうらとうすむらさきの陽の光はるめく頃はひとのこひしき」など、「和泉式部集」に入っていても不自然でないのではと思ったりしたことでした。

　今日は朝起きると思いがけなく雪景色で、近くの山は雪の粉を振り撒いたようなさまを見せておりました。初雪に、何となく雪の降る中を歩いてみたくなって、近くを一巡りして参りました。それも十時頃に陽が射してくると、一気に溶けてしまいました。雪景色が何か夢の中のことであったかのようです。

こうして十二月にもなりますと、紅葉した街路樹もおおかた散ってしまいつつありますが、そんな中でこの一週間ほど一際目立っていたのは銀杏の木です。銀杏は普段はあまり目立つ木でもありませんが（熊本では街路樹として大いに目立つ木かも知れませんが）、十一月の終わり頃はあの鮮やかな黄色が俄然目を引きます。私の書斎から広く筑後平野が見渡されるのですが、天気のいい日には畑の中などに銀杏の木があちこちにあるのがよく見えます。散歩の折、最も目を引くのは、植林した山の斜面に一本だけとても大きな銀杏の木があって、緑の中に一カ所だけ黄色をくっきり輝かしています。私はこの銀杏の木に「バルタン星人の銀杏の木」と勝手に名付けています。なぜかと申しますと、この銀杏の木はてっぺんが二つに枝分かれしていて、高くて長い耳を持っているように見えるのです。ちょうどそれはウルトラマンと戦うバルタン星人の立ち姿のようなのです。

この朝倉は柿の名産地です。それでちょっと車を走らせると、近くに柿山をよく見かけます。これがやはり十一月終わり頃、ことのほか美しいです。柿の葉は大きく真っ赤に色づきますので、一山全部がこの色に覆われるのはなかなかの壮観です。

自分のことを少し書いておきます。今年は週二日出勤で四コマ授業をやっていますが、来年は二コマだけにしようと思っております。もう予備校講師をやって三十三年にもなりますが、何年やってもこの仕事は何か自分にそぐわない感じがあります。要するに、生徒があまり好きではないのです。わずかながら慕って来る生徒もいましたので、それで何とか続いてきたところがありますが、一年一年歳をとるにつれ、生徒を嫌に思う気持ちが強くなっているような気がします（一方で、猫とか犬とか動物が私は大好きですので、いつか「動物好きと人間嫌い」というエッセーでも書いてみようかと思ったりしています）。来年の夏頃には、私にとっての最後の受験参考書作りの仕事も終わりますので、その辺が私の予備校講師としての寿命の尽きる頃かなと考えたりしているところです。

茅嶋先生はお変わりありません。河合塾幹部の相談役といったところで、全国の本部長クラスの連中が福岡校にときどき「茅嶋詣で」に来ていますし、名古屋まで会議に出たりもされているようです。

小池先生が今年度をもって河合を辞めることを表明されました。小池さんも六十五歳です。六十五で辞めなくてはならない規定はないようですが、「もうくたびれた」と言っておられました。実際、相当疲れたような様子を見せておられます。

先生も八十歳を過ぎられて、体が思うようにならないことが多々おありではないかとお察しいたしますが、どうか今頭の中に構想されておられますことがどれも実現されるその日まで、先生のお体お健やかでありますことを心よりお祈りしております。

武田博幸拝

平成二十六年十二月六日

渡辺京二様

＊　石牟礼道子さんの初期作品集＝『不知火おとめ　若き日の作品集一九四五－一九四七』（藤原書店）。

渡辺書簡　武田弟宛（二〇一四年十二月十一日消印、葉書）

お便りありがたく拝見。あなたは本当によい生活をなさっていて羨しいです。河合のお仕事もよくよく続けられました。生徒が好きじゃないというのは私とおんなじ。それでもあなたは私よりずっとよい先生でした。小池さん、茅嶋さんの消息ありがとう。みんな年とってゆくのですね。私も河合で働かねば、あなたたちご兄弟を知ることもなかったわけで、実に人生とは不思議です。文章を書かれるのを期待しています。

武田弟書簡（二〇一五年九月九日付け、手紙）

先日は午後二時にお伺いいたしますと申し上げておきながら、十五分も遅れまして申し訳ありませんでした。それから二時間余りも話の相手をしていただき、有り難うございました。貴重なお時間を二時間もお取りしたかと思うと恐縮するばかりです。

先生からいただいた本を読んで＊1、納得することが一つありました。昨年も小さな同窓会出席のために熊本に行ったことがあるのですが、少し早く熊本に着きましたので、上通りをぶらっと歩いて、長崎書店（私が高校生の頃は、長崎次郎とも言ってたような記憶があります）に入ってみました。

入ってすぐの人文書コーナーが面白く、いったい誰がこんな本を並べているんだろうと思いました。その謎が本を読んで解けました。長崎書店に児玉真也ありなんですね。

そのときは何となくユダヤ人について知りたいと思っていたときだったので、『ユダヤ人の歴史』という文庫本を買いました（なかなかいい入門書でした）。もっと時間があれば、数冊は買ったような気がします。

思えば、私が生まれて初めて単行本というのを自分の小遣いで買ったのが長崎書店です。中学三年生のときです（中二まで暮らした南小国には本屋などありませんでした）。何を買ったのか、申し上げるのも恥ずかしいような話ですが、ホンダの創業者本田宗一郎氏の書いた人生論みたいな本でした。何か人の生き方を書いた大人の本を買いたかったのだと思います。後に大学で専攻するのも倫理哲学ですから、少年の頃から「人の道」というのが私の関心だったようです。

『気になる人』には板井榮雄さんが登場しておられます。これまでずっと先生に申し上げないでいたことをこの際申し上げることにします。

先生のご紹介で父の『駐在巡査奮闘記』の表紙絵を板井さんに描いていただきましたが、私は本が出来上がったあと、板井さんに本をお送りすることも御礼の手紙を書くこともいたしませんでした。こんな失礼なことはないのですが、正直申し上げて、御礼を申し上げる気にならなかったのです。描いていただいた絵は、「道標」の表紙を飾る絵とはあまりに違っていました。兄も父も全然「これはいい」とは言ってくれませんでした。私はこれは手抜きではとまで思いました。先生にとってこの上ないご友人の方をこのように申し上げるのはまことに心苦しいのですが、こういうことであったという事実をご報告申し上げておきます。

兄に弦書房のことを言いましたら[*2]、「弦書房に早く思い至ればよかった」と言っておりましたが、主に俳句の本を出している兵庫の小さな出版社から自費出版で出すようにすでに話が進んでいるとのことでした。お金は高くつくようですが、装丁のとてもいい本に仕上げてくれそうだし、何より、兄の原稿を読んで、いたく気に入って「是非うちで本にしたい」と言ってもらったのが決め手だったようです。先生のご配慮にお応えする結果にはなりませんでしたが、先生のお心遣いに兄は大変感謝申し上げておりました。

今こうしてパソコンに向かっておりますと、近くの森から鹿の鳴き声（叫び声に近い感じです）が聞こえてきます。二三日前から鳴き始めました。吹く風もひんやりとして、いよいよ秋の到来です。原稿を書かれるにはいい季節かと存じます。お体をご自愛なさって『バテレンの世紀』をまずは無事完成されるのを心待ちにしております。

敬具

平成二十七年九月九日

武田博幸

渡辺京二様

＊1　先生からいただいた本＝『気になる人』（晶文社）。
＊2　兄に弦書房のことを＝『大学の片隅で　私の教養教育実践』の出版の件について。

渡辺書簡　武田弟宛（二〇一五年九月十二日消印、手紙）

先日はわざわざ御来訪下され、ありがたく存じました。あなたこそ貴重な時間を私のために割いて下さったのであって、感謝するのは私の方です。

お兄様のこと心配ですが、しっかりしたお方ですし、まだお若いのですから、大学の激務から解放されて、お兄様らしい後半生を送られることと信じています。あなたも河合の仕事が軽減され、これからきっと充実したご勉強なりご執筆なり、お出来になることでしょう。

板井さんの装幀の件、実は私もあなた方に申訳なく思っておりました。そもそも板井さんに依頼するという私の軽率がいけなかったのです。あの人は一種の奇人で、自分の絵についても独特のこだわりがありますので、あのような本の装幀をお願いしても自己流のものしか描かれないことは、考えておかねばならぬのでした。あの表紙絵をみたとき私も実は「これは……」と思い、あなた方ご兄弟にはきっと気に入らぬだろうと思いました。まことに私の軽率のせいで、改めておわび申上げます。ただ、板井さんとしては「手抜き」だったわけではないと思います。自己流の対処となっただけで、私の注文（小国の自然と自転車をいれてほしいとの）をそのまま受けとったのでは画家として面白くなく、あんなふうにヒネラれたのだと思います。まったく人選のあやまりでした。この件、正直にお気持ちをお伝え下さったこと感謝します。

また折あらば、お訪ね下さい。どうか心身ともにご大切に。

渡辺京二拝

武田博幸様

武田弟書簡（二〇一五年十一月六日付け、手紙）

先日はわざわざご丁寧にお返事までいただきまして、有り難うございました。

今年も地元の柿をお送りいたします（先生が柿がお好きかどうか知らないのですが）。私の今住んでいる所の近くにも柿園がありますが、車で十分、二十分行ったあたりは至る所、柿園で、こんなに柿を作って全部売れるんだろうかといらぬ心配をするくらい、たくさん柿が実っています。

十月末、河合の同僚夫妻を柿園に案内するために、柿園の下見に行って、たまたま面白い柿園の主人に出会いました。農家に生まれた人ではなく、二十代に世界をあちこち放浪して、イギリスでしばらく暮らしたときに、農業をしようと決意して、親が持っていた別荘と土地をもらって、農業を始めたそうです。以来、四十年、葡萄を作り、柿を作り、野菜を作り、その上、人との会話が実に軽妙で、駄洒落を連発されます（本人の言われるところではイギリス仕込みだそうです）。「うちで中国人を働かせても彼らは昼までしか働かない。彼らはハンニチだから」とか「カメラは男性名詞か女性名詞か知っているか。実は男性名詞だ。カメラはオスダゲ」といった調子です。

前置きが長くなりましたが、ということで、この柿園の柿を今年はお送りします。テレビタレントのタモリが高校の二年先輩で、タモリもうちに柿を注文してくるということでした。

つまらんことばかり書きましたが、ご賞味いただければ、幸いです。

平成二十七年十一月六日

渡辺京二様

武田博幸

武田弟書簡（二〇一六年五月三日付け、手紙）

地震*お見舞い申し上げます。地震からもう三週間も経とうとしていますが、いくらかは落ち着いた生活になっておられるのでしょうか。先日、茅嶋先生から、渡辺先生の所も本が落ちたりして、大変であったようだとお伺いいたしました。後片付けなどで、だいぶ消耗されたのではないかと、いささかご心配申し上げております。

幸いなことに、私の熊本の親族は大きな被害を受けている者はなく、無事に今のところは過ごしております。

二三週間前、天神のジュンク堂で三浦小太郎氏の『渡辺京二』（言視舎）を見つけ、早速読んでみました。一度読んでもう一つ理解しきれなかった思いがあり、もう一度読み通し、ほぼ受け止めるべきものは受け止めたと思いました。先生は自分について書かれたものには興味はないとかねがね言っておられましたので、このような評伝が出たことにさほどの関心は持っておられないかも知れませんが、この本は、先生の本を初期から近年に至るまで丁寧にかつ正確に読み取った画期的な評伝だと思います。これ以上のものは今後そう現れることもないのではないかと思えます。いろんなことを教えてもらいました。大正から昭和の日本の民衆をどう捉えておられるのか、改めて先生の初期作品をよく読んで考えてみなければいけないとも思ったりしました。

心に残ったのは、先生の師の一人佐藤秀人氏です。佐藤氏のことは先生の著作やお話からいくらかは存じておりましたが、三浦氏の本でやっと分かったこともありました。いかにも坊主然としたお坊さんにはよくお寺でお目に掛かりますが、あの真宗寺にはこんな方がおられたのですね。実際にお会いしていたら自分など見透かされて、さぞ怖い方ではなかったかという気がします。

私は中学三年から高二の秋まで健軍の真宗寺の近く（百メートルくらいしか離れていなかったと思います）で暮らしましたが、真宗寺に出入りする人を一度も見た記憶がありません。いつもしんと鎮まりかえっていて、この中はどんな所なのだろうと思ったことが何度かありました。佐藤氏に出会わないのが私の運命であったようです。


河合塾に勤めるのも今年いっぱいにすることを河合に申し入れしました。予備校講師としての務めを果たすのも今年きりで、いよいよ隠居暮らしが始まることになります。今年はその準備の一年ということになりそうです。

この美奈宜の杜にはなかなか素敵な人が住んでおられます。先週は私より十歳くらい年配のご婦人二人と近くの山に登りました。お一人は、この二月にご主人（元法政大学の英文学教授）を亡くされた方で、もうお一人はその方のお友達です。元教授のお宅にたまに遊びに行ったりしていたのですが、急にご主人が亡くなられ、四十九日の法事も終わったら山にでも登りましょうという口約束を果たしたのが先週の山登りでした。往復三時間のゆっくりした山登りはおしゃべりもしながら新緑を存分に楽しむ心和む時間でした。木々の生命の沸き立つさまが肌で感じられ、新芽が萌え出づるとはほんとに山が燃え出づることなのだと思えました。
今、私の書斎の壁には二十号の白木蓮《びゃくもくれん》の花の絵が掛けられています。この美奈宜の杜に住むご婦人に描いてもらったものです。プロの絵描きではなく、趣味で四十七歳から描き始めて二十年余りになるという方ですが、隣の家の方がこの方の絵を二、三枚持っておられて、それを見せてもらい、私はいたく気に入り、昨年は、兄の退官記念に椿の絵（これも二十号）を描いてもらいました。兄に贈るのが惜しいと思うくらい、この椿の絵もいいと思ったのですが、昨年からコブシか木蓮を描いてくださるようにお願いしておりました。一年に四、五枚しか描かれない方なのですが、先月、私の願いをやっと果たして下さって、今、毎日眺めています。背景は群緑という色で（辞書で調べてみましたら、群緑とは群青《ぐんじょう》と緑青《ろくしょう》を混合したものとあります）、少し緑がかった青い色（和紙の上にまず墨を塗り、その上に群緑を何度も何度も重ね塗るとのことでした）、それを背景に、花開いた白い木蓮が六つ七つ、蕾が十数個描かれた絵です。画廊だったら相当な値のつくものだと思いますが、描かれた方は、額縁代と絵の具代しか受け取られません。この美奈宜の杜に越して来て得た幸運の一つです。

初夏にふさわしい私の好きな詩を一つ書き留めて、締め括りとします。

「初夏の風」　川上澄生
かぜとなりたや
はつなつの

かぜとなりたや
かのひとの
まえにはだかり
かのひとの
うしろよりふく
はつなつの
かぜとなりたや

川上澄生の絵を使ったカレンダーか何かでこの詩を知ったような気がします。先生の『日本詩歌思出草』の中では啄木の「飛行機」という詩が昔一度見て忘れられない詩です。和泉式部については、何か書けたらと思ったりすることがありますが、書けるほどまで、彼女の歌が分かるときが果たして来るものやら。ただ「源氏」も「平家」も「和泉式部日記」も改めてしっかり読み込もうとは思っています。

先生が健康を保たれて、お仕事が少しでもはかどられますことを心より祈念しております。

敬具

平成二十八年五月三日

武田博幸拝

渡辺京二様

＊　地震＝二〇一六年四月十四日・十六日に起こった熊本地震。

渡辺書簡　武田弟宛（二〇一六年五月九日付け、手紙）

便箋どこへ行ったか見当らず、こんな裏紙で失礼します（石牟礼さん若き日の文章のコピーです）。小生宅は何しろ書棚の破損、書物の散乱[*1]が問題で、要するに小生が気が狂ったように本を買いこまねば大したことはなかったのです（もちろん食器類やらの他、多少の被害はありましたけれど）。この整理処分が問題で、小生は老衰して体動かず、娘夫婦に苦労させております。すべては小生の物欲のなせるわざです。

三浦さんのご本[*2]、恥じてまだ読めておりません。こんなエネルギーを投入して下さって申訳ない気持で一杯です。すべては小生のため、三浦さんご自身には何の利益ももたらさぬのですから。第一、私は一冊の本に書かれるような人物ではないのです。

ご婦人たちとの登山、またご婦人のお画描きの方の件、心楽しく読ませていただきました。よき生活をなさっているのだとしみじみ感じました。

とにかく長文の便りお寄せいただき、ありがたく存じます。

二〇一六・五・九

渡辺京二拝

武田博幸様

＊1　書棚の破損、書物の散乱＝二〇一六年四月十四日・十六日に起こった熊本地震の被害。

＊2　三浦さんのご本＝三浦小太郎『渡辺京二』（言視舎）。

※平成二十八年（二〇一六年）四月二十八日の熊本日日新聞に掲載の「荒野に泉湧く」のコピーが同封されていた。

渡辺書簡　武田兄宛（二〇一六年五月九日消印、葉書）

この度はお心づくしの見舞いの品々お贈り下され、恐縮いたしております。当方、生活は日常に戻り不自由はしておりませぬのでご安心下さい。ただ大量の本が散乱、この整理処分に頭を痛めております。何しろ体がもう動きませんので、娘夫婦に苦労を強いております。書物にせよ物欲には違いなく、すべては小生の物欲のせいと小さくなっております。所有物は最小にせよという賢人の教えからすると、小生は愚の極み。ただ資料の必要な物書きの不幸です。とにもかくにも、あなたのご親切に御礼申上げます。

渡辺書簡　武田弟宛（二〇一六年五月十四日消印、手紙）

今日はお見舞いいただきまして恐縮しています。小生留守していて申訳ありませんでした。石牟礼さんのところへ行っておりました。小生も老衰して介護どころではないのですが、なるだけ顔のみなりと見せようと努めております。今日は岩波「世界」編集部よりのインタヴューがあって、立ち合いました。

「文芸春秋」六月号に書かされたもの[＊1]同封します。ご笑覧下さい。

嘉島のお家[*2]は大丈夫でしたか。とにかくわざわざお寄り下され、ありがたく存じます。

渡辺京二拝

武田博幸様

＊1　「文芸春秋」六月号に書かされたもの＝「熊本の地から　私には友がいた」。
＊2　嘉島のお家＝上益城郡嘉島町の博幸・修志の実家。

武田弟書簡（二〇一六年五月十七日付け、手紙）

二度もお手紙有り難うございました。先生に礼状のようなものに時間を費やすご面倒をおかけして、かえって申し訳なく思います。

文藝春秋の先生の文章を読んで、私が考えていたよりずっと室内の被害も大きく、またたいそう危ない目に遭われたことがやっと分かりました。崇城大近く（池田町）に住んでおります兄夫婦も、嘉島町に住む姪の家族も「怖い思いはしたが、たいした被害は出ていないから、心配しなくていい」と言っておりましたので、先生の家もそれと同程度くらいに勝手に思っておりました。

嘉島の実家は、父が亡くなった後は、姪（長兄の娘）夫婦の家になっています。一昨年に新築した家でありましたので、幸いなことに被害らしい被害は受けておりません。先日、熊本に行った折、室内も各部屋見せてもらいましたが、壁にわずかにひずみが生じたり、壁と壁の間に数ミリの隙間ができたりと、指さして言われなければ分からない程度のことで済んでいました。ただお隣は立派な屋根瓦の和風建築でしたが、ブルーシートに覆われて無惨なさまを呈していました。中の柱もゆがんで、もう住めない家になってしまったとお隣の方は嘆いておられたということでした。新しい家であったか古かったか、耐震性の高い家であったかそうでなかったか、地盤が固いところであったかそうでなかったか等で、随分と被害のさまは異なるようですね。武田の墓がありますす城南町の墓地も同様で、割と新しい墓は無事にもちこたえていましたが、古い墓は軒並み倒れていました。わが武田の墓は古い部類で、土台は問題ないながら、石の蓮台の上の墓石は落下していました。修復はだいぶ先になりそうです。

あまりに厖大な本を持っていたために被害が大きくなってしまったと先生は書いておられましたが、文藝春秋の文章によりますと、深夜までツキュディデースを読んでおられたから命拾いをされたということですので、結局のところ、先生の並外れた本好きが先生を救ったということになりますね。本の神様が、これだけの本狂いの男にはまだ四、五冊は本を書かせなくてはならないと思われたのではないでしょうか。

先日、先生のお家をお訪ねした際、娘さんと数分だけ立ち話をいたしました。そのとき、本の片付けは半年くらいかけてやることにしていますと言っておられましたが、先生、もし人手があったほうがよろしかったら、お手伝いに参りますが、いかがでしょうか。他人が入っても邪魔になるだけで、役に立つということはないでしょうか。茅嶋先生が河合塾出身の熊大生を何人か先生の家に片付けに行かせようかといった話をされていましたが、大学生よりは少しは私のほうが気が利く?かも知れません。先生または娘さんの指示に従って、右のものを左に移動させるくらいのことは出来ると思います。先日、ご自宅にお伺いして、車を駐車するスペースもあることが分かりましたので、一回五時間くらいのお手伝いはしに行くことができると思います（今は週に二日しか出勤していませんので）。十回、十五回通えばだいぶ片付きそうに思うのですが、どうでしょうか。来てくれれば助かるということがもしおありでしたら、どうぞ言ってください。先生が何とかお元気なうちに、何なりとお役に立つことができるのでしたら嬉しく思います。余計な差し出がましいことを申しているのでしたら、どうかお許しください。

塩野七生さんの『ギリシャ人の物語Ⅰ』が面白かったので、以前読んだことのある田中美知太郎先生の『ツキュディデースの場合』をもう一度読もうと思って、前に住んでいた家の本棚まで捜してもらいましたが、いまだに見つかりません。今は、塩野さんがだいぶ以前に書かれた『ローマ人の物語』十五冊を読んでいます。カエサルの『ガリア戦記』も読みましたが、塩野さんの解説付きで読むといっそうよく分かって、面白みも倍加します。古典はやはりいい導き手が必要なようです。私も日本の古典についてささやかな導きになるような本でも書けたらと夢だけは抱いています。

何かとご不自由な日々がまだ続くことと存じますが、老骨に鞭打って（と私が言うのも変ですが）、いい作品、いい文章を書いていただきたいと心から祈念いたします。

敬具

二〇一六年五月十七日

武田博幸拝

渡辺京二様

渡辺書簡　武田弟宛（二〇一六年五月二十日消印、葉書）

嘉島のお家、被害が少ない由、なによりでした。拙宅もしっかり造ってあったのか、家屋そのものは痛んでおりません。本の片づけ手伝って下さるというお申出、ありがたく心に沁みます。ただ、一応の片づけは婿殿と息子がやってくれたので、あとは小生がぼつぼつやれば何とかなります。この際、なるべく処分しようと考えており、幸いもらって下さる方もあって、その選別は小生自身でやるほかはありませんし、あなたのお申出、心にとどめるだけでお許し下さい。ただし、おついでの際、遊びに来て下さるのは大歓迎です。今度の根本的整理で、二冊持っている本がずいぶん出て来ました。自分の蔵書の把握さえ出来かねるに至っていたのです。とにかくありがとう。

武田弟書簡（二〇一六年六月四日付け、手紙）

被災された先生から御礼など思ってもおりませんでしたが、結構な品をお贈りいただき有り難うございました。子どもの頃から川釣りを楽しんできた私は、甘露煮は好物の一つです。先生にこのような労をとっていただいたことに恐縮しております。

こうしてパソコンに向かっている今も、あのトッキョキョカキョク（またはテッペンカケタカ）という時鳥の声が時々聞こえてきます。朝、昼、晩といつもよく鳴いています。決して人のいる近くにはやって来ませんが、「鳴き渡る」という感じで周辺を飛び回っていて、まさに初夏は時鳥の季節です。

今週の火曜日（五月三十一日）だったと思いますが。日の暮れる頃、犬を連れて散歩していますと、近くの森（谷間）から「カッコウ、カッコウ」と鳥の声が響いてきました。カッコウと鳴くのはもちろん郭公に他なりません。翌日は早朝から同じ場所でよく鳴いていて、夕方にも聞こえましたが、昨日はもうどこかに飛び去っていったようです。この美奈宜の杜に来て五年余りになりますが、郭公の声を聞くのはこれが二度目のことです。

もう一つ鳥の話を付け加えます。散歩の折とか、家の前の公園の木とかに、小さいキツツキを目にします。正式名はコゲラと言うようです。せいぜい雀の二倍くらいの大きさで、背中には横に一センチ間隔くらいに白い波線が入っていますが、仕草がとても面白いのです。頭を上下に何度も振って、木の幹の腐ったような所にくちばしをカツカツとぶつけていますが、虫がなかなかほじくり出せないと、コノヤロウといった感じで、意を決したように力を込めて木にくちばしを叩き入れる姿には、思わず笑ってしまいます。

茅嶋先生の身に起こった小事件をご報告しておきます。五月初めのことのようですが、ご自宅の庭のツツジの落ち葉を素手で掻き集めようとして、マムシに噛まれ、五日間入院されました。

先生のお話ではミミズの大きいくらいの小さなやつだったそうですが、何しろ先生の家は立花山につながる住宅地ですので、庭の中にまでマムシが入り込んでいたというわけです。ちょっと手がしびれるような感覚があったくらいで、たいしたことはなかったと本人は言っておられました。

私の参考書作りは三ヶ月ほどほったらかしにされていましたが、何とか今年中には本になるようです。予備校講師を引退する年に最後の本が出せそうで、最後のいい記念にはなりそうです。六十四歳になった私でさえ、だんだんと体が動かなくなるわびしさを感じておりますので、まだまだやり残していることがたくさんおありの先生としては、体が思うようにならないのははがゆいことばかりかと存じますが、幸い、娘さんがお側についておられます。手助けをお受けになりながら、体調を崩されることなく、執筆がはかどりますことを心から願っています。

敬具

平成二十八年六月四日

武田博幸拝

渡辺京二様

渡辺書簡　武田兄宛（二〇一六年六月十四日消印、手紙）

先日はお見舞いいただきありがとうございます。今回の地震について、小生ふたつの文を書かされましたので、ご笑覧に供します。当方の状況報告になるかと存じます。

武田修志様

渡辺京二拝

※「荒野に泉湧く」（二〇一六年四月二十八日の熊本日日新聞）と「熊本の地から　私には友がいた」（文藝春秋二〇一六年六月号）が同封されている。

武田弟書簡（二〇一六年六月二十一日付け、葉書）

新刊のご著書をお贈りいただき有り難うございます。早速通読いたしました。ポランニー講義は今回改めて二度、三度読み、以前よりは理解が進んだと思います。出色はやはりインタビュー「近代のめぐみ」だと思いました。こんな平易な言葉で、江戸時代がどんな時代で、明治維新は何故なされねばならず、そして我々は今どういう時代に生きているのか、見事に語られていると思いました。『バテレンの世紀』が完成するのを心待ちにしています。

＊　新刊のご著書＝『さらば、政治よ　旅の仲間へ』（晶文社）。

武田兄書簡（二〇一六年六月二十九日付け、手紙）

その後いかがお過しでしょうか。熊本地方は、テレビ報道では、相変わらず余震が続いている、その上今度は集中豪雨で被害が出ている所もあるとのことですが、先生の御自宅周辺は大丈夫でしょうか。

さて先日は御著書『さらば、政治よ　旅の仲間へ』*をお送りいただき、有難うございました。厚くお礼を申し上げます。

久しぶりに、読書をしてすがすがしい気持ちになりました。我が意を得たり、教えられること多しと、一度通読したあとは、あちらこちらを、二度、三度と読み返しています。

巻頭の書き下ろし論文「さらば、政治よ　旅の仲間へ」は、ほんとうにさわやかな、味わい深い、分かり易くて内容の濃い論文だと思います。すべての現代日本人が一読する価値があります。先生のご主張にはほとんど同感ですが、「日本という国は一流国でも大国でもある必要はない」という二六ページから二七ページの先生のお考えには、いささか意表をつかれる思いがいたしました。私が、「日本は大国で有り続けなければならない」と格別力んでいるわけではありませんが、戦後に生まれて、日本が経済大国となっていく過程が、自分の大人になっていく過程とぴったり重なっているせいか、いつしか日本は大国であるのが当たり前という感覚が身にしみこんでいるな、と思ったのです。「大国的幻想とは徹底して手をきらねばならない。……相変わらず日本が大国であり、一流国でなければならぬと思いこんでいることに問題がある。」――これは、本当に先生からしか聞けない考えで、今回教えられたことの一つです。

この論文の最後の方にこんな言葉が読まれます、「必要なのは自分の精神革命である。つねに淀もうとし、眠りこもうとする精神の覚醒である。永久革命とはおのれを他者に捧げるという、永久に到達できぬ境位への憧れのことだ。喪われた生甲斐を回復しようとする、生の無意味と戦おうとする、永久の試行のことだ。」これには全く同感し、感激しました。（こういうふうに写してみると、文章がよいのに改めて気付きます。散文詩のようです。）

エッセイ「質のよい生活」に挙げられている、生活の質のよさの「三つの要件」にも、同様に同感致しました。「自分が暮らしている街なり村なりの景観が美しく親和的であること」――これは今日本人の多くが質のよい生活の要件として、少しずつ気付き始めていることかもしれません。といいますのは、たとえば、私の住む鳥取市には湖山池という周囲十六キロメートルもある大きな湖がありますが、これまでは半ばほったらかされていて、どんどん汚れが目立つようになっていたのが、ここ数年、あまり人工的にではなく、自然をそのまま残すような形で、気持ちのよい景観にしようと、市とボランティアが動き出していて、湖の周りが急に美しくなってきたのです。私は腰痛持ちで参加できませんが、近所でも、町内の荒れ果てたところに、花を植えたり、木を植えたりする人が増えています。自分の生活を充実させるためには、周囲の景観を美しくしなければならないと、人々が無意識にも感じて、行動を始めているように思います。

二番目の要件「情愛をかよわすことのできる仲間」。そして、ここにこう書かれています、「人間は一人自立せねばならぬ人類史的段階に来ている。しかし、一人でありつつも、互いに情愛の働く場がなければ、人の生は不毛なのだ。」こういう言い方は渡辺先生からしか聞くことができません。全く同感致します。三番目「人は生きている間、できる限りよい物を作らなくてはならない。」これも全くその通りですが、ここに、「サービスだって広い意味の物作りだ」と付け加えてあるのに、私は深く共感しました。私自身、授業の工夫も一つの創作と思ってやってきましたが、時々学生に「あなた方がするアルバイトにだって、工夫、創造の余地はある」というようなことを言っていましたので、我が意を得たりと思ったのです。

インタビュー「近代のめぐみ」は、先生から直接お話を伺っているような感じで、いろいろ江戸時代について、また江戸から明治への流れについて、楽しく教えていただきました。こういうお話を聞くと、先生のような方を早く大学へ招いて、学生に、こんな調子の講義をしていただいていたら、多くの学生が勉強好き、歴史好きになったろうなとつくづく思います。多くの大学教師が、身に付いていない知識を垂れ流すことで、読書嫌い、歴史嫌いを大量生産しています。

第三部「読書日記」では、先生の読書範囲の広さ、読みの的確さに、いつもながら驚きます。(取り上げられている本の中で私が読んだことのある本は「宿命の子」一冊でした。)私にとっては自分の読書範囲を広げる実によい案内です。

一三五ページにこんな言葉があります、「……古典を味わうには一定の素養がいるのだ。なぜそういう勉強をしてまで古典を読むのか。言うまでもなく、それが人類の貴重な経験を語っており、その経験の堆積の上にいまの私たちは生きているからだ。」古典的な文学作品を、どうして読まなければならないか、読んだがよいか——私も時々自分なりに、学生に説明していましたが、こんなふうに短く、的確にはなかなか言うことができませんでした。

今回私が最も勉強しましたのは、「ポランニーをどう読むか——共同主義の人類史的根拠」です。ポランニーに関する先生の御論文は、別のところでも拝読したと思いますが、これほどすっきりと、わかりやすく、面白く読めたものはなかった気がします。

先生のこういう御論文がどうして私にとって格別おもしろいかと言いますと、いろいろ客観的知識を教えていただくということも勿論ありますが、無自覚の自分の精神的傾向が、日本人、あるいは世界の精神動向の中で明らかにされるからだと思います。私は若い頃はよく友人や先輩から「武田は右翼だ」と言われたものですが、その右翼的心情が、どういうふうに精神史の中に位置づけられるか、今回は、特によく分かったような気がします。たとえば一九六ページに「……民法的な言語で構成されている世界は彼らにとって、まさに善人滅びて悪人栄える、だまし得だまされ損の神も仏もない世界であったわけです。戦前の右翼的な心情は、ことごとくこのような資本制に対する庶民の直感的反応から生じております」とあります。こういう文に接すると、これは自分のことを書いてあるなと感じるわけです。

二〇三ページ「私は最初の著作である『小さきものの死』以来、資本制的近代に対する違和の人類史的基盤ということを問題にして来たわけで、そういう点でポランニーに対して我が意を得たりという感じがするのです。……ポランニーの体系のすごさは、市場社会の展開が人類史の逸脱だと主張したことにあるのではなく、なぜそういえるのかという根拠を、資本制以前の経済のありかたを相対的に解明することによって示した点にあります。」

二〇八～九ページ「私は西郷隆盛・岡倉天心・宮崎滔天・北一輝・二・二六事件の青年将校・権藤成卿などの右翼的思想系譜を、日本的な共同主義の底流としてこれまでの著作で分析してきたわけですけれども、その際つねに、こういう共同社会的な希求が西欧市民社会の挑戦に対するアジア的な応答の一環であることに注意してきたつもりです。さらにその応答がたとえ理論的に誤っている場合でも、けっしてその性格はパティキュラーなのではなくて人類史的根拠に立っているということも力説してきたつもりです。ポランニーの社会防衛運動という意味づけかたも、結局、共同社会的欲求が人類史上の正統であることをいわんとするものでありましょう。ポランニーのタームを採用するならば、私が日本的共同主義の系譜として抽出したものは、いずれも社会防衛運動の日本的変種ということになります。つまり、きわめて特殊日本的な発想で、世界の知の場において普遍性を認められがたいと考えられていた日本のいわゆる右翼的思想系列が、じつは同時代的に世界各所、ことにヨーロッパの思想現象とつながり、しかも等価性をもっている。いやそればかりか、そういうものとして普遍的合理性をもっているということになるのです。これはポランニーが与えてくれる重要な思想的展望であろうと思われます。

二三一ページ「われわれは社会主義なるものにもはや幻想を抱くことはできないし、現実の社会主義が、いかに欠点と問題を抱えていようとも資本制社会に太刀打ちできぬことは自明といってよろしいのです。しかし、資本制すなわち現代産業社会のありかた、行く末を考えておりますと、これまた永続すべきシステムとは到底考えられません。何よりも個人が個人でありつつ共同の絆でつながれるような社会を、単に夢見るだけでなく実際に予感し構想してみなければなりません。その時、ポランニーは私たちに少なからず寄与してくれるのではありますまいか。」

私がたいへんに教えられもし、強く共感もしたところです。

どうも、できのよくない高校生の作文のような、だらだらした感想になってしまいました。この辺でおしまいに致します。

『バテレンの世紀』の完成を心待ちにしております。どうぞご健康にはくれぐれも御留意なさいまして、健筆を揮ってくださいませ。

平成二十八年六月二十九日

武田修志

渡辺京二先生

＊御著書『さらば、政治よ　旅の仲間へ』＝晶文社より刊行された単行本。

渡辺書簡　武田兄宛（二〇一六年七月十日消印、葉書）

懇切かつ長文のご感想いただき、感激、感謝、まったくあなたのようなよき読者にはめったに恵まれるものではありません。ご体調よろしくないとのことなのに、こんな労をおとり下さり、物書き冥利に尽きます。もっといい仕事をしなくちゃあという気になります。「バテレンの世紀」はあと三回ばかりで終るつもり。来年には本になりましょう。もちろん出来たら差し上げます。しかしこれは詳しいだけがとりえで、大した中味のものにはならぬと思っています。来月「父母の記」という本を出します。この方は面白く読んでいただける気がします。あなた様もどうか心身ともにご大切になされますように。

武田弟書簡（二〇一六年八月二十日付け、手紙）

いまだ猛暑が続いていますが、先生はいかがこの夏をお過ごしでしょうか。天気予報で三十七度、三十八度になる所として久留米や日田が連日取り上げられていましたが、今住んでおります朝倉市は久留米と日田の中間あたりに位置しますので、こんな暑い夏はかつてあったかなと思う夏です。しかし、何とかバテルこともなく過ごしています。

この度は『私のロシア文学』並びに『父母の記』[*1]をお贈りいただき、まことに有り難うございました。『私のロシア文学』がまだ読み終わらないうちに、『父母の記』が送られて来ました。『父母の記』について感想を述べさせていただきます。「父母の記」は「新潮45」でも読ませていただきました。その時も思い、今回も思ったことは、先生が「庶民の子」であったということでした。先生の少年時代は、下級公務員の安月給で四人の子を育てたわが家などとはまるで違って、プチブルジョワの生活と言っていいほどでありますが、お母様もお父様もまさに日本の庶民であったと思います。お母様が人にとても親切で頭がよく料理も上手というのは、わが母と似ていると思ったりしましたが、頭のよさもわが母レベルではなさそうですし、また田舎暮らしで終わったわが母とはモダンさがまったく違っておられます。それでも庶民の感覚・心情で生涯生きられた方だと思いました。

お父様が活動の弁士であり、興行師であったというのが実に面白く思えます。女にも目がなくて、一言で言いますと「遊び人」と言ってもいいような方であったわけですが、このお父様も庶民として生き通された方だと思いました。また、このような父親を持たれたお陰で、先生は映画や演劇の世界、それに北京、大連という異国の世界を子どもの頃に経験されたわけですね。

先生は日本の近世史・近代史を考える中で、黙して語らない日本民衆の心に常に思いを致してこられた批評家・歴史家だと思いますが、そういう先生のものの捉え方の根っこにあるものが分かったような気がして私は嬉しく思いました。裏を返せば、近世・近代史に関する本を読みながら、私はいつもこの著者たちは民衆の心が分からない、頭でっかちの人ばっかりだなと思うことがしばしばでした。


三浦小太郎氏の評伝[*2]を読んで、佐藤秀人氏との出会いについて述べられたところが深く心に残りました。それで、「佐藤先生のこと」を心して読みました。それを読み、『未踏の野を過ぎて』にも佐藤先生のことを語っておられたことを思い出させられ、「佐藤先生という人」を改めてしっかり読み返しました。すでに一度読んでいるはずなのですが、やっと今回分かって読めたような気がしました（こちらのほうが佐藤先生についてより深いことを述べておられると思いました）。親鸞の教えを通してこそ佐藤秀人という人間はわかり得たし、親鸞の教えは佐藤秀人という生身の人間に触れ合うことで更に深くわかり得たと書かれていると私は理解しました。

私はかねがね「熱心な教育者」とは何なのか、疑問に思っていました。できればそうありたいけれど、そういう存在にはどうしても何かいかがわしさがぬぐいきれない思いがありました。その疑問がおおかた解けたような気がします。

「佐藤先生という人」の終わりの部分に先生はこう書いておられます。

「この世には法、つまり真実というものはあります。……そして真実がある以上、われわれはそれを求め、それにめざめねばなりません。しかもわれわれはひとり立つとき、人とともに立つのです。それゆえ、おのれのめざめは人にわかたねばなりません。それは結局、使命を担うということでありましょう。しかもわれわれはあくまで一個の修羅であって、人を誘導するものではない。この使命を担いつつ前衛・指導者であることを拒否するというむずかしい課題を、私たちは思想的にも実践的にも解いてゆかねばならないのです」

『私のロシア文学』で、先生はまさに右に述べられたことを実践されていると思いました。プーシキン、ブーニン、チェーホフ、ブルガーコフ等の作品について「おのれのめざめ」をわれわれに分かち与えて下さっています。しかし、先生は自分が「一個の修羅」であることを決してお忘れになってはおられません。「指導者として誘導する」ような書きぶりはまったくなさっていません。まもとに気持ちよく読み通すことができました。

Amazonで数冊、早速取り寄せました（『完訳エヴゲーニイ・オネーギン』『白衛軍』『ブーニン作品集三』を手に入れました）。ブーニンの「日射病」だけ先ほど読み終えたところです。何とも忘れがたい女の感触が残る作品ですね。

先にいただいた本（『さらば、政治よ　旅の仲間へ』）を読んで買い求めた、ユゴーの『九十三年』、岩波文庫の『徳川時代の宗教』も積ん読状態にありますので、先生から教えていただいた本だけでも、これからだいぶ読書に励まなくてはなりません。

私が初めて読んだ先生の本は『娘への読書案内』で、先生は私にとって第一に文芸批評家です。

『細部にやどる夢』を読んで、しばらくディケンズばかり読んでいました。ロシア文学はチェーホフとトルストイは全集を学生の頃買い込んでほぼ読み通しましたが、何が分かったわけでもなく、それで終わっています。何となくではなく、人生経験として手応えを感じてロシア文学も読めたらと今思っています。

最後に、ときどき思い出しては情けない思いになることを一つ書いておきます。もう十数年昔のことだと思いますが、先生が石牟礼先生とご一緒の旅行に私と兄を誘って下さいました。「阿蘇の旅館でどこかよさそうな所を選んで下さい」と言われて、こんな旅行は一生一度のことだと思い、今まで行ったこともなかった奥黒川という所の旅館に決めました。小さな谷川のせせらぎの音が近くに聞こえるのも一つの風情かもと思った次第ですが、先生は「湿気があるのは私はだめなんだ」と言われ、まるっきり選択ミスだったことに気づかせられました。いまだに思い出しては、何ということをしてしまったかと情けない思いがいたします。日本ではあり得ないような青空のもとにあった大連での先生の生活を少しでも知っておりましたら、もう少し気の利いた対応ができたかと思います。

その他、多々気の利かないことばっかりして来たような気がしますが、どうかこの程度の人間ですからご容赦下さい（そう言えば、三十年ほど前、真宗寺の催しにも一度、二度誘って下さったのに、忙しさにかまけて、出向くことをしなかったように思います。今となっては、そうしなかった自分を悔やむばかりです）。

お体は思うようにならないことが多いと存じますが、どうか日々の読書・執筆が健やかにお進みになることを心から祈念しております。

二〇一六年八月二十一日

武田博幸拝

渡辺京二様

＊1　『私のロシア文学』並びに『父母の記』＝『私のロシア文学』は文春学藝ライブラリー。『父母の記』は平凡社より刊行された単行本。
＊2　三浦小太郎氏の評伝＝『渡辺京二』（言視舎）。

武田兄書簡（二〇一六年八月二十三日付け、手紙）

猛暑の毎日ですが、その後いかがお過しでしょうか。

先日は、文藝春秋社のほうから『私のロシア文学』を送っていただきました。お手配有難うございます。厚くお礼申し上げます。

今、読了して、先生の先の『世界文学案内』＊とちょっと雰囲気がちがっているなと感じています。『私の世界文学案内』の最初の版が出たのが一九八〇年代の初めで、若い女性を読者として想定していたのに対して、今回の御本は、二〇一一年に「十人ばかりの女性［たぶん成熟した女性？］」を目の前にして講義をなさったのが、元になっている、ここに三十年の時間差があり、文学を取り巻く状況の激変、それから、先生もお年を重ねられたということが、この二著の雰囲気の変化に影響しているのではないかと思いました。
今回、強く印象に残ったのは、第二講「ブーニン『暗い並木道』を読む」の中に読まれる次のような言葉です。
「……女性とのよき出会いしか彼の人生に期待することがないというのは、世界史的な潮流にさんざん翻弄されてきたこの男の、何が生の実質かという点での最後の自覚なのです。この切なさがわからないとこの作品はまったくわかりません。」（八三ページ）
「この短篇が表現したかったのは（……）はかない人生が即そのまま永遠の生だということです。」（八七ページ）
「七十歳にもなって、全篇恋の短篇集を出すなんて普通じゃありません。青春の憧れなんぞではなく、終生の結論として、この世で語るべきは女であり、恋であると言っているのです。」
「ブーニンは恋は瞬間的に永遠を照らし出すものだと言っているようです。」（八九ページ）
こういう言葉の中には、『世界文学案内』のときから年齢を重ねられた先生の思いが、強く込められているように私は読みました。『世界文学案内』の時とは、強調される内容が少しかわってきていると感じたのです。そして、私自身六十代の後半の年齢になって、「はかない生が即そのまま永遠の生」である、「恋は瞬間的に永遠を照らし出すものだ」というような考えが身にしみてよく分かるような気がしたのです。

今回はプーシキンが二回も取り上げられていて、先生のプーシキンへの「思い入れ」がよく伝わってきて、大いに説得されました。と言いますのは、私は一度もプーシキンがよくわかったという読書体験をもっていないのです。『エヴゲーニイ・オネーギン』を読んだのは学生時代ですが、どうしても主人公に共感することができなかったという記憶が残っています。何かつまらんことをくどくどとしゃべり、あれこれつまらんことばかりやらかしている、いったいオネーギンという男のどこが魅力的なのだろうか。この作品は何を描いているから「傑作」なのだろうか。この作品の傑作である所以は、プーシキンの文章にあり、原語で読めば、おそらくすぐに「なるほど傑作だ」と分かるのかもしれないが――

その程度の読み方しかしていませんから、今回プーシキンとプーシキンの作品についての先生の御講義は、私にとって全く非の打ち所のないすばらしい「プーシキン入門」でした。池田健太郎氏の『プーシキン』という立派な評伝も読んだことがありますが、その内容はほとんど記憶に残っていません。今回の先生の案内は、ちょうどよい程度に簡潔であり、またやさしく説き起こしてあるので、私だけではなく、非常に多くの読者にとって、最良の「プーシキン案内」になっているのではないでしょうか。

先生のご講義の内容は、私にとっては教えられることばかりで、取り上げていったら切りがありませんが、今、印象に残っていることを一つ二つ引用してみます。

「……『オネーギン』はなるほど詩ではあるけれども、作者がサブ・タイトルをつけているように「韻文小説」なのです。ですから、原語による表現の輝かしい響きや美しさがわからないにしても、物語詩の形をとった独特な小説として読むことができ、深い感動を覚えたり、一種の謎をかけられたりすることができます。何よりも物語になっているということによって、プーシキンの訴えを正確に受け取ることができるのです。さらに、一行わけした詩独特の表現の面白さも感受することができます。」（一八ページ）

これは、ほかの読者にとってはあるいは何でもない平凡な主張かもしれませんが、私には「さすが渡辺先生だなあ」と思える、心に残る一節でした。注意深く読めば、韻文の翻訳でも肝腎なところは理解できるし、感動することだってできるということですが、これができるには、まず、自分自身が抱えている精神的問題を冷静、客観的に分析する力が前提で、それから該博な知識を持っていなければなりませんし、そのためには長い読書の訓練が必要ではないでしょうか。こういう条件を兼ね備えている文学読者というのは、やっぱりそんじょそこらにはそうたくさんいるものではないと思いました。

それから、「タチヤーナというのは基本的に農民の女の名前」である（二三ページ）という指摘をなさっておられますが、なるほどと思いました。タチヤーナという女性の姿は、さすがに私にも深く共感できる人間の姿として心に残っています。貴族の娘に、農民の娘につけるような名前が付けられていると知っておれば、より理解は深まります。

さらに、タチヤーナが、いよいよオネーギンを諦めて、モスクワへ出かけて行く場面を先生はこう紹介しておられます。

「モスクワ行きがきまって、タチヤーナがなつかしい野や谷に別れを告げる科白は重要です。彼女は「私の自由よ、さようなら」と告げるのです。自由と別れて虚栄の市へと向かうことが、

彼女にはよくわかっているのです。つまり彼女はこのとき一つの心を埋葬したのです」（五六ページ）

ここはいいですね。紹介の文を読んだだけでも泣けてきます。「このとき一つの心を埋葬したのです」はいいですね。ほかにも、タチヤーナのセリフ「幸福はあれほども手の届く／身近なところにございましたのに！でも私の／運命はもう決まっています」などには、私は作品を読まないでも感動してしまいます。先生のご紹介が核心を捉えたものになっているからでしょう。

第五講「ブルガーコフ『巨匠とマルガリータ』を読む」は二度熟読しました。ブルガーコフも知らなければ、『巨匠とマルガリータ』を読んだこともないからです。二度読んで、この作家と作品について、それなりによく理解したつもりです。分かり易い、よい案内になっています。先生は「ブルガーコフの作品の中では（……）『白衛軍』が最も好きです」とおっしゃっていますが、私もブルガーコフを読むとするなら、まず『白衛軍』を読んでみたいという思いになりました。ブルガーコフという作家をよく表現している、出来映えの良い作品であろうと、先生の案内から読み取れます。『巨匠とマルガリータ』は先生の読解なしでは私には通読不可能な作品だと思わされましたが、「イエルサレム・セクション」は、先生の解説をお聞きしただけでも、よく書けており、たいへんに興味深く思われました。この部分だけでも読んでみたいものです。

今回も先生の文学熱に当てられました。この一週間ばかり「渡辺文学ワールド」にいたような感じです。この本を読んだ人はみんな、「よし、俺も（私も）これからどんどん文学書を（特にロシア文学を）読むぞ」という気になったことでしょう。

『父母の記』もすでに平凡社の方から送られてきています。有難うございました。今からさっそく読みかかります。

いつもながら、思い付くままのつまらない感想で、ご容赦ください。

今日はこれにて失礼致します。

平成二十八年八月二十三日

武田修志

渡辺京二先生

＊ 先生の先の『世界文学案内』＝一九八二年に『案内 世界の文学』のタイトルで日本エディタースクール出版部より刊行され、のち一九八九年に『娘への読書案内——世界文学23篇』と改題されて朝日文庫の一冊として刊行された。二〇一二年には『私の世界文学案内 物語の隠れた小径へ』と更に改題され、ちくま学芸文庫の一冊となった。

渡辺書簡　武田兄宛（二〇一六年八月二十六日消印、葉書）

いつも丁寧懇切なご感想いただき、ありがたく勉強になります。あなたのような読者が一人いらっしゃれば著者として言うべきことはありません。私は西洋文学について語るときもっとも心がのびやかになり、自由に働きます。これは神のごほうびでしょう。このあとチェスタトンやラーゲルレーフやホーソーンについて、さらにはシュティフターについて書いておきたいと思っています。また読んで下さい。もう他人の目も論壇文壇も気になりませんので、世の片隅で書きたいことを書きます。あなたのような方が読んで下さればそれで最高です。またあなたご自身も、ご自身のたのしみのために好きな作家について語って下されば、私が読者になりましょう。お元気で。

渡辺書簡　武田弟宛（二〇一六年九月七日付け、手紙）

丁寧懇篤な拙著の読後感いただきましたのに、ご返事遅れまして申訳ありません。お兄様も親切なお便り下さいました。武田兄弟はいつも変らぬ私の最良の読者であって下さいます。

今年は三冊も本を出しましたが、秋にあと一冊。『新編荒野に立つ虹』というのを出します。これは「評論集成」第三巻と『アーリイモダンの夢』を併せたもので、新著ではありませぬので、お送り申上げぬつもり。来年は今のところ『バテレンの世紀』と『日本詩歌思出草』の二冊が出ます。また読んで下されば嬉しいです。

年とって、やたらに文章が書けるようになりました。見栄がなくなって、己れのバカをさらせばよいのだと覚悟がついたからだと思いますが、何のことはない、ただの垂れ流し、失禁のたぐいなのかも知れません。

あなた方お二人との黒川温泉行は今でもなつかしい大事な記憶となっております。湿っぽいところはダメなんて申しましたか。ご招待いただいて怪しからぬことですね。小生、これまで放言を重ね、人を傷つけることしばしばでした。おゆるしのほどを。あのころは私も石牟礼さんもまだ元気でしたね。今は二人とも何とか生きているだけ。それでも石牟礼さんは朝日に月一回書いておられますし、小生も書く方はまだ大丈夫です。

当地の若い人たちが雑誌を出してくれていまして、小生もかり出されています。同封*しますのでご笑読のほどを。

二〇一六・九・七

渡辺京二拝

武田博幸様

* 同封=「アルテリ」二号（二〇一六年八月三十一日発行）が同封されていた。

武田兄書簡（二〇一六年九月八日付け、手紙）

先日はお葉書、有難うございました。世界文学についてはまだまだ書きたいことがあるとのお言葉の中に、シュティフターの名が見られたのを嬉しく思いました。私もシュティフターは少し読んだことがあり、好きな作家です。先生がこの作家をどう評価されているのか、おおいに知りたいところです。

熊本地方、もう余震もおさまりつつあるのかなと思っていましたら、先日また震度五弱の余震があったとの報道に接しました。被害など出ませんでしたでしょうか。震度五強になると、被害が出始めるというのは、何年か前の鳥取西部地震で経験しました。（私の住んでいる鳥取市は鳥取の東部にあり、その時は震度五弱で、被害はありませんでした。）

熊本地方の余震は、微弱なものまで数えると、すでに二千回に及ぶということですが、もういい加減におさまったらどうだと、地の神様にひとこと申し上げたいところですね。

『父母の記　私的昭和の面影』*を拝受してから、だいぶ時間がたちました。改めてお礼申し上げます。すばらしい御著書です。二回半ばかり読んだところです。

どのエッセイ、どの論文も名文章ですが、私はやっぱり「父母の記」を最も愛読しています。お父様お母様のお姿が、終戦を挟んだ昭和前期のあの時代の雰囲気の中に、生き生きと甦っています。お父さんは独特の個性の持ち主で、先生が小説家であられたら、このお父さんを主人公にして、ユーモア短篇連作とでもいったものがすぐに出来上がるような、エピソードに事欠かない方ですが、私はどうしても、お母さんの方を贔屓にしながら、「父母の記」を読んでしまいます。すばらしい、魅力的なお母さんです。先生が『ブデンブローク家の人々』のような本格的な年代記、『渡辺家の人々』をお書きになるとしたら、こちらの主人公はやはりお母さんでしょう。本当の悲喜劇はお父さんよりお母さんの方にあると言わなければならないからです。

「父母の記」を読んで、渡辺家の人々は皆個性的で、こういう言い方は多少失礼かもしれませんが、「渡辺家には役者が揃っとるなー」と私は思わず嘆声をもらしました。たとえばそんなに詳しくは書かれていませんが、先生の三つ上のお姉さんという方も、本当は語るに足る話をたくさんお持ちなのではないかと推量しました。腹違いのお兄さんの話、早く亡くなられた二番目のお姉さんのこと、先生の若き日の恋人たち……先生が批評家であられたのが、いささか残念です。日本の「ブデンブローク家の人々」の材料は先生の手中にあまたあったのに……。

「父母の記」の語りの特徴は、先生が、ここに語られている人々よりも年齢が上だというところから、ひとつ来ていると思いました。長く生きて、人間を知り、歴史を知り、人生の意味を感得した人が、ここで、自分の身近だった人々を描きだしているので、妙な思い込み、語り手の主観によるゆがみ（読者には気になるゆがみ）が全く感じられません。たんたんとして、ユーモアがあり、情感がこもっていて、悲しくもあり、楽しくもありで、最高にレベルの高い追憶の記になっていると思いました。

今回は大連の情景を写した写真が何枚かはいっていて、これは私のように大連という街を全く知らない読者には、文章によって情景を思い描く、その助けになり、たいへんよかったと思いますが、お父さんお母さんはじめ、ここに登場している方々の写真が掲載されていないのは、またたいへんよかったと思います。登場人物については、読者は、先生の筆の力で十分に人物像を思い描くことができますし、それがまたこの回想記を読む醍醐味ですから。

ここに語られているたくさんの具体的な挿話については、あれこれ先生にお聞きしたり、雑談したりしたいことがありますが、今日は書かないことに致します。

「佐藤先生のこと」もたいへん興味深く拝読いたしました。

先生と佐藤秀人氏の最初の出会いは、石牟礼さんを介してで、初めの頃は、佐藤氏は渡辺先生に注目しておられなかったようですが、それがいつの間にか、佐藤氏は先生を最も信頼するに足る人と思われるようになった——それはどうしてか。今回この「佐藤先生のこと」を読んで、それは、「人間理解の深さ」という点で佐藤氏は先生を信頼されたのだなと思いました。

佐藤秀人という人は、確かに、どう理解していいか、たいへんに分かりにくかった人でしょう。この方のエピソードはどれも面白いですね。特に、「怒りは外から来る」というあの話は、佐藤氏の本質を表しているような気がします。

〈「まあ、俺は怒るけど、あれは俺が悪いんじゃない。怒るのは俺じゃない。その怒りは、外から来るんだ。俺の中から沸いて来るんじゃない。外から怒りが来るんだ。あれは俺のせいじゃない」〉

これに対して、佐藤氏の近くにいたお坊さんたちは、どう反応したでしょうか。「勝手なことばかり、言うな！」といったところでしょう。しかし、先生はこう受け止められています。

〈これはまた、なんちゅう理屈でしょうか。しかし外から飛んでくる怒りっていうのも、これは考えてみたら恐ろしいですよ。どこから飛んで来るんですか。宇宙のはてから飛んでくるんですか。この怒りは恐ろしいですよ。それであの人は荒れ狂う一種の修羅であったと思う。〉

こんなふうに受け取ってもらったら、やっぱり受け止められた人は、受け止めてくれた人を信頼すると思います。先生はここでは文学者・プラス・ユングといった感じです。

この講演を、先生は実にくだけた調子で、何か思い付くがままのようにゆったりとなさっておられますが、しかし、取り上げられているエピソードはどれも佐藤秀人という人間の本質を指し示しているものばかりです。一つのお寺を預かる僧侶なのに、法話というものを一切しない人であった／「己れをかばうな」「己れに目覚めよ」とよくおっしゃった／戦争中、下士官をクランク《ク》で撲り倒した……。

私は、久しぶりに、興味深い「法話」を聞いたような気がしました。

「熱田猛の思い出」もたいへんよい文章だと思いました。「道標」にこの論文が掲載された際も一読したと思いますが、その時は熱田という人に関心が湧かなかったのか、印象に残りませんでしたが、今回は精読して、これは追悼文としても熱田という人に深く思いを致し、また、熱田氏の作品の作品評としても、これ以上ない正確な理解を示していて、申し分ない文章だと心打たれました。今回また先生の御著書として、この文章が世の人々に触れることとなり、熱田氏の遺族の方々は喜んでおられることでしょう。

「吉本隆明さんのこと」も、しみじみした、稀な味わいのある名文章です。吉本隆明氏の本は一冊も読んだことがありません。私も学園紛争の頃の学生の一人ですから、吉本氏の名前を知らぬということはありません。大学一年生のとき、「学園紛争を引き起こしている学生たちの教祖的存在は、吉本隆明というんだ」と聞いて、それではと、確か筑摩書房から出ていた氏の論文を集めた本をすぐに手に入れて、読もうとしてみたのですが、その当時は、時事と文学評論については江藤淳に学んでいた私には、全くちんぷんかんぷんで、三分の一も読まないで投げ出してしまったと思います。それ以来全く縁がないので、先生の御文章は、先生を知るために読んでいるだけです。やはり、吉本氏に次の一点を教えられたというところが印象に残りました。

「人は育って結婚して子を育てて、死ぬだけでよいのだ。そいう普通で平凡な存在がすべての価値の基準なのだという一点である」
なるほどそうかと、一人頷いています。
今日はこれにて失礼致します。
お元気でお過ごし下さい。

平成二十八年九月八日

武田修志

渡辺京二先生

＊『父母の記　私的昭和の面影』＝平凡社より刊行された単行本。

渡辺書簡　武田弟宛（二〇一六年十月九日消印、絵葉書）

立派な梨を沢山お贈り下さいましてまことにありがたく存じます。あなた方ご兄弟からつねにいただく御好意どうお応えすればよろしいものやら。せいぜい努めてまた何か書いたものをお送りするくらいのことしか思いつきません。ご一家のご健勝をお祈り申上げます。

武田弟書簡（二〇一七年三月二十八日付け、手紙）

長らくご無沙汰いたしております。昨年いただいたお便りでは、体は弱って来ていても、読書、執筆は問題なく進められているとのことでしたが、その後、特にお変わりはないでしょうか。

私は昨年十二月をもって河合塾の授業は終了し、この三月をもって完全に退職しました。二月末に茅嶋先生の指示のもと、教職員による私の送別会も執り行われました。河合塾には二十九歳から三十六年間勤めましたが、予備校講師はもう十分だと思い、六十五歳を区切りに辞めることにしました（河合塾は今でも七十歳まで勤めたければ勤められるようですが）。仕事を辞めると、さみしいとかもの足りない日々になるよとか、多くの人から散々言われましたが、そんな仕事がなくなったわびしさは全く感じておりません。四月から予備校の教壇に立たなくていいのは、とてもすっきりした気分です。

ただ、人との接触を断った生活がいいとも少しも思いませんし、自分の生活にリズムと張りを持たせるためにも、人に話す機会があったほうがいいと考え、来月から月に二回（つまり隔週で）、今住んでおります美奈宜の杜のコミュニティーセンター（昔の公民館）の教室で「古典つまみ読み」と称して古典文学講座を開くことにしています。何とか十人は超える人が参加してくれそうな感じです。今年は河合塾のテキストから「大人にしゃべってみたい古文」を二十四個セレクトして話すことにしていますが、そこでいくらか固定的な仲間が出来たら、来年は「平家物語」を一年通してやってみようと思っています。本居宣長が週に二回のペースで四十年ほどやり続けた「源氏物語講釈」を私も真似したいという気持ちは捨て切れておりませんが、「源氏物語」のあの難解さと自分の力量を考えると、将来的にも果たしてできるかどうかは危ぶまれるところです。

花粉症にいささか苦しめられながらも、周りの自然を日々楽しんでいます。

朝起きて窓のカーテンを開けての最初の楽しみは庭に来る鳥です。私は鳥の名をとんと知りませんが（ここに来て覚えたのはジョウビタキとコゲラくらいです）、山でしか見られない五種類くらいの鳥が交代交代でやって来て、鳥用の水飲み場で水浴びしたり、かわいい仕種をいろいろ見せてくれます。山鳩も来れば、時にはカラスも来ます。

夜八時頃私は毎日二十分くらい歩くようにしているのですが、週に一度二度は鹿を見かけますし、時々ウサギも走って行きます。イノシシはめったに見ませんが、家から百メートルくらいの所に毎晩来ていることは、彼らが斜面を掘り繰り返した痕跡から明かです。動物に出会うというのは、なぜか気持ちをワクワクさせてくれます。

私の家は山の斜面にあって、日当たりもよく、遠く十キロ、十五キロ先の山の眺望も楽しめます（それが気に入って六年前にこの地に引っ越して来ました）。昨年から今月にかけて、庭に植える木を自分で買って来たり、近所の方からもらったり、植木屋さんに植えてもらったりして、庭木の種類も増え、庭を見る楽しみも多くなりました。

昨年の十一月頃から先月までは生け垣の山茶花が白とピンクの花を次々と咲かせて飽きさせることがありませんでした。三月に入ってからは沈丁花が真っ白と赤みのあるのが咲いて、庭中にいい香りを漂わせていました。今はゆすら梅の小さな白い花が満開です。ゆすら梅は熊本の実家にあって、赤くて甘い実をたくさん食べた思い出もありますので、昨年末、ホームセンターで見つけて買い、植えたのですが、うまく根付いてくれました（木と土地の相性なのか、うまく根付く木と根付かない木があって、木蓮は植えて二年もなるのに勢いもなく、昨年と同じく今年も花蕾が一つだけという有様です）。

夜の冷え込みはまだまだ身にしみますが、ここ数日だんだんと春の陽気になってきて、生け垣のまんさくの花の小さな蕾が今にも開きそうにしています。また、三年前に植えてこの二年間、一向に花も咲かせなかったボケが今年はやっと元気を出してくれて、そろそろ一気に蕾が開いて、小さな桜の木のような装いを見せてくれるのではないかと期待しているところです。

昨年、近所の方からもらって植えたマユミの木は初初しい新芽をいっぱいに出して、小さなぷつぷつしたものをいっぱいくっつけています。これが観賞用のかわいいピンクの実になるのでしょう。カツラの木はまだひょろっとした二メートルほどの細い木ですが、ハート型の小さい芽を日に日に大きくしています。コムラサキという小さな紫の花を咲かせる木も植えました（本を見て植木屋さんに取り寄せてもらいました）。実際どんな花が咲くのかこれも楽しみです。私の好きな花であるシャクナゲも、日本シャクナゲと洋シャクナゲと両方植えてみましたので、その違いはどんなものなのか、楽しみにしています。両方とも大きな蕾がいくつも付いています。南斜面にはキリシマツツジ、クルメツツジ、サツキをたくさん植えました（これはとても自分ではできることでないので植木屋さんにやってもらいました）。五月、六月には一面花盛りになるはずです。

こんな草花を楽しむような心境になってきたのは老いたということでもあろうかと思いますが、宣長が『うひ山ぶみ』に言っているように、「才の乏しきや、学ぶことの晩《おそ》きや、暇の無きやによりて、思ひくづをれて、止ることなかれ。とてもかくても、努めだにすれば、出来るものと心得べし」の教えを忘れず、改めて古典をじっくり読み、またヨーロッパの文学や歴史の勉強もしながら、亀の歩みでも先に進めて行こうと思います。

兄の体調はあまりよくもならず、脊柱管狭窄症や痔や便秘やと、不快な思いをかかえながら、ユングなど日々翻訳に励んでいるようです、渡辺先生は元気にしておられるだろうかと、先日も先生のことを気遣っていました。

たまたま河合塾に入って、茅嶋先生、小池先生に出会えたことはとても幸運なことでしたが、思いがけもなく、先生に出会えたことはこれはまたこの上もない幸運だったと思っています。『逝きし世の面影』といった本を通して先生を知ることはあったかも知れませんが、河合塾で「同僚（同僚というにはあまりにおこがましいですが、形の上ではそういうことになりました）」ということで、直に先生から様々のお話を聞くことができ、私にとってどれだけ刺激になったか、また指針を与えていただいたか計り知れません。

先生が本を読み、文章を書かれるのに差し障りがないような体の状態を保たれて、われわれの心を揺さぶり、覚醒させるような本を書き続けられますことを心から祈っております。

武田博幸拝

平成二十九年三月二十八日

渡辺京二様

渡辺書簡　武田弟宛（二〇一七年三月三十日付け、手紙）

河合退職の由、長いことご苦労様でした。三十六年というのはすごいこと。私は二十五年なのに十分長すぎる思いでした。それだけあなたは私よりいい先生であられたということでしょう。河合福岡校もひとつの時代が終りましたね。

退職後、地域の人々に古典の話をなさるのはとてもいいこと、すばらしいことです。「初山踏み」の文章を引かれているのも、私は意を得たりの思いでした。「平家」は実は今年になって初めて岩波の大系本で通読しました。池澤編集の「日本文学全集」の一巻として口語訳が出ていて、石牟礼さんのところへ送って来るものですから一見したところ、全くつまらなく、改めて原文の方を開いてみると、これはすらすら読めました。そして何よりもエピソードに心うつものが多いことに感心し、これが長い間〝国民文学〟だった理由も腑に落ちました。小生、今不足しているのは〝時間〟なので、どれだけ可能かわかりませんが、今後日本人として恥にならぬ程度、未読の古典をこなしてゆくつもり。お近くにいたらあなたの講義を受講するのですけれどね。

それにしてもあなたは私よりずっとよい毎日を送っておられます。鳥に花！娘がいろいろと植えているので、わが家のせまい庭も四季の花が咲き、今年も侘助、白梅紅梅、木蓮と次々に楽しませてくれ、いまはボケと山吹です。しかし、お便りからするとあなたの花園はわが家の比ではなく、本格的ですね。あなたの細かい描写に、まるでわが家みたいに楽しませていただきました。

私は万年書生で、いつになっても進歩のない初心者。去年の暮は現代ロシア文学にいれこんで、シェクシーン、アスターフィエフなど、これまで読んだことのない作家たちを読んでいましたけれど、このところ妙に第一次大戦が気になり、既読未読含めとり組んでいます。ところがこの場合鍵となって来たのが英国の動向なので、英国史の勉強をやり直せばという次第で、トレヴェリアンの三冊本*をまたぞろ引っぱり出す有様。これでは切りがありません。そういう切りのない混沌の中で、私の書生の一生も終るのでしょう。

私にはむろん年来の友人は少からずいますけれど、彼らはもうくたびれて、本を読むにしても楽しみ程度、勉強仲間にはなってくれません。といって若い人たちとは関心があまりにも違いすぎます。結局ひとりです。あなたやお兄様がそばに居られたらいい勉強仲間になって下さるものをと残念です。

とにかくご様子を詳しくお伝え下さってありがとうございました。心が和みました。またどうかいろいろお知らせ下さい。

渡辺京二

二〇一七・三・三十

武田博幸様

＊　トレヴェリアンの三冊本＝G・M・トレヴェリアン『イギリス史』一・二・三（みすず書房）。

武田弟書簡（二〇一七年十月八日付け、手紙）

しばらくご無沙汰いたしております。私の近況をご報告させていただきます。

河合塾を辞めて、四月から今住んでおります美奈宜の杜のコミュニティーセンターの教室で月に二回「古典講座」を開いています。二十名も集まってもらえたら万々歳と思っておりましたら、思いがけなく四十名ほどの参加がありました（暇な老人が多いので、どこでも「市民大学講座」「カルチャーセンター」といったものは繁盛しているようです）。すでに十回ほどやりまして、この月に二回の講義を中心に私の今の生活は回っているような感じになっています。話す相手が受験生ではなく、自分と同世代か少し上の方であるのがとても話し甲斐があります（つくづく受験生というのは扱いにくい連中だったと思います）。文学などには特別な関心を持たず、様々な人生経験をして来られた人に、日本の古典の面白さをどう伝えるか、これはなかなか工夫のしがいがあるところで、毎回、九十分をどう展開させるか、頭をひねらせています。

今回、「道標」に「古典つまみ読み」なるものを載せていただきましたが、これは今やっている古典講座を文章にしようと試みたものです。「話すこと」と「書くこと」とは違うということはだんだんとよく分かって来まして、話すのは皆さんに楽しんでもらおうと、できる限り私の話術の精一杯を尽くしておもしろおかしくやろうとしています。原稿のほうはそんなことはまるで考えていません。書き始めた頃は一冊の本にしてやろうくらいの意気込みでしたが、次第に自分の力量というかレベルも見えて来て、「試作品」に過ぎないことはよく分かってきましたが、こんなことも数年やっていれば、もしかしたら本格的な古典評論を書くことができるところまで行けるかも知れないなどと、勝手なことを考えて、とにかく古典を丁寧に一冊一冊読むことに今は精進していこうと考えています。千年も前の作品なのに、古典はどれも「実におもしろい」と思えるからつくづくたいしたものだと思います。やっぱり「文章のよさ」に魅力の秘密があるのかと思います。

兄は相変わらず体の調子はよいとは言えないようですが、今年いっぱいはカントの入門書の翻訳をやるということです。「純粋理性批判」入門みたいな本のようですが、ドイツでは評判の本で、自分でも面白いと思ったから取り組むことにしたが、やっぱり哲学書なので引用されるカントの原文が難しく、完成にはまだまだ時間がかかるようなことをメールに書いていました。

最後に、今住んでおります山あいの風情を書いておきます。

九月になってすぐ近くの山から鹿の鳴き声が聞こえるようになりました。昼間でも時々聞こえますが、よく聞こえるのは暗くなってから、また早朝です。私は朝は七時過ぎぐらいしか起きませんので、知らなかったのですが、近所のいつも早起きの方が言われるには、「武田さんの隣の空き地には朝五時頃には毎日二頭鹿が来ているわよ」とのことでした。この地に来てもう六年余りになりますが、だんだんウサギやタヌキ、イノシシに会う頻度は減っています。二週間ほど前、久し振りに夕方暗くなってからの散歩でばったりウサギに出会いました。こちらも向こうも体が固まって十メートルほどの距離でじっと向かい合っていました。「おい、ピーターラビット君、どうした」と思わず声を掛けたくなりました。

八十六歳になられるとのことですが、白川静先生にならって、あと十年、十五年、先生の著作が出続けることを祈っております。

二〇一七年十月八日

武田博幸拝

渡辺京二様

渡辺書簡　武田弟宛（二〇一七年十月十一日消印、絵葉書）

「道標」に連載を始めて下さった*ことを何よりありがたく思って居ります。鹿が遊びに来るようなところでお暮しとは羨望にたえません。小生、ますます体が弱って生きていることが難儀に思えてならなくなりました。ただ石牟礼さんの老後だけが心配の毎日です。

＊　連載を始め＝「道標　二〇一七年 秋 第五十八号」より「古典つまみ読み」の連載を開始。

武田兄書簡（二〇一七年十月二十四日付け、手紙）

渡辺先生、その後いかがお過しでしょうか。長らくご無沙汰致しております。

先日は、御著書『死民と日常　私の水俣病闘争』*を、出版社より送付いただきました。お手配、有難うございました。厚くお礼申し上げます。

じっくり拝読させていただきました。たいへんにおもしろく、これは熟読しなければいけないと言う気持ちになり、二度読みました。水俣病闘争の経過についても教えられましたが、『逝きし世の面影』以後の読者である私には、やはり、渡辺先生について新たな一面を知るところがあり、全篇、興味津々の内容でした。

先生の、人間としての在りようは、先生御自身お書きのように、「単独者」であられますので、「水俣病を告発する会」のリーダーとして、多くの闘争指導者の知らない苦痛を味わわれたことでしょう。しかし、先生がリーダーになられたことで、会の行動方針として、「患者の意向に無条件に従う」というような考えが相当にそのまま実行され、それがそのような闘争としては、独自の輝きを持つ力になったであろうと推察できます。「義によって助太刀いたす」などと言ったら、普通の労働争議指導者など、笑う者が多かったと思いますが、しかし、そういう闘争の際、本当は何が一番大事であるかということが、よく顕れている言葉だと思います。そういう言葉を口にし、そういう考えを中心において、闘争を引っ張って行く理論を作り上げていくというのは、並々ならぬ精神のレベルを維持している人でなければ、できることではなかったと思います。

一二二〜三ページの、近代日本における義理・人情という観念に対する理解は、これまでの先生の御著書で教えられているところではありますが、あらためて熟読して、教えられるところの多い、目の覚めるような、見事な分析だと感激しました。

それから、「方向」と題されたエッセーの、「十二月」で示されたヒットラー理解も、参考になさったヘルマン・ラウシュニングの本に疑義がもたれているそうですが、それはそれとして、こんなこと、誰もおしえてくれないよ、と言いたくなるような、読者の思考を誘う、魅力的な文章だと改めて感嘆しました。

時々描かれている患者さんやその家族の姿もたいへん印象に残りました。牛嶋直さんの言葉

「世の中は利口とバカがおるが、わしはほんにバカが好くな」。磯山孝子ちゃんのお母さんの言——「あんまり厚かましかごたるもんですけん……」。杉本栄子さんの言葉――「水俣病は自分のノサリだ……」。これが、本当の「日本基層民」の姿であり、言葉であり、もうこういう人々もいなくなってしまおうとしています。

最後に、先生が水俣病から学ばれたとおっしゃっていることを、書き写させて下さい。「あらゆる思想も、あらゆる学問も……一切そういう世界を踏まえたものじゃないと無意味だ。そこを踏まえたものという意味は、ごくふつうの人間の何ということのない毎日、自然に働きかけ、仲間と交わる日常の中にこそ人間の一切の存在意義があるんであって、その世界をややこしくするような、あるいは破壊するような、あるいはねじまげたり抑圧するような、そういうのはいけないんだということです。」

こんなに同感できる、その通りだという考えに、久しく出会いませんでした。本当にこの通りだと思います。心に刻んで、忘れないようにしたいと思います。

感想になっていない感想ですが、今日はこれにて失礼致します。よい御本を本当に有難うございました。お元気でお過し下さい。

武田修志

平成二十九年十月二十四日

渡辺京二先生

＊　御著書『死民と日常　私の水俣病闘争』＝弦書房より刊行された単行本。

渡辺書簡　武田弟宛（二〇一七年十一月二十二日消印、葉書）

立派な柿いただきまして恐縮しております。先日お兄様より暖い励ましのお便りいただきました。あなた方ご兄弟との不思議なご縁に改めて感謝いたします。

「道標」のご連載、読者に益するところ多々です。私も楽しみに拝読させていただきます。小生もめっきり弱ってもう外出もあまりせず、もっぱらひきこもって本を読んだり映画をみたりの毎日です。まずは御礼まで。

武田兄書簡（二〇一七年十二月二日消印、絵葉書）

前略　昨日、出版社より『バテレンの世紀』＊が送られてきました。御手配、有難うございました。師走の大きな楽しみができました。さっそく読み始めました。何とも魅力的な「プロローグ」です。ゆっくりと熟読するつもりです。感想を申し上げることができるまで、少し時間がかかりそうです。御容赦下さい。

前のお手紙で石牟礼さんの近況をお知らせいただき、有難うございました。一昨日、産経新聞に石牟礼さんの大きな顔写真が出ていて、面変りなさっておられるのに少し驚きました。不一

＊『バテレンの世紀』＝新潮社より刊行された単行本。

武田弟書簡（二〇一七年十二月三日付け、手紙）

先日はわざわざお葉書をいただき、有り難うございました。
『バテレンの世紀』、昨日、新潮社より届きました。御手配感謝申し上げます。同じ日に私の新しい参考書も届きまして、比べるのもおこがましいことですが、あまりの違いに呆然とする思いでした。

河合塾の同僚が「選択」を講読していて、毎回『バテレンの世紀』をコピーしてくれましたので（手許に全コピーがあります）、私はすでに読んだと言えなくもありませんが、こうして一冊の本となり、是非とも読み通したい意欲に駆られます。しかし、もう少し我慢することにしました。「道標」に連載し始めた原稿の第二回は、ゲラの朱入れも終わったところですが、第三回に載せたいと思っております原稿をあと二十枚くらいは書きたいと思っておりますので、今はこれに専念したいと思います。

今回、新潮社から先生の本が出たことを私は個人的には嬉しく思っています。と申しますのは、私は古典文学全集では新潮社の「新潮日本古典集成」に最もよくなじんでいますし、何といっても新潮社は「小林秀雄全集」を出している出版社です。

ある事を新潮社編集部に私が問い合わせたことから、長らく小林秀雄担当であった編集部の池田雅延氏と知り合いになり、東京で一度お会いしたときに、私は「新潮社は渡辺京二先生の本を出そうとかお考えにならないのですか」と御尋ねしたこともありました。そんなこともありましたので、このように先生と新潮社の繋がりがあったのを喜ばしく思いましたし、関係人物などの資料が付いたり、さすが新潮編集者による仕上げはいいなと思いました。装丁も立派なものですね。

先生に私の受験参考書をお送りしてもしようがないのですが、結局、こういう参考書作りが私の一番得意とするところだったように思います。この参考書は「古典常識」を主としたものです。国文学の先生方だったら当たり前すぎて決してお書きにならない基本的なことをまとめたのが取り柄といった本です。イラストは表紙も含めてすべて娘が描いています。先生の目を汚すような代物ですが、こんなこともやっておりましたと、先生にわずかなりと知っていただくためにお送りすることにした次第です。

予備校で古文講師を長く務めることで、古文を読む基礎的な力は養うことができたように思いますので、今やっておりますように、日本の古典を読み進めて、万葉集から鎌倉時代の文学くらいまでは（近世文学も少しは）見渡せるような視点を持って、どの作品についても掘り下げて論じることができるくらいのレベルまでは行きたいものだと思っています。目の前の作品一つ一つにしっかり取り組んでいけば、また違った視界も広がってくるのではないかと思って、日々努めて行きたいと考えています。

随分と体が弱ってきておられるとのことですが、もう一つ新たな作品をお書きになることができになったらという思いは、多くの読者の願いではないかと思います。

石牟礼道子先生のこともたいへん心配いたしております。

安らかな日々はいっときで、あれこれ心配事の絶えないものですが、悲しいことにも喜ばしいことにも、精一杯自分の出来うる限り対処して参りたいと思っています。

敬具

平成二十九年十二月三日

武田博幸

渡辺京二様

渡辺書簡　武田弟宛（二〇一七年十二月三十一日消印、葉書）

「古典つまみ読み」第二回拝読しました。素晴しい出来です。古典をこんなふうに解説・鑑賞した仕事は他にないのではないでしょうか。少くとも私にとってはおどろきです。あなたは大変な才能をこれまで隠して来られたのですね。実にこまやかな、そしてわかりやすい鑑賞、そして材料の選択もなかなかです。文章もこまやかで実にいいです。「道標」もいろいろな連載をのせてきましたが、あなたのお仕事は中でもトップクラスです。一冊の本になるように、十分長くお続け下さい。私は第一の読者です。

武田弟書簡（二〇一八年一月二日付け、手紙）

年の初めに先生からこの上もないお便りをいただきました。先生が若輩者の仕事にもこのように目配りをして下さることを心から有り難く思います。

正直申しまして、先生に一度くらい褒めていただくというか認めてもらえるような文章が書けたらと思ったことがありましたが、そんなことは夢のまた夢で、自分の才ではとうていかなわないと思っていました。それが、「素晴しい出来」というお言葉。舞い上がるような気持ちにもなろうというものですが、先生のお言葉の中で一番嬉しく思ったのは、「古典をこんなふうに解説・鑑賞した仕事は他にはないのではないでしょうか」と書かれていたことです。特に自分が気に入っている古文を取り上げて、自分流に解説したところで果たして何の意味があろうかという思いが一方に強くありましたので、「あなたのやっていることはそれなりの独自性があることだと思う」と先生に言っていただけたことは、素直に、もっと精進しなくてはならないという気持ちになりました。

私の文章の最初の読者は常に兄です。昨年の五月に「道標」連載の第一回分に当たるものを恐る恐る兄に送って読んでもらったところ、「これはいい」「次のもいい」「どれもいいぞ」と言ってくれまして、ここここは直したほうがいいとか、ここはもう少し書き加えられることはないか、この表現はどうかな?とか、一つの原稿について数カ所修正意見がついてきました。そのアドバイスに従って、原稿に手を入れ、その上で、「道標」に載せていただくことにした次第です。

連載の第二回まで来ましたが、三回目はすでに兄のチェックも受けて出来上がりました。これから辻さんに送ろうとしているところです。自分としてはこの第三回が最もよく書けたのではないかと思っています。ただこの第三回までで、昨年の四月に用意した材料はほぼ使ってしまいました。これから書き続けられるかどうかは、更に古典を読み続けて、これは取り上げたいと思う古文が見つかるか次第ですが、読み続けていれば、きっと見つかりそうな気はしています。先生にこうして励ましていただいて、少なくともあといくつかは書きたいと思っています。ただ「自由」というテーマに縛られることがいくらか煩わしくもなってきましたので、違った形になるかも知れませんが、書き続けられるものなら書き続けたいと思います。

昨年の四月から月に二回、この美奈宜の杜で古典文学講座をやっています。約四十人くらいの人が毎回話を聴いて下さいます。聴講者は私と同年代か少し上の方々です。この方々を相手に話すのは、受験生を相手にするのとはまるで違う楽しさです。いろんな分野でご活躍なさった人たちが、人生の深みがいっぱい詰まった古典というものをそれぞれの思いで楽しんでおられます。「道標」に載せたものは、この古典講義の前準備として書いたものが主ですが、反響が大きくて、講義の後に新たに原稿書きをしたものもあります。こうして、喋ることと書くことを同時平行で進められるのはなかなかいいと思っています。楽しい講義ができればそれでいいのと、これは是非文章化したいと思うものは区別して、月に二回は喋る、月に一つは原稿を書く、こんな感じでこれから数年やっていけたらと思っているところです。

机の上に先生の『バテレンの世紀』がずっと置いてあって、いまだに読み始められずにいます。自分が原稿を書き始めると、取り上げた作品を念入りに念入りに読まねばならず、また関連する本を読まねばならず、楽しい読書の時間がなかなか取れなくなりました。しかし、古典というのはやはりたいしたものだと思います。ほんとに取り組み甲斐があります。この面白いと思う確かな手応えがあれば、古典について書き続けることも出来そうに思います。

先月、小林秀雄の「西行」を読んで、やっとおおよそ分かるようになったなと自分の理解力がいくらか向上したことを喜びつつも、この文章に比べると、自分の書いていることはまったく意味がない、クズみたいなものだと思え、ほとんど書く意欲を失いかけました。が、はかりにかけること自体が土台馬鹿げていると思い直しました。小林秀雄はやっぱりとんでもなくすごいと思います（万葉集から勅撰集、そして西行まで総覧した上で、個々の歌を自分なりに評価していくなんてことをサラッとやってのけます）が、目指すべきもの、指標を与えてもらったと思って、自分の見通せるところでしっかりやっていければと思います。

私には兄がいて、先生がおられて、「おまえ、その調子で頑張り続けてみろ」と言ってもらえるのは、ほんとに幸せ者だと思います。とてもご期待に添えるものとは思えませんが、一生懸命励んで参りたいと思っております。

これからいよいよ寒さが厳しくなりますが、どうかお体ご自愛下さい。

武田博幸拝

平成三十年一月二日

渡辺京二様

渡辺書簡　武田弟宛（二〇一八年一月六日付け、手紙）

貴信拝受。お兄様の助言があってのお仕事の由、なるほどと納得しました。

私は物書きである以前に編集者なのです。中学四年生のとき（大連で）、級友と回覧雑誌「詩と真実」を出したとき、いろんな作品・文章を排列し、表紙も含めハーモニーを作るたのしみを知りました。あなたの今回の仕事についても私は編集者の眼で見ているのです。

お仕事のユニークな点は、ふつう古典入門といえば作品の全体的紹介（あらすじを含め）になるし、本文の紹介もその筋に従ってなされるであろうのに、ご自分が好きな、あるいは思い入れのできる一部分のみ抜き出されている点です。従ってどこを抜き出すかに勝負がかかって来ます。つまり抜き出し自体が筆者（あなた）の鑑賞力、個的な志向の現われとなる訳で、これまでのところこの抜き出しが心にくい出来なのです。とくに建部綾足の場合、私は膝を搏つ思いでした。第二に付けられている解説文が上等、見識あり文章もよろしいのです。ですから、このお仕事は〝古典教室〟というより、古典を通じてのあなたの世界観・人生観・人間観の表白となっており、まさに文芸批評そのものです。第三に語彙解説がついていて、古文学習書としても使える点がうれしいです。

結局はギリシャ古典学で培われたあなたの批評眼・鑑識と、河合塾での古文教師のキャリアがめでたき結合をなしとげているのでありましょう。

この連載は長くつづけられて、必ず一本になさるべきです。自由人という視角が制限になれば、副題をとっぱらって、あるいは変更なさって、もっとひろげられてもよろしいはず。

連載のもとになっている地元での古文教室、四十人も集まるなんてすばらしいことですし、これも内容が並でないわけですから、大変意義のあるお仕事であるのは言うまでもありません。あなたはとてもしあわせな晩年の過しかたをみつけられました。私も大変嬉しく存じます。

二〇一八・一・六

渡辺京二拝

武田博幸様

武田兄書簡（二〇一八年二月二日付け、手紙）

この前新しい年が始まったと思いましたら、もう一月は過ぎ去り、二月が始まってしまいました。歳月は人を待たずの感が深い今日このごろです。

渡辺先生、その後いかがお過しでしょうか。またしばらくご無沙汰を致しました。

新著『バテレンの世紀』*を御恵贈いただきましてから、すでに二ヶ月余りが過ぎてしまいました。この間、毎日のようにこの書を手に取り、ゆっくりと熟読いたしました。二回通読し、三回目は五十ページ余りのメモを取りました。

先生、またまたすばらしい御本をお書きになりましたね。「バテレンの世紀」百年の通史として、全く言うところありません。いつもながら、誰にも分かる達意の文章でありながら、しかも何とも言えない味わいと独特のリズムがあり、読んでいて気持ちがよく、何遍でも読みたくなります。歴史事実の叙述は坦々としていますが、論評を加えられるところにくると、胸のすくような指摘があり、また全体として理解が行き届いて、公平で、バランスが取れています。歴史書として、わずかな瑕瑾もない最良の書です。

私の「バテレンの世紀」百年についての知識は、遠藤周作の、この時代に取材した小説四、五冊と石牟礼氏の『春の城』を読んで得たものだけですから、ほとんどゼロに等しいものでした。

それで、一読したときは、日本宣教の主人公たちの固有名詞が次々に出て来て、いささか戸惑いました。なにしろフランシスコ・ザビエルくらいしかその名を知らなかったのですから。しかし、すぐに、ザビエル、トルレス、カブレラと、彼らの姿を、短い叙述ながら、できるだけそれぞれの個性が現れ出てくるように描いていくのが、この書の語り方だと分かり、専門書とは違う、「物語られる歴史」を楽しむことができました。

たとえば、コスメ・デ・トルレスについての叙述は、短いながら、見事だと思いました。一二九ページから一三〇ページあたりです。「日本キリシタン史上、トルレスほど衆人に大きな感化を与えた人物はあるまい。彼が人びとに敬愛されたのは、その模範的な篤信もさることながら、何よりも愛にみちた謙抑な人柄によってだった。日本人信徒はみな父のように彼を慕った。この人は体も大きかったが、人柄もそれに劣らず大きかったのである。豊後の修院にあって、彼は寝静まった同宿の少年たちを見廻って蒲団をかけ直してやり、台所で鍋釜や食器が放置してあると、井戸で水を汲んで来てそれを洗い、厩舎へ行って馬の世話をし、人よりおそく寝て誰よりも早く起きるのだった。力仕事があるときは率先して働き二人分の仕事をした。久しぶりに教会を訪れる信者がいると、涙を浮かべて抱擁した。不機嫌な顔を示すことなど絶えてなく、謙遜と明るい笑みが常に面を飾っていた。こういう人柄は日本人の心服をかちえずにはおかなかったが、一方この人はなかなか老獪で、日本人の君侯とつきあう際の礼法もよく呑みこみ、彼らの気をそらすことがなかった。

トルレスの死をもって、宣教史のひとつの段階が終った。ザビエルはただ手を染めたにすぎない。トルレスのもとで日本イエズス会は豊後に地歩を築き、肥前で強力な基盤を獲得し、畿内に確固たる橋頭堡を得た。この人こそ日本開教の祖というべき存在であった。」

こんなふうに写してみますと、先生の御文章の良さがよく分かります。事実の具体的叙述と概括的部分とが、一分の隙も無くきりりとまとまっています。

「あとがき」に「私に何らかの創見があった訳ではないのは、一読いただければすぐにわかることである」という一文がありますが、私には、これは先生独自の「創見」だと思われる、印象深い指摘がいくつもありました。

まずは、この日本の「バテレンの世紀」百年を、世界史の中において、世界史の一コマとして描こうとしている、その視点がやっぱり独創的だと思います。世界史にたいする知識、洞察が、並の専門的歴史家とはひと味違う、一口では言えぬ独特のニュアンスがあります。それがこの書を格別魅力的な歴史書にしている基本要素でしょう。

ほかにもいろいろあります。八五ページから八八ページの「ザビエルの眼に映った日本人像」は、とても興味深いところですが、ここに、次のような指摘があります――「彼ら（当時の日本人）は鎌倉新仏教の諸宗派の出現以来、新奇な分派というものにはなれっこだったのである。キリスト教は仏教の分派ではないにしても、異端・邪教として旧仏教から弾圧された一向宗・日蓮宗が定着し拡大して行った経緯からして、新奇な教えに対して当時の日本人の大多数は免疫を持っていたといえるのではあるまいか。」この指摘は初めて聞くものですが、なるほどと納得させられました。この本の後のほうでは、同様の見解を示す役人がいて、バテレンの布教に穏便な態度を取ったと書かれていたと思います。

さらに又、この書に書かれている信長の姿なども、先生独自の資料の読み方から浮かび上がってきたものと言えるのではないでしょうか。

「信長はいつ来たのか、こんなに遠い所までやって来るとは思わなかったと言ってフロイスを歓迎した。フロイスが驚いたのは、信長が家臣や外来の客から異常なまでに畏怖されていることだった。『彼が僅かに手で立ち去るように合図するだけで、彼らはあたかも眼前に世界の破滅を見たかのように、互いに重なり合って走り去るのである』。宮殿はふだんは家臣も容易にはいれぬところだったが、信長は『ヨーロッパやインドの建築には見劣りするかも知れぬが』と断りつつ、自ら案内役を買って出て宮殿をくまなく披露した。信長がフロイスに対するとき、常にヨーロッパとの対照を意識していたのは注目に値する。」「宣教師は彼の前にひらけつつある国際社会の窓口であったのだ。宣教師のもたらす情報によって、ポルトガルからアフリカ・インドを経、日本に達する長い海の道のイメージが彼の脳中で形づくられた。彼が行おうとしている経綸は、この国際社会の中で評価にたえるものでなければならない。また、彼が創ろうとしている新しい日本は、この海がもたらす文物、情報を積極的に摂取する度量をもたねばならない。異国人や異国の来朝を歓待するのは、日本がまさに世界のプレーヤーの一員になることにほかならぬのだ。」「信長はまた宣教師たちの理想への熱誠と献身に深い印象を受けたのに違いない。彼はフロイスのいうように無信仰の人であり、神仏や卜占・迷信を軽蔑した。だから彼を感動させたのは宣教師の説く教義ではなく、金銭欲と名誉欲のかたまりともいうべき当時の仏僧とは対照的な、清廉で真摯な宣教師の人柄だったのである。彼は徹底的にまじめで精力的な人物だった。酒を飲まず食を節し女色に淫しなかった。婦人に無礼を働いた兵士があればただちに殺した。フロイスのいう「総司令官」佐久間信盛が職務に怠慢だというので所領を取り上げ追放した。困苦にたえて布教に挺身する宣教師の精励は彼の目鏡に適ったのである。」短い文章の中に信長が生きています。そして、その姿は、先生の資料の読みの創見による、独特のものではないでしょうか。

またこれまで、バテレンの事跡は、多くバテレンに同情を持つ人々によって調べられ、著述されてきた結果、どうしても当時の為政者を批判する傾向があったということですが、先生のこの書においては、宣教師達の苦難にも十分な想像力を働かせ、同情を持って叙述されていますが、幕府側の対処の仕方も同様に十分の理解を持って論じられています。たとえば、穴釣りの刑というような、ひとえに「残酷」と思われるやり方も、実は、キリシタンを殺すことより、転ばせることを第一の目的にして実行されたということが述べられていて、目から鱗の落ちる思いがしました。

島原・天草の乱の叙述は、この上ない関心をもって興味深く拝読した箇所ですが、全体、叙述のバランスが取れていること、解釈が的確であること――これでこの乱の実相がよく分かったという思いを持ちました。天草四郎という少年をどう理解するかが一つの「鍵」ですが、先生のご理解に全く賛同いたしました。四郎には「特異な霊性が備わっていた」と私も思います。この四郎について論じられている場面で、プガチョフの乱のことが付け加えられているのは、先生ならではの、独創的な書き込みです。これによって、四郎理解を深めることができます。

こんなふうに書いていけば切りがありません。このくらいにしたいと思います。この書によって、バテレンの世紀百年について実に多くのことを教えられました。単に知識を得たというのではなく、当時の日本人の姿が胸のうちに残りました。これがすぐに自分の生き方や考え方に何らかの影響を与えるとは思いませんが、今、この行き先の分からない時代に生きていて、この本を読んだのはよかったと思います。有難うございました。
まとまりの悪い感想文になりましたが、今日はこれにて失礼致します。

平成三十年二月二日

武田修志

渡辺京二先生

＊ 新著『バテレンの世紀』＝新潮社から刊行された単行本。

渡辺書簡　武田兄宛（二〇一八年二月五日付け、手紙）

拙著へのご感想、いつものことながら感謝にたえません。どうして私のような者にこんな優秀でありがたい読み手がついて下さるのか、もって瞑すべしです。それにしても三回もお読み下さるとは、申訳ない気も致します。私はとにかく自分の歴史叙述を楽しんで下さる方があれば、それで言うことなし、大満足なのです。世の中、歴史を読むほどの知的たのしみはなく、そういう楽しみとして拙著を受け取ってもらえれば、他の褒貶は全く気になりません。あなたのご感想によって、私はすべてむくわれました。ありがとうございます。

実はこの四月から熊日に週一回の連載を始めることになっていて、テーマも日本近代物語ときめておりますが、どこから手をつけるとよいものか、またどういう切り口でまとめるか、暗夜の手探りのごとき心境で、とりあえず蘭学関係からおさらいを始めてみたものの、いささか対象の大きさに意気阻喪のありさまでしたが、貴信のおかげで少々勇気が出て来ました。小生、当年八十七歳、あと二年くらいは何とかなりましょうから、渡辺狂児最後の戦いとして、文献史料と格闘するつもり。途中で死ぬのは必定としても、あと少々あなたをお楽ませ、またほめていただく所存です。

ありがとう、ありがとう。すべてはあなたという至上の学友のおかげです。弟様からもすばらしい連載を「道標」にいただいており、あなた方ご兄弟との奇しきご縁に感謝いたすのみ。あなた様もどうかご自愛のほどを。

二〇一八・二・五

渡辺京二拝

武田修志様

Ⅲ　二〇一八年二月〜二〇二二年十二月

＊石牟礼道子逝去後から渡辺京二逝去直前まで

○武田兄書簡（日付不明だが、二〇一八年二月十日直後の手紙と思われる）

二月十日早朝のニュースで石牟礼道子様の御逝去を知りました。渡辺先生の人生と文学の、おそらくたった一人の同伴者であり、盟友であられたと思いますので、お淋しみもひとかたならぬものがあろうと拝察申し上げます。自伝も仕上げられ、全集も完成し、全詩集も出版され、九十年の人生を全うなされた、これこそ大往生だなあと、石牟礼様との少ない思い出を振り返っております。

渡辺先生におぜんだてをしていただいて、南阿蘇をひとまわりして、黒川に一泊した思い出が特になつかしい出来事です。もうひとつの世界からの声をこの世にとりつぐ巫女《みこ》のような方であったとの思いが一番胸にあります。これから少しずつ全集をひもといていこうと思っています。

武田修志

渡辺京二先生

武田弟書簡（二〇一八年二月十一日付け、手紙）

昨日の午前中、この美奈宜の杜の知り合いの方からの電話で石牟礼道子さんがお亡くなりになられたことを知りました。兄に電話しましたら、朝七時のNHKニュースで知ったとのことでした。

昨年の十一月でしたでしょうか、石牟礼さんの病状を大変心配しているという先生のお便りを見て、いつかこういう日が来るとは覚悟しておりましたが、とうとうその日が来てしまいました。石牟礼さんにとっての渡辺先生、渡辺先生にとっての石牟礼道子という存在、私には到底計りがたいことでありますが、どちらもこの上もないものであられたでしょうから、先生の胸中やいかばかりかと思っております。

石牟礼さんの本は単行本や文庫本だけでも本棚の一枠を占めるだけ並んでいますが（そのうちの何冊かは先生から贈っていただいたものです）、一番思い出深いのは、先生に連れられて初めて湖東のお家をお訪ねしたときに、いただいた単行本の『椿の海の記』です。本の末尾に「二〇〇〇年八月十九日、石牟礼道子さんからこの本をいただく（健軍にて）。」と記しており、「十月二日読了」とも書き添えています。『苦海浄土』や『アニマの鳥（春の城）』という大作がありますが、私はこの『椿の海の記』が今でも最も好きな作品です。

先生のお陰があって、私ごとき者が何度も石牟礼さんにお会いする機会を作っていただきました。湖東のお家から健軍の先生のお家まで、夕方暗くなる中、石牟礼さんと私と二人でゆっくりゆっくり歩いたことがとても懐かしく、忘れがたい思い出です。あれは先生が先に家に帰られて、後で二人でゆっくり来なさいということで、ああなったのでしょうか。暗くなった神水の電車通りを石牟礼さんの手を引くようにして渡ったのをよく覚えています。いつもの柔和な表情に加え、恥ずかしそうな素振りも見せられて、何てかわいいおばあさまだと思ったことでした。そのかわいいおばあさまが、内に秘めておられるものを思うと、自分はどう対応したらいいのかよく分からない思いをすることもありましたが、こんな深いやさしさを感じた方は、今思えば、自分が出会った人々の中で石牟礼さんしかおられないと、はっきり言うことができます。

兄と私が手伝って、父の『駐在巡査奮闘記』を作ったとき（川原さんに大変お世話になりました）、先生が「この本の帯にでも石牟礼さんに何か一言書いてもらおうか」と提案して下さいました。私はそのとき「とんでもないです」と言って即座に辞退いたしました（父の本のために石牟礼さんを煩わせるなど、ほんとにとんでもないことだと思ったのです）が、今思えば、先生のお言葉に甘えて、一言でもいただいていたら、一生の宝になっただろうと思ったりしています。

兄と私を誘って、石牟礼さんとともに、阿蘇のすばらしい見晴らしのレストラン*に連れていただいたり、日本全国の石牟礼ファンは聞くだけでも悔しがるような貴重な時間を過ごさせていただきました。

石牟礼さんのご冥福を心からお祈りいたしますとともに、石牟礼さんとのご縁をいただきました先生に心より感謝申し上げます。

一月の先生からのお葉書、そして更にお手紙、とてもとても有り難く思っております。少しでもいい文章が書けるように、古典一作一作にしっかり取り組んで参りたいと考えています。

武田博幸拝

平成三十年二月十一日

渡辺京二様

＊　阿蘇のすばらしい見晴らしのレストラン＝先生の著書『気になる人』（晶文社）の第6章にレストラン「ボンジュール・プロヴァンス」が紹介されている。

渡辺書簡　武田兄宛（二〇一八年二月十六日消印、葉書）

石牟礼道子についてのお悔み＊、まことにありがたく存じます。あなたたちご兄弟とのご縁をいただいたのは彼女にとって大きな幸わせでございました。永年のご厚誼深く御礼申上げます。

私は何だかぼうっとしておりまして、何しろ五十年続いた責務がなくなってしまったものですから、この思わぬ状態に適応するのに時間がかかりそうです。しかし、行けるところまでは行きます。

＊　お悔み＝二〇一八年二月十日、石牟礼道子氏逝去。享年九十歳。

渡辺書簡　武田弟宛（二〇一八年二月十六日消印、葉書）

真情溢れるお悔みいただきありがたく存じます。石牟礼さんもきっと嬉しく思われることでしょう。それにしても彼女は不思議な人格で、やはり一宗の宗祖ともなるべき人だったのでしょう。とにかく私の知るかぎり、みなさん心より悲しみ悔んで下さいます。あなた方ご兄弟とご縁をいただいたのは、彼女にとっても大きな幸せでした。ご厚誼心より御礼申上げます。彼女が元気であれば、きっとあなたのご連載を愛読したことでしょう。どうかよいお仕事なさって下さい。ありがとうございました。

武田弟書簡（二〇一八年五月二十日付け、手紙）

先生の新刊書『原発とジャングル』をご恵贈いただき、有り難うございます。

昨日、三分の二ほどを読み、今日、特に心に残った「労働と交わり」を再読しました。哲学者批判を展開されていますが、かつてプラトン学徒であった私は、まさに先生が批判されておられる傾向を今でも持っているようにも思われて、グサッと心にくるような思いもいたしました。

八三～八四ページにこうあります。

「哲学者たちは必ず、自分がその中に投げこまれた世界の見かけを疑わず、一生をただ無自覚に過ごす人間と、世界の真の姿に目覚めて、生を自覚的に形成しようとする人間を区別する。」「ハイデガーの説くところでは、『自己はそれ自身から疎外され、ひととなる』、つまり『実存を無定型の多数の彼らないし他者性に譲渡してしまっている』のであり、『集合的・公共的・群衆的な多数の彼らのなかのひとりに堕し』ている。」「このように言うとき、ハイデガーはおのれの『非本来性』『頽落』に目覚めた者として語っている。」「私はこういう人間論、無自覚に空費される一生と、何らかの『道』に目覚めた一生を区別する人間論を何とかして乗り越えたいと考えて来た。」

右の箇所を読みながら、自分が二月に書いた「兼好法師の交友論」（六十二号の「道標」に掲載予定）も、三月に書いた西行論（六十三号に掲載予定）も、先生が乗り越えたいと考えてこられた人間論の中で書いたようにも思えてきました。ハイデガーの言葉などに、今でも共感する自分がいるということは、自分の中に、よく言えば、世間に埋もれることなく「道」を求める心があるということだと思えなくもありませんが、「目覚めた」選ばれし者というほとんど無自覚の優越感を持っていたいということなのかも知れないと思えます。

私は結局、哲学の徒たりえませんでしたが、プラトンと五、六年格闘したのはこの上もない財産となったように思います。大学院の学生の頃、「国家（ポリテイア）」がまさに演習テキストで、演習は毎週ほんの一ページ進む程度でしたが、この一ページを読むために二日から三日の予習（最低十時間、多いときは二十時間）を要しました。松永雄二教授の厳しい指導のもと（お人柄はとても温厚な方でしたが）読み進める中で、毎週毎週、発見、驚きの連続でした。プラトンの言語の明晰さは驚嘆すべきもので、人類史上、これほどに明晰に物を考え続けた人はないだろうと今でも私は思っています（ハンナ・アレントなんかと比べようもありません）。先生がご本に書かれている通り、その論理的構築力に私も「圧倒された」一人です。

松永先生はプラトンの偉大さも存分に教えて下さいましたが、言葉を正確に読み取る訓練を徹底的に課されました。プラトンがこの言葉、この表現で何を言おうとしているか、とことん突き詰めて考えさせられ、これが最も良い読みであろうというところにたどり着くまで絶対に妥協されませんでした。ですから、演習は毎週震え上がるようなものすごい緊張の中にいつもありました。この時間を持てたこと、これが私が大学に行ったことの意味だったと思っています。

哲学に挫折して、国文科の演習に出たりもしましたが、国文科の演習は「こんなものか、この程度か」と生意気にも思ったものでした（自分が古文をたいして読めもしないのに）。

国文学の教授には今も複雑な思いがあります。予備校講師などに思いがけなくなって（これがそんなに嬉しい仕事でもありませんでしたが）、大学の国文学の先生などにはならなくてほんとによかったと思います。心から敬服する国文学の教授は何人かいますが（実際に出会った人と本を通して知っただけの方と）、多くはまあよくこんな研究を根気強くなさっておられますと、不届き千万に思ってしまいます。紀要に載せるようなあんな論文を書きたいとは決して思いません。

私の「古典つまみ読み」は国文学研究者でないから書けるものと思って、書いています。学識の浅薄さは覆いようもありませんが、専門家でなくても好きで読んでいれば、古典はこんなに面白いところもありますよ、こんなところに目を付けて読んでもいいでしょうと、あつかましく居直って書いている次第です。

四月から「平家物語」を月に二回、この美奈宜の杜の方々に講義するようになって、今はひたすら「平家」の勉強中です。「平家物語」といっても、延慶本やら長門本やら覚一本やら百二十句本やら源平盛衰記やら実にいろいろあって、読み比べたりしていると勉強には切りがありません。しばらく何も書けず、ただ勉強に明け暮れそうです（「梁塵秘抄」と後白河院について書けるものなら書こうとは思っていますが）。

私の古典講義は二年目に入って、珍しさもなくなったのか（昨年は毎回違う作品を取り上げました）、私が喋るのはこんなものかと見限られたのか、聴講者は昨年より十人ほど減って、今はだいたい三十人くらいになっています。それでも、教室の雰囲気は変わることなく、和やかなもので、気持ちよくしゃべらせてもらっています。

熱心に予習して来られる方もあれば、予習なんかそっちのけ、楽しい雑談が楽しみで来られるという方もいます。中には（特にご婦人に）なかなかの読書家がおられて、石牟礼道子ファン、そして渡辺先生のファンもいます。西行の話が面白かったから、白州正子の「西行」を買ったわよとか、芭蕉について一度話して下さいとか、私の力量では対応しかねることも多いのですが、次の回、そしてまた次の回と扱う材料と話す内容を決めていかなければならないのは、自分の勉強にやはり張りをもたらしてくれているように思えます（書くことに専念したいときは、しゃべることが煩わしく思えることもありますが）。


おしまいに美奈宜の杜の自然について記しておきます。

キジバトが一羽か二羽か、ときに三羽、庭によくやって来ますので、数ヶ月前からは毎朝、鳩の餌を庭に撒いています。それで更によく来るようになりましたが、最近はくつろげる場所になったのか、片羽根を広げて日向ぼっこしたりしています。餌が撒かれるのをどこかで見ていて、鳩より先にカラスがやって来ることもあります。雀も来ます。三月、四月は、首の辺りが黄色で（黄色い襟巻きをしたよう）頭の毛をモヒカン刈りで逆立てているミヤマホオジロという鳥が何羽も来ていました。昨年は巣箱にシジュウカラが卵を産んだようで、絶え間なく巣箱に通い続けていましたが、今年は巣箱に入ってくれませんでした（数に勝る雀が猛烈な妨害をしていました）。

私は暗くなってから夕飯前の一人散歩を毎日します。もう一ヶ月も前から草むらでは虫がよく鳴いています。今日など涼しい風が吹いて、まるで秋の夜のようでした。数日前からは時鳥が鳴き始めました。時鳥は決して人には近づかず、森から森へ飛んでは鳴いています。鶯は朝から夕方までほぼ同じ場所でずっと鳴いています（八月まで鳴き続けます）。

『バテレンの世紀』は、自分の勉強ばかりにかまけて、いまだに読んでいません（渡辺先生のファンの方が「貸してもらえませんか」ということで、今、お貸ししている状態です）。まことにご無礼なことばかりで申し訳ありません。兄から聞いたところでは、熊日に新しい連載を始められるということですが、もう書き始められたのでしょうか。

先生も齢を重ねられて、思うように体が動かない難儀さを感じられることも多いかと存じますが、ご健康を保たれて今一つ大作を書き上げられますことを心から祈っています。

平成三十年五月二十日

武田博幸拝

渡辺京二様

渡辺書簡　武田弟宛（二〇一八年五月二十五日消印、葉書）

お便りありがとうございます。読んでいて今更ながら、あなたは本当によい生活をなさっていると羨望にたえません。古典をわかりやすくかつおもしろく人々に伝えるというのは、いま最も大切な仕事なのかも知れません。三十人も集まれる由、大したことです。それに「道標」でのご連載の愛読者もおります。実に稔りあるお仕事と言わねばなりません。私はかねがねあなた方ご兄弟を道心の強い方々と感じております。人にとって道心が大切なものとは、小生も信じるところです。

武田兄書簡（二〇一八年六月二日付け、手紙）

その後いかがお過しでしょうか。

この度は新著『原発とジャングル』*を御恵贈いただき有難うございました。さっそく拝読いたしました。一読して、昨年ご出版なさった『死民と日常』と今回の『原発とジャングル』は一対の著作になっているように感じました。『死民と日常』が渡辺先生の「行動の書」であるとすれば、『原発とジャングル』は先生の「思索の書」と言えるかと思います。これから先生の著作に親しもうとしている若い人には、まずこの二冊を読みなさい、渡辺京二という思索家の骨格を分かり易く知ることができますよ、と勧めることができるように思いました。

私は今回の『原発とジャングル』のようなエッセー風論文を集めた本を読むのが、読書の中では一番好きです。分かりやすい叙述、味わいのある文章で、大事なことを教えてくれます。今回もいくつか大事なことを教えられました。

その一つは、「神話的伝承には、人類の最古の状態を楽園として描き、以降の経過を堕落・劣化とみなすタイプが」なぜ多いのかという疑問に対する答です。それは、「狩猟採集時代の生存の気楽さ、平等性、非抑圧性のおぼろな記憶が、農耕開始以後も長く保持されて来たことに由来すると考え」られる、と。なるほどと納得しました。また、日本の歴史の中でも、縄文時代と呼ばれる時期が何万年も続いたわけも、先生のピダハンについての叙述を呼んでいると、半ば分かるような気がしました。

それから、これは先生の御主張に共感した部分ですが、「物質文明・科学技術の進展は不可避な自然過程かどうか」という一大問題に対して、「必然のワナから自覚的に抜け出せるのでなくては、人間に生まれた甲斐がない」と答えておられるのには、ほんとうにその通りだなあと深く同感いたしました。「人間に生まれた甲斐がない」という表現がすばらしいと思います。「人間に生まれた甲斐」とは、単に物質文明を進展させる人間能力を使うだけではなく、これも人間に備わっているであろう、現在におけるような危険な様相を呈してきた物質文明自体を再検討してこれを突破するような人間能力をも、十分に使うことだと思えるからです。

もう一つ、教えられもし、同感もしたのは、「古典ギリシアに関する文書記録には重大な欠落があるのではないか」という先生のご指摘です。「ポリス共同体として理念型化されたものの蔭には、ポリスなんて知らねえよという民の存在が隠れているのではあるまいか」――私も、プラトンの著作やソクラテスに関する著書を読むたびに、なんとなくそういうことを感じていました。「政治」を、なによりも煩わしいと思う民衆は、世界中どこにも、いつでも、いたのではないでしょうか。

今回の御著書の中で、一番感心したのは、「人情と覚悟」と題された先生の天皇論です。残念ながら、私は「レパブリカン」ではなく、多少右翼的心情を持った保守主義者なので、先生のお考えと同じというわけではありませんが、天皇制や今回の天皇退位問題に、こんなに分かり易く、全く自分の頭と言葉で発言をしている人には初めて出会ったと思いました。保守の論客も、どの人も、ごまかしばかりです。改めて渡辺京二という存在が、現代日本においては、ほとんど唯一の独立独歩の思想家だと認識を新たにした次第です。

もう一篇「私の夢地図」が、私にとってはこの上なくおもしろい読み物であったことをお伝えしておかなければなりません。「私にとって夢はもうひとつの生みたいなもので、現実の生よりずっと刺激的で物語めいている」。これは私の気持ちそのままです。私も、夜寝るときは、「さあ今晩はどういう夢が見れるだろうか」と楽しみでたまらないのです。私はこれまでの人生で、しばらくの期間、夢を記録したことが二度ほどありますし、また、ユングの「夢と自己認識」という、ユングの夢解釈法を具体例を出しながら論じた小冊子を去年翻訳もしました。そんなふうに、夢にはそれなりの関心を持っていますので、「私の夢地図」は格別おもしろかったのです。このエッセイを拝読して、私が思ったことは、これだけのことは、自分というものについて極めて健全な省察を重ねている人でなければけっして書けない、というものでした。具体的なことへははいっていけませんが、これは本当に魅力的なエッセイだと思います。

今日はこれにて失礼します。
お元気でお過し下さい。

平成三十年六月二日

武田修志

渡辺京二先生

追伸、熊日への長期連載は始まりましたでしょうか。

＊ 新著『原発とジャングル』＝晶文社から刊行された単行本。

渡辺書簡　武田兄宛（封筒なく便箋一枚のみで日付不明だが、二〇一八年六月頃の手紙と思われる）

拙著＊へのありがたき御感想、いつものことながら感謝申し上げます。私、自分の書くものがどの程度のものか、わかっているつもりながら、やはりほめていただくと嬉しく元気が出ます。大したものも書けないでも、多少なりと面白く読んで下さる方があればそれで十分。あなたがそういう読み手であって下さる御恩は忘れません。

でも、私はもう書くべきこともなくなったような気が致します。あとは二、三の作家について素人の感想文を書くくらいでしょうか。熊日からの依頼には当分応えられそうもありません。明治維新についてもう書くこともないです。ナショナリズムはもう結構です。あとお百姓のことが少し書ければとは思いますけれど。

あなたの夢のお話、ぜひ伺いたいものですね。お書きになって下さい。

渡辺京二拝

武田修志様

＊　拙著＝『原発とジャングル』（晶文社）。

武田弟書簡（二〇一八年七月十一日付け、手紙）

大変な雨を降らせた梅雨も終わって、盛夏というべき毎日になってまいりました。

兄から「カワイソウニ」という文章[*1]を送ってもらい、先生が石牟礼さんを亡くされてどれほどの喪失感の中におられるか、その一端を知りました。それから、お手紙を書こうかと何度か思いましたが、先生に煩わしい思いをさせることになるばかりだと、書くのは控えていました。兄も、こういうときは先生が少しでもお元気になられるまで、じっとお待ちするしかないだろうと申していましたが、今日は、月に二回の古典講義も午前中に終わって、ぽっかり時間が空いたような気持ちになりまして、こうして先生にお手紙を書くことにいたしました。

今から十八年前から十年前の時期、毎年のように先生に石牟礼さんのお住まい（仕事場）に連れて行っていただきました。先生が訪問客にはお茶をいれ、原稿の清書もされ、石牟礼さんの夕ご飯も作られる（次の日の朝ご飯も用意されるということでもありました）。そのように、先生が、河合塾に出勤される日は別として、およそ自分の持ち時間の半分近くを石牟礼さんのために使っておられる。そんな先生の生活を見せていただいて、実に不思議な思いがいたしました。下衆の勘ぐりもしました。石牟礼さんは先生の恋人なんだろうかと。しかし、まさか先生が自分の愛人のところへ私を連れて行かれることもなかろうと思ったりしたことでした。

私はつくづく思います、石牟礼さんは、その人生において渡辺先生に出会われたことがどんなに幸運なことであったかと。もし渡辺先生が側で見守っておられなかったら、いろいろとわずらわしいことに巻き込まれてしまわれることもあったのではないかと思います。というのも、石牟礼さんを教祖様として担ぎ出して、自分の野心を遂げようと思う人もあっただろうと想像するからです（先生も言っておられましたように、石牟礼さんは十分に教祖様の資格を持っておられました）。先生が側におられたからこそ、石牟礼さんは持って生まれた大才をこれ以上ない形でこの時代の中で実現されたのだと思います。

「カワイソウニ」を読んで、先生が今ここまで呆然としておられるのかと正直驚きました。先生のような知的な人が、母を亡くしたときの私の父と同じようになられるとは思わなかったのです（「知的な人」はもっと「強い人」だろうと勝手に私は想像していたのです）。

私の母は五十代の終わり頃からパーキンソン病の症状が出始め（初めは自律神経失調とか言われていました）、六十代から次第に家事は父がするようになり、寝起きも不自由になってしまった七十代は何もかも父がやっていました。七十七歳で母が亡くなった後、父はほうけたようになり、母の後を追って半年くらいで亡くなるのではないかと思えるほどに、落ち込んでいました。母が生きていたときは介護のしんどさを訴えることもありましたが、母の介護の必要がなくなったとき、父はまったく生き甲斐がなくなってしまったのでした。

先生は三十代のある時期から[*2]、石牟礼さんのお世話をなさるようになって、この五十年、「今日も石牟礼さんの所へ行って」という生活をなさって来られて、今、それがないというのは、いかばかりの空虚感かと思います（先生のほんとうのお気持ちは分かるはずもありませんが）。

先生にはもうだいぶお会いしていませんが、かなり弱ってこられたのだろうか、読むことも書くことも衰えていないということでしたから、まだまだ体力も気力も残っておられるのだろうかと、あれこれ先生の今のお姿を思い描いたりしています。

兄も、先生が少しお元気になられたら、私と一緒に先生宅を訪問したいものだと申しています。半年後でも一年後でも、そういう日がまいりますことを夢見ております。

先生、少しなりとお元気になられましたら、どうか「遊びに来なさい」とおっしゃって下さい。

二〇一八年七月十一日

武田博幸拝

渡辺京二様

追伸
母を亡くして落ち込んだ父は、兄が昔のことを思い出して書くという「仕事」を課したことで、少しずつ蘇っていきました。そうして出来たのが『駐在巡査奮闘記』です。

＊1　「カワイソウニ」という文章＝『預言の哀しみ 石牟礼道子の宇宙Ⅱ』（弦書房）所収。
＊2　三十代のある時期から＝米本浩二氏が作成された「渡辺京二年譜」（石牟礼道子資料保存会報　八）によると、一九七八年に「道子のための食事作りが始まる」とあるので、「四十代のある時期から」が正しい。

渡辺書簡　武田弟宛（二〇一八年七月十四日消印、手紙）

ご心配おかけして申訳ありません。

私、ちょうどあなたが奥様を亡くされたお父様の状態を語っておられるのと、おなじ状態なのだと思います。少し違いますのは、彼女の仕事を全面的にバックアップするという責任があったという点でしょうか。何しろ責任から解除されたのは一面楽であるはずなのに、そのように責任を負うべき事柄（対象）がないというのが、空無感になっているのでしょう。

私は幼いときから対人関係できたえられて来て、強い面もありますが、母が可愛いがりすぎたせいか、特に女性に対して依存性の強い人間です。愛するものを失うことがとくにこたえる人間です。情が過多なのでしょう。自分の弱いところはよく知っていて、人に見せないようにして来たようです。

問題は老化の進行もあって、勉強もしんどく、自分を燃え立たすものがないことです。困ったことで、もう一度何のため生きるか、考えるというより実感し直さねばなりません。もう時間はないのですけれど。

人にはよく会っています。このごろやたらにインタビューが多いのですが、それもこなしています。人に会う方が気がまぎれてよいようです。ご兄弟がご来熊下さればもちろん歓待いたします。

とにかく首、肩、腰のこりが彼女の死以来ひどくなって苦痛というより、もうろうとなりますが、いい治療所を最近見つけて何とか軽減しそう。とにかく最後の戦いだと思っています。

渡辺京二拝

武田博幸様

武田弟書簡（二〇一八年七月二十五日付け、手紙）

早速にお返事を賜り、まことに有り難うございました。

「人にはよく会い」「やたらに多いインタビュー」にも応じておられるとお聞きしまして、いくぶん安心いたしました。早速、兄に、いくらかはお元気になっておられるご様子だとメールで知らせました。

兄は八月の誕生日が来ると七十歳ですが、本人の言うところでは、自分の体力は近所の八十歳の老人がたとあまり変わらないということで、持病とうまく付き合っていくしかないようですが、何とか体調を整えて秋には熊本に行けるようにしたいと申しておりました。

私は昨年の四月から、今住んでおります美奈宜の杜で月に二回の古典講座をやらせてもらっていますが、七月の二回目の分が今日終わりました。今日も三十四名の方が聴講に来られました。これだけの数の方がお集まりになるというのは、この美奈宜の杜が特殊な集落であるからに他なりません。ここはシニアタウンということで、日本全国から退職後の人たちが集まって暮らしています。三百世帯、六百人ほどのまちのようですが、半分くらいは九州の人ではありません。東京や大阪やいろんな所からわざわざここを見つけて、晩年を楽しく過ごそうと集まって来た人たちです。感心するのは、洗練された趣味人がたくさんおられることです。絵画（日本画・油絵）、書道、俳句、写真、刺繍、工芸、料理など、プロ級が何人もいます。秋には文化祭が開かれますが、これがすべて住民の作品かと感嘆するレベルの作品が並びます。

ただ犬と暮らすために、奥さんと別れてここにやって来た人もいます（ここに来て一番親しくなった人です）。年齢層が六十代から七十代がほとんどですから、世代ギャップもなく、付き合いやすいと私は感じています（全く人付き合いをなさらない方も相当数おられますが）。

趣味クラブが三十くらいある（一番人数が多いのはゴルフクラブ）中で、私は月に一回近辺の山に登るトレッキングクラブに所属しています。まずこのクラブを通してこの地区の人十数人と仲良くなりましたが、古典講座を始めて分かったのは、この中に、読書を一番の趣味にしておられるご婦人が三名おられるということでした。みなさん奥ゆかしい方ばかりで、古典を一緒に読むという場を共有するということがあって初めて、自分の好きな本・作家のことなどを話されるわけです。昨年から古典講座を始めて、こういうご婦人方と親しく話が出来るようになったことが一番よかったことではないかと思っています（男性陣にもこちらが恐縮するほど毎回熱心に話を聴いて下さる方がおられますが）。

私の古典講座（四月からは「平家物語」を連続で読んでいます）も八月はお休みですので、しばらく「平家物語」を離れて、八月いっぱいは良寛について勉強しようと思っています。本も五冊ほど手に入れました。三月に一ヶ月ほど西行を読んで、この出家歌人に深く引かれましたので、今度は良寛さんに挑戦というところです。私は若い頃から、坊さんに心惹かれる傾向があるようで、坊さんの本を何冊も読んでいた時期がありましたし、浪人生のときには、禅宗の坊さんの話を聴いて、受験勉強などやめて、この人のもとで修行をしようかと思ったこともありました。その傾向性がまたもたげてきたのか、先日は「法華経」を現代語訳で何とか読み通しました。そこから、熱烈な法華経信者であった宮澤賢治も視野に入って来ました。日蓮という人がどういう人であったのかも知りたいと思っています（親鸞さんはいまだ私の視界には入って来ません）。「平家物語」は読めば読むほど実に面白いと思いますし、坊さんの本でも何でも、まだまだこれからしっかり読んでしっかり考えてみたい作品があります。私の頭は、先生のように、強力な頭脳では全然なく、すぐに眠たくなってぼんやりしてしまう、そんな頭でしかありませんが、こうして取り組んでみたいものは次次にありますので、自らを叱咤激励して何とかやっていこうと思っています。

整体・マッサージのいい治療所を見つけられたということですから、頻繁に通われて、先生、どうかしっかり養生なさって下さい。私の息子がそういう仕事をしておりますので、福岡でしたら、先生宅へ訪問治療にでも行かせたいところです。回数多く体をほぐすことが何よりいいと思います。ご面倒だと思いますが、しばらくは何度も通われて、体を血行のいい状態にもっていかれると、痛みも随分とやわらいでくると思います。正しい治療を受け続ければ楽になれると、ここは整体師を信じて根気よく養生して下さい。

こんな手紙が先生の気晴らしに少しでもなればと思います。先生に煩わしい時間を持っていただきたくはありませんので、どうかくれぐれもお返事など書かれませんようにお願いします。

先生にいずれお会いできる日を楽しみにしております。

平成三十年七月二十五日

渡辺京二様

武田博幸拝

渡辺書簡　武田弟宛（二〇一八年七月二十九日消印、葉書）

お便り拝受。古典講座盛況とのこと嬉しく存じます。私は日本人のいろいろ考えて来た伝統のうち、隠者の思想というのがとてもよろしいと思っています。良寛や西行についてどうか教えて下さい。ご存じではあられましょうが、この分野では何といっても唐木順三さんがいいお仕事をなさっています。お兄様は七十代に入られた由ですが、七十代はまだまだ大丈夫です。ご兄弟そろってみのりある老年を楽しまれますように。小生は石牟礼さんのお仕事をいま読み直しています。そしてその天才に改めておどろかされています。

武田兄書簡（二〇一八年九月十五日消印、葉書）

先日はお便り並びに『アルテリ六号』、有難うございました。「石牟礼道子闘病記」、拝読いたしました。改めて、石牟礼さんは稀有な、すばらしい人生の道連れをお持ちであったと感動しました。渡辺先生のバックアップなくして、石牟礼さんがあれだけ、独特の才能を十分に発揮されることはなかったでしょう。また晩年の先生の介護ぶりも実に立派で、涙が出ました。今は、この人生の同伴者を失われて、ガッカリなさっておられることと拝察申し上げます。くれぐれも御自愛下さい。

石牟礼全集は立派に完結しましたので、今度は渡辺京二全集だなぁと、出版開始の便りが聞こえてくるのを楽しみにしています。その時には、先生ご自身で「作品解説」を書いて下さいませ。（「夫婦の四季」*を読んでいただき有難うございました。）

暑い暑い夏もようやく終ろうとしています。朝夕めっきり涼しくなってきました。季節の変り目、体調の維持には御留意下さい。

＊「夫婦の四季」＝兄夫婦が詠んだ俳句を小冊子にしたもの。

武田弟書簡（二〇一八年十月六日付け、手紙）

いまだかつてないような酷暑も過ぎて、お彼岸には、熊本の実家から以前持って来た彼岸花が今年も律儀に庭の隅で花を咲かせています。先生、その後、お変わりありませんでしょうか。

秋になりましたら、兄と一緒に先生宅にお伺いしたいと申し上げておりましたが、兄に体調を聞いてみますと、「どうも元気が出ない」ということで、先に繰り延べさせていただくことにしました。前もって予告のようなことを申し上げておいて、申し訳ありません。来年の春を目指して体調を整えたいと兄は申しております。

兄は退職して三年半余りになりますが、退職してゆっくりした毎日を過ごせるようになっても、痛めた体はなかなか元に戻らないようで、カントやユングについて書かれたものの翻訳を毎日の日課として一、二時間取り組んだりはしているようですが、一つのテーマに取り組んで、本を書くというような元気は湧いてこないようです。六十代の半ばで急に老け込んでしまって、このまま弱って行くのではないかと心配しています。

私はここしばらくは「平家物語」と良寛の歌と漢詩、そして良寛論を読んでいます。月に二回の古典講座のために「平家物語」やその異本である「源平盛衰記」を読み、「道標」に何とか良寛について書いたものを載せたいと、良寛の歌を繰り返し読んだりしています。先生が、良寛をやるなら、唐木順三さんの本を読みなさいと教えて下さいましたので、早速、筑摩書房の日本詩人選「良寛」を読みました。この本で、良寛の漢詩にちゃんと取り組まなければいけないことを教わりましたので、「良寛全詩集」「全釈良寛詩集」を買い込んで、八月は私が苦手の漢詩の勉強に明け暮れました。歌も漢詩も一通りは読み終えましたので、吉野秀雄氏、そして唐木順三の本をもう一度読み直して、今年中に、良寛について自分が思うところを書けたらと思っています。詰まるところ、「独りあること」と「人と（自然と）共にあること」とが共存している人として描くことができたらと今は思っています。

次回の「道標」には三月末に書いた西行論（「心の月を磨く人」）を載せていただく予定です。その次の号に良寛論を載せられたらと思っています（先のことはどうなるか分かりませんが）。

八月の半ばに産経新聞に五回連載された先生のインタビュー、読ませていただきました。聴き手の関厚夫氏が先生の本をよく読んでいて、インタビューとしては稀なほど中身の濃いものになっていると思いました。
その第一回に、「日本におけるキリスト教は庶民の信仰という面では非常に深いレベルにありました。……でもその一方で、庶民を導くべき日本人聖職者たちが思いのほか育ちませんでした。……いざ聖職者に必須となるラテン語によるスコラ哲学や神学の段階に入るとついてゆけなくなったそうです。」とありましたが、これは私は実感としてよく分かりました。ラテン語の勉強は、ギリシャ語をやった人間には、ほぼ同じ努力を積めばいいことでしたから、その語学力を上げていくことはとんでもなく大変なこととは思いませんでしたが、大学院の演習でトマス・アクィナスの「神学大全」を読んでいたとき、「神が万能であることの証明」といったところを読ませられると、日本人である自分はもうとてもこんなものには付き合いきれないと思いました。雲をつかむも何も、何にもつかんだ感じが持てない中で、確信的言語（信仰に基づく言葉）が連ねられると、もうこれは退散するしかないと思ったものでした。

数日前、「源平盛衰記」を読んでいて、これは面白いと思ったところがありました。伊豆で流人であった頼朝が立ち上がったとき、平家側に付いて頼朝軍を滅ぼさんとする大場景親と、頼朝を支援する北条時政がそれぞれ名乗りを挙げる場面があるのです。大場景親の家はかつて源氏に仕えていたのですが、景親は今、平家方に付いて、頼朝を滅ぼそうとする正当性をこう主張します、「先祖はまことに主君。ただし昔は昔、今は今。恩こそ主よ。源氏は（平治の乱に敗れ）朝敵となり給ひては、我が身一人の置き所なし。家人《けにん》の恩までは沙汰の外《ほか》なり。景親は平家の御恩を蒙ること海山の如し。高く深き恩を知らざるは木石なり。何ぞ世になき主を顧みて、今の恩を忘るべき」と。これに対し、頼朝に味方する北条時政はこう言います。「欲は身を失ふといへり。まさなき大場が詞《ことば》かな。一旦の恩に耽りて、重代の主を捨てんとや。弓矢取る身は言葉一つもたやすからず。生きても死しても名こそ惜しけれ。景親よ。権五郎景政が末葉と名乗りながら、先祖の首に血をあやす欲心のほどこそ不当なれ」と。それぞれなかなかごもっともなことを言うなと思って読んでいると、それぞれの主張の後に、作者は「敵も味方も道理なれば、一度にどつとぞ笑ひける。」と続けています。平家側に付いた男も、源氏側に付いた男も、相手は相手の立場があるよなと思いつつ、俺はこっちに付いたのだからということで死闘を繰り広げる、何とも面白い世界を描いていると思いました。

そんなこんなで、まだまだ古典をじっくり読んでいこうと思っています。

大作でなくても、あれこれのことについて先生が書かれたり、インタビューに応えられたりされますと、その時その時で私どもは教えられることがあります。どうかこれからもお体をいたわりつつ、先生が書き続けていかれますことを心から願っています。

武田博幸拝

平成三十年十月六日

渡辺京二様

渡辺書簡　武田弟宛（二〇一八年十月十日付け、手紙）

お便り拝受。「どうも元気が出ない」というお兄様のお言葉、よくわかります。それは私の実感でもありますので。私は去年あたりから俄かに体力が落ち、歩けなくなり、更に石牟礼さんが亡くなられてからは心まで不調になり、何だか老衰も極まった気が致します。それにしてもお兄様はまだ六十代（の終り？）でありますから、少し早いです。私をお訪ね下さることなど不急のことでありますが、そのうちまたお元気になってほしいです。先日は、奥様との唱和句集*いただき、それを拝見すると悠々と老後をたのしんで居られる気もいたします。

あなたの今のお仕事、本当にたのしみです。国文関係の出版社とはお親しいでしょうから、ぜひ本になさいますように。それにしてもあなたは私と違い、物事を面倒くさがらず、しっかり手順を踏んで勉強出来る方です。古文の先生に独習でなられたこと自体、そうですが、こんどは漢詩のご勉強とか。私も少しは漢詩の読み方がわかりたく、入門書をのぞきもしましたが、面倒くさく続きませんでした。あなたはその点私と全く違って、根気よく物事をなしとげられる方のようです。あと二十年ありますから、大成以て期すべしです。とにかく今度のご連載はぜひ本になさいますように。

日本のクリスチャン学生がラテン語につまづいたのは、語学自体につまづいたのではないようです。語学という点ではポルトガル語は楽々とものにして、当時の宣教師はみなおどろいています。ラテン語の教材につまづいたのだと思います。当時はラテン語の教材といえば多分、スコラ学的なものを使ったでしょうから、その思考の異質さについて行けなかったのでしょう。だとすると、あなたがアクィナスにうんざりなさったのと同様ですね。

お兄様にぜひよろしくお伝え下さい。あなたもお元気で。
二〇一八・一〇・一〇

渡辺京二拝

武田博幸様

* 奥様との唱和句集＝兄夫婦の句集。

武田弟書簡（二〇一八年十月十六日付け、手紙）

早速にお返事をいただき、まことに有り難うございます。私のような者にもこうしていつもお返事を下さることに、ただ恐縮いたしております。

「道標」という誰でも書こうと思えば書ける場を先生が設けて下さらなかったら、今、連載させてもらっています「古典つまみ読み」なども書くこともなかっただろうと思います。こうして書ける場があるので、挑戦してみようという気持ちを掻き立てられました。

「ぜひ本にするよう」と先生に言っていただいて、こんな嬉しいことはありませんが、一方で、自分が書いたものなどを本にしても誰が読むものかという気もいたします。

「道標」の原稿を書いた人には「道標」が四冊送られてきますので、かつて河合塾で同僚であった人に送ったり、古典講座に出席なさっている方に差し上げたりしていますが、「なかなか本格的ですね」とか「ちょっと難しいですね」と言われるくらいで、おもしろかったですよと言って下さる方はいまだ一人もおられません。

兄ばかりが、書き始めた最初から「原稿用紙三百枚を超えるくらい書いたら、本にしろ」と言ってくれています。すでに二百五十枚くらいは書いたのだと思いますが、数日前も兄がメールで、書名は「古典つまみ読み」はやめにして、「古典の中の自由人たち――私の古典案内――」にするがいいとか、出来れば単行本より新書で出すのが望ましいとか、おせっかいなくらい、いろいろ助言してくれています。

兄に、そして、先生に、一冊の本にすることを勧められ、次の「道標」に西行論を載せ、その次に良寛について書くことが出来たら、一冊の本にまとめようか、そんな気持ちに今はなってきています。

先生がお手紙に「（あなたは）国文関係の出版社とはお親しいでしょうから」と書かれていましたが、私が親しいのは受験参考書の出版社ばかりで、古典関係の本を出してくれそうな出版社には何のつてもありません。新潮社の池田雅延さんという、かつて小林秀雄担当の編集者であった方とたまたまちょっと知り合いになって、東京でお会いしたこともありますが、もうとっくに新潮社はお辞めになっていますし、出版を相談できるような、そこまでの間柄でもありません。

数年前、兄が本を出したとき、先生が弦書房に相談してみればよかったのにと言われた記憶がありますが、弦書房で私の本を出してもらうことは可能でしょうか。とにかく出版社が赤字にならない形で、なおかつ、Amazon で、もしくは本屋を通して手に入れられる形の本にすることができたらと思います。

つまらない相談を先生に持ちかけてまことに心苦しいのですが、先生のご意見を賜ることができたらと考えております。

しかし、とにかく良寛について自分で納得出来るものが書けなくては、本にするも何もありません。良寛という人に出会ったことを喜びとして、何とかこの人を分かりやすく文章で伝えることにしばらくは専念いたしたいと思います。

平成三十年十月十六日

武田博幸拝

渡辺京二様

渡辺書簡　武田弟宛（二〇一八年十月二十日付け、手紙）

お便り拝受。まず申上げたいのは、自費出版なさるつもりなら、弦書房はもちろんのこと、よろこんで受けるところは沢山あります。

私は企画出版として経費なしで出してくれるところがどこかないかと考えているのです。その場合、印税なしとか、数百部著者買いとりとか、条件がつくかも知れません。理想的には著者負担なし、印税も払うというところがどこかないかと思うのです。あなたは受験参考書のベストセラーを書いておられるのですから、その出版社はあなたには多少恩義を感じているはずです。たとえ受験参考書の版元であろうと、ふつうの出版も手がけることはあると思います。まずその線を当ってみられてはどうでしょうか。

もしその筋が望み薄というのであれば、知り合いの編集者に打診してみましょう。といって私も出版社とのつき合いは少いので楽観は出来ません。ひょっとすれば平凡社新書の一冊にならぬかなと思う程度です。この線でもダメとあれば、その際は改めてご相談ということになります。

連載が終るのにはまだ間がありますから、それまで私なりに考えてみます。とにかくあれは本にすべきです。その価値は立派にあります。

二〇一八・一〇・二〇

渡辺京二拝

武田博幸様

武田弟書簡（二〇一八年十月二十二日付け、手紙）

早速にお返事を賜りましてまことに有り難うございます。

「道標」連載の私の文章を読んで下さり、「あれは本にする価値がある」と言っていただいたこと、私にとりましては、これ以上の励ましの言葉はありません。

受験参考書の出版社のことですが、確かに私の参考書は古文単語集も古典文法書も不動の一位の座にあり続けていますから、桐原書店も河合出版も多少どころか大いに私に恩義を感じてもいいはずですが、「ふつうの本」の出版の話など持ち出したら、編集者がどんなに困り果てるか、それを想像するだけで、とても相談する気になれません。それに何年も一緒にやってなじみになった編集者も、まるで違う部署に移ってしまったりして、個人的に相談を持ちかけようと思う人も今は思い当たりません。

先生のご厚情に甘えて、連載が終了しましたら、先生のお知り合いの編集者の方お一人にでも見ていただけましたらまことに幸いに思います。見られた上で、これはうちからは出せそうにないと判断されましたならば、弦書房あたりから自費出版という形で出すことにしたいと思います。


先週、桐原書店から社員研修の講師として東京に呼ばれましたので、ちょうどいい機会と思って、良寛の里、新潟の出雲崎に行って参りました。東京から上越新幹線で長岡まで一時間五十分、それからバスで出雲崎まで五十分ほどでした。佐渡島を正面に見る良寛の生家跡（良寛堂）、良寛が四十代、五十代のほぼ二十年を過ごした国上山《くがみさん》の五合庵、六十代を過ごした乙子神社の庵、そして終焉の地である木村邸を見て参りました。木村邸の近くの良寛のお墓にもお参りしました。新潟にはこれまで一度も行ったことがなかったので、良寛が見た海と山とを自分の眼で見ることが出来ましたのは、出雲崎の四季折々の自然を数多く歌に詠んだ良寛を感覚的にも理解する一助になるような気がします。

唐木順三氏は道元を深く読み込んで来ておられるので、道元の曹洞禅で深く修行した良寛の内面に迫っておられますが、禅宗の切れ端もかじったことのない者には、修行の中での心の内を漢詩で表白する良寛はつかまえどころがなく、これは手に負えないなと思ったりしています。自分に分かり得た幾篇かの漢詩とあとは和歌を踏まえて書くしかないようです。何とか今年中にはものにしたいと思います。

今の自分は頑張ろうと思えば、まだ元気も出て来るように思えますが、父が九十歳になった頃、家の近辺を散歩しても、しんどそうであったことが思い出されます。先生もだんだんそういうお歳になってこられたのかと思うとせつなくなりますが、秋のこの暖かな日差しや温もりによって、健やかにお過ごしになられますことを祈っております。

平成三十年十月二十二日

武田博幸拝

渡辺京二様

武田弟書簡（二〇一八年十一月十九日付け、手紙）

この度は新著『預言の哀しみ』*をご恵贈賜り、有り難うございました。

先生がたいへんなお悲しみ、お苦しみの中でもこれだけの文章をお書きになっておられることにまず驚きました。

『椿の海の記』『十六夜橋』『春の城』について先生が書かれたものが世に出てほしいと願っておりましたので、それを読むことが出来ましたことを何より有り難く思いました。

『椿の海の記』は石牟礼さんの作品の中で私が最も好きな作品ですし、河合文教研の「わたしが薦めるこの一冊」にも取り上げて書いたことがあります。それが石牟礼さんの最高傑作と先生が今考えておられるというのは、それだけで何か嬉しくなりました（自分の書評の至らなさも痛感させられましたが)。

『春の城』『十六夜橋』の「評釈」は、これから二作品を再読するときにこの上もなくよき導きになってくれると思います。

私は『沖宮』という作品をいまだ読んでおりませんが、今回先生が書かれたこの「『沖宮』の謎」という文章は、石牟礼さんの精神の内奥を理解するのに最も決定的なことを開示しておられるように思いました。

先生の本を読みながら、思い浮かべたことを記します。

石牟礼さんのお母様の春乃さんが「人の悪口は絶対に言わなかった人」だったとありますが、私の中にある百姓像、民の姿というものも、自分の母や叔母や知り合いのおばさん方に支えられているように思います。私の母は農家の娘ではなく、村で唯一の万屋《よろずや》(雑貨屋)の娘だったそうですが、周りはすべて百姓で、母の母(私にとっての祖母)も農家の出身でした(この祖母は母が三歳のとき亡くなっていますが、私が子どもの頃、母に連れられて母の実家に行くと、曾祖母がいつも籐椅子に坐っていて、とても上品なおばあさんだったという記憶があります)。今特に思い出すのは、父の妹であった二人の叔母です。実に働き者で、正直者で、子どもにほんとにやさしい人でした。父と兄二人が軍隊に入っていたときも、叔母二人で一町余りの田圃を守り通したということでした。また、父の伯父の奥さんも(この夫婦はハワイ帰りで、どこかあか抜けたところがありました)実にいい人で、子どものとき親と一緒に訪ねると、「修志来たかい、博幸来たかい」と顔一面を笑みでくしゃくしゃにして迎えてくれました。

南小国に行って知り合った方たちの中にも実に心根のやさしい百姓のおばさんたちがいました。そのおばさんたちは我が父、母に親しみなじんでくださって、互いの間に何とも言えない信頼関係があるのが子供心にも分かったものでした。

田舎のおばさんたちは（おじさんたちも）噂話が大好きで、村の行動規範からちょっとでも外れると差別でも村八分でもしかねない困った人たちでもありましたが、私は上に述べたような人たちを間近に見てきたこともあって、村社会への嫌悪感といったものは持たずに育ったような気がします。

「石牟礼道子闘病記」を読んで、石牟礼さんと私の母は、パーキンソン病の経過において割と似ていたのかも知れないと思いました。母は六十歳前後にパーキンソン病と認定されましたが（それまでは自律神経失調症とかそんな病名だったようです）、七十七歳まで何とか持ちこたえました。父の献身的な介護もあって最後まで寝たきりになることはありませんでした。パーキンソン病になって十年以上も何とか普通の生活が出来たのは珍しいと医者にも言われたということでした。

今月の二十八日に弦書房の小野さんにお会いすることになりました。「自分のところから今回は本を出すことにならないかも知れないが、一度会って話をしたい」とおっしゃってくださいましたので、もちろん私は喜んでお会いしたい旨、お伝えした次第です。

私の本の出版というつまらぬことを先生にご相談したりして先生を煩わせ、まことに申し訳なく思っております。どういう形になるのか分かりませんが、今は良寛論を書くことに打ち込みたいと思います。
先生のご気分、体調が少しでもよき状態でありますことを心から祈っています。

二〇一八年十一月十九日

武田博幸拝

渡辺京二様

＊ 新著『預言の哀しみ』＝弦書房より刊行された単行本。副題は「石牟礼道子の宇宙Ⅱ」。

渡辺書簡　武田弟宛（二〇一八年十一月二十四日消印、葉書）

早々と拙著のご感想いただき、ありがたく存じます。小生、急に老化が進み、歯医者や鍼灸院へ通うので忙しいです。こんな日が続くのだろうと思いますが、あとは勉強するしかなく、一書生のつもりでまたヨーロッパ中世など調べております。あなたのお仕事を本にする件、知り合いの編集者に相談していますが、まだ答は出ていません。とにかく本にしましょう。小野さんと会われる由。彼はとてもいい編集者ですから、仲良くなられて下さい。ではまた。

武田兄書簡（二〇一八年十一月二十八日付け、手紙）

先日、新著『預言の哀しみ』が出版社より送られて参りました。御手配、誠に忝く思います。有難うございました。

ゆっくり拝読致しました。まず何よりも、石牟礼さんに対する、渡辺先生の長年の心のこもった、的確なお世話・介護の労に、ご苦労様でしたと申し上げたく思います。渡辺先生との出会いは——先生ご自身にとっても最も意味深い出来事の一つであったと拝察しますが——石牟礼さんにとって、最高に幸せな、恵み多き出来事であったと思いました。人間はこの世を生き、そして死んでいくときに、一人でいいから自分をじっと見守っていてくれる者を持ちたいものですが、石牟礼さんにとっては、それが渡辺先生でした。つまり、自分の本質を最も深く、正しく理解できる人が、石牟礼さんの一番近くにおられたわけです。何という恵み、幸せでしょうか。

それにしても、先生が御自身の、日本の文学界・思想界におけるトップレベルの著作活動を続けながら、石牟礼さんの「補佐役」に徹して、五十年以上をお過ごしになったというのには、感嘆もし、注目もせずにはいられないものがあります。「原稿清書、口述筆記、事務処理、部屋の掃除・片付け、食品その他の買出し、料理、付添い、カバン持ち」これは、普通だったら、三人分の仕事ですね。それも、その三人ともが、物書き、主婦、ヘルパーとしてハイ・レベルでなければ、こなせないような仕事です。だから、これは渡辺先生だからできた、ということになりますが、一方、普通だったら、こういう三人前の能力を持った人が、人の「補佐役」に徹して生きるということは、まずあり得ないことです。ここに、渡辺京二という思想家の、独特の個性が浮かび上がってきます。この人は、近代日本の最高の知性の一人ですが、近代において知的であるということの、いやらしさ、醜さ、底の浅さというものを、骨身に沁みて知っている人なのではないかと私は思いました。（本人を前にして、妙な言い方になってしまいますが）人は、知的であればあるほど、どこかで己を無にして生きているところがなければ、その知性も底の浅いものになってしまう……そんなことを先生がいつもお考えになっているというわけでは全くありませんが、先生の、人生の半分を「補佐役」でお過ごしになったというのは、実にユニークで、私には感嘆するほかないことです。自分に小説家の才があったなら、渡辺先生を主人公にした、石牟礼道子をめぐる半生を描いたらおもしろい作品ができるだろうなと考えをめぐらしたことでした。

先生の石牟礼作品に対する評は、どれも的確で、深い理解で、私はいつも教えられています。石牟礼さんの作品で、私が唯一熟読したと言えるのは、『春の城』だけであり、昔、この作品について長めの感想文を書いたことがありますので、今回久しぶりで、自分の文章を引っ張り出して読んでみました。そして、先生の『春の城』評と比べて、がっかりしてしまいました。やっぱり読みの深さが違うなあ、と。「表現の質から見てふたつの層がある」――そう言われると、確かにそうだと納得できますが、自分ではそういうことには、うすうす気付いていても、はっきり言うことができませんでした。これは一つの例ですが、どの作品評でも、「うまく、的確に言ってあるなー」と感心せざるを得ません。先生と自分を比較して、誠に僭越な話ですが、知識の量の違いはもう言わないとして、ここが違うなというところに、今回は気付きました。それは、石牟礼さんの詩「花が開く」に対する読みです。今回私も「花が開く」を読んでみたのですが、先生が『日本詩歌思出草』で示されているような読解は全くできませんでした。正直に言って、先生の評を読まなければ、「よく分からん」で通り過ぎてしまったことでしょう。この詩の評は先生でなければできないものでしょう。ここの違いだ、と今回痛感しました。

先生と石牟礼さんの交流についての記述に触れて、クスッと笑わずにはいられないことがしばしばですが、今回は、「キャバレーの入口に『麗人募集』と張り紙があったので諦めたとは、本人の思い出話」には爆笑してしまいました。先生がお元気を回復なさいましたら、石牟礼さんとの思い出の中から、「石牟礼道子爆笑エピソード」をお書きになって、一冊にまとめていただけたら、有難いですね。

今回は各作品の中へは踏み込むことができませんでした。ご容赦下さい。
簡単ですが、今日はこれにて失礼致します。
お元気でお過し下さい。

平成三十年十一月二十八日

武田修志

渡辺京二先生

渡辺書簡　武田兄宛（二〇一八年十二月五日消印、手紙）

お便りありがとうございます。拙著*お贈りする度に懇切なご批評いただき、この頃はあなたの読後感を頂戴するのが楽しみになりました。いつも過分なお言葉をいただいていることはむろん承知していますが、あなたのご感想はつねに私のいわんとするところの核心を読みとって下さっていて、それ故に特に嬉しいのです。

私のもの書きとしての世間的地位は、言論界、ましてや文学界において全く片隅のマイナーなものであると承知しております。ただ、自分なりの小さな個性は死守して参りました。そのごくささやかな自分のテーマが伝わる少数の方々がいらっしゃることを常にありがたく、自分でも思いがけないことに思っています。あとはもう長くはありませんが、生きている以上あと少々書きつづけて、あなたのような方々に読んでいただければと思っています。私の知的階級に対する長年の違和感については、あなたのおっしゃる通りです。おそらくその点で私はあなたにつながれているのでしょう。私はあなた方ご兄弟のような知的姿勢が好きなのです。

博幸さんの「道標」連載はすばらしいです。何とか企画出版にもちこみたいと思っています。

小生、今年になって老化甚しく、これまで経験したことのない日々に呆れるばかり。でも七〇代はずっと元気でした。あなたもお体の故障はいくつか抱えられているにせよ、まだまだお若いです。どうか大切になさって下さい。

渡辺京二

武田修志様

＊ 拙著＝『預言の哀しみ 石牟礼道子の宇宙Ⅱ』（弦書房）。

武田弟書簡（二〇一八年十二月十三日付け、手紙）

今夕、平凡社の水野さんから、私の「道標」の連載を新書にすることを正式に決定した旨の電話連絡がありました。渡辺先生にもお伝えしたということもお聞きしました。

先生が推して下さらなければ、私が平凡社から本を出すことなど出来るはずもなく、このような非力な者が本を一冊出せるように手配して下さったお心遣いに心から感謝申し上げます。

先生が「道標」の連載を読んで下さるというだけでも私にとってこれ以上ない励ましになりましたが、更には一冊の本になるまで書き続けるように激励して下さり、こうして出版社にまで導いていただきました。女房に本が出せることになったことを伝えますと、「ただただ渡辺先生のお陰ですね」と申します。「ハイ、まさにその通りです」と私は答えたことでした。

先生が平凡社新書から出しておられる『近代の呪い』の「あとがき」に水野良美さんの名が出ています。私は相当年配の方だろうと勝手に思っていましたが、若いお声にびっくりしました。熊本大学を出て、九大の大学院に進まれたとのことで、私と同じコースを歩まれていること（兄も同じです）、そして高校も宇土高校とかで、正真正銘の熊本県人と分かって、とたんに親近感が湧いて参りました。こういう方と本作りが出来るのは今から楽しみです。

弦書房の小野さんには、このような結果になったことをメールで早速お知らせいたしました。お会いしたとき、「出来ればうちから出してほしい」ように言っていただいたことは、もったいなく有り難いことだと思っています。いつの日か、弦書房からしっかりした内容のある単行本を出せるように、精進していきたいと思います。

良寛さんと今も格闘中です。だいたい「良寛全集」というのが何種類もあって（岩波、東京創元社、中央公論新社等）、どれも収録しているのが違っていて、いつまで経っても読み終わりません。漢詩の解釈は人によって相当な違いがあるし、良寛という人をつかまえたという感触がなかなか生まれません。しかし、もう書かないわけにもいかないと思いますので、今自分に見えたところで何とか書こうと思っています。

兄が先生からしみじみしたお手紙をもらったと言って、たいそう喜んでいました。寒くなってまいりました。先生、どうかお体を大事になさって下さい。

取り急ぎ、一言御礼を申し述べさせていただきました。

平成三十年十二月十三日

武田博幸拝

渡辺京二様

渡辺書簡　武田兄宛（封筒なく便箋一枚のみで日付不明だが、二〇一八年十二月から二〇一九年一月頃の手紙と思われる）

御祝*1いいただき恐縮です。

小生、I夫人*2没後急に老衰、歩けず耳も遠く維新史も夢となりました。授賞式*3も娘夫婦に代理で行ってもらいます。

弟さんの連載、平凡社により新書になる由。とても嬉しいです。

とにかく御礼まで。

＊1　御祝い＝二〇一九年十一月に卒寿の御祝い会があった。
＊2　I夫人＝石牟礼道子氏。
＊3　授賞式＝『バテレンの世紀』（新潮社）の第七十回読売文学賞授賞式。

武田弟書簡（二〇一九年三月七日付け、手紙）

寒さのぶり返しもなく、お正月からずっと穏やかな日和が続いています。白梅・紅梅も散って、近所の早咲きの桜はもう満開を迎えています。

この度は先生を引っ張り出すようなことになりまして、まことに申し訳ありません。

今月十七日（日）の長兄の三回忌が行われるのですが、鳥取の兄はあまり体調もよろしくありませんので、三回忌への出席は見合わせるものとばかり思っておりましたが、出席すると聞きましたので（そして熊本に一泊するということでしたので）、兄弟そろって先生にお会いする機会はめったにないと思い、先生にご無理を願った次第です。何とぞご諒解願いたく存じます。

先生から平凡社の水野さんをご紹介下さり、私の本作りは少しずつ進められています。私の原稿（次回の「道標」掲載の最終回分も含めて）を水野さんがチェックされて、修正の要望を書き加えられたものが、明日（八日）にはこちらに届くことになっています。引用古文の注の中身や付け方など、細かい検討をして下さったようです。メールのやり取りをし、電話でもお話いたしましたが、やさしい心遣い、明るい話しぶりに、こんな方と一緒に本を作れることを心から嬉しく思っています。

十五日（金）には東京で水野さんにお会いすることになっていますので、先生にお会いします十八日にご報告したいと思っています。

以下少しばかり「美奈宜の杜便り」を記しておきます。

私の家の庭は、目の前に五百坪ほどあろうかと思われる公園に繋がっていますので、鳥が訪れるのにいい場所のようで、山鳩や雀、それにシジュウカラ、ジョウビタキなどがよくやって来ます。それで、昨年のある時期から「ハトの餌」「野鳥の餌」というのを買って来て（一袋千円で三キロくらい入ってます）、毎朝庭に撒いています。そうすると、鳥もよく心得たもので、カラスまでやって来るようになりました。カラスは来てもあまり嬉しい鳥ではありませんが、撒いた餌をむさぼり尽くすという食べ方はしないで、さっと食べてさっと去って行くふうなので、まあよしとしております。雀は以前は五、六羽、七、八羽だったのですが、最近は二十羽以上やって来ます。いっせいにアワやヒエをついばんでいる様子は賑やかなもので、ぱっとみなが飛び立って近くの木の枝に止まると、木に茶色の卵がたくさんなったみたいな光景を見せてくれます。ハトはトウモロコシが好物で、一歩進んではついばみ一歩進んでは立ち止まってついばむという仕種を繰り返します。見ていて飽きることがありません。水飲み場で、水浴びする雀やメジロもかわいいものです。といったふうで、山あいの今の住まいを楽しんでいます。

月に二回の古典講座も何とか続いています。聴講をやめていかれる人ももちろんおられますが、また、一方新たに聴きに来られる方もおられて、三十名ほどの方が聴いて下さっています。講義がいつもうまく行くわけでもありませんが、月に二回、人前で話さなくてはいけないということが、私の古典の勉強に張りを持たせている気はします。

それでは、十八日に先生並びに梨佐さんにお目にかかれるのを楽しみにしています。

武田博幸拝

平成三十一年三月七日

渡辺京二様

念のために、十八日の会食の時間・場所を記しておきます。

三月十八日（月）十二時　ホテル日航熊本2F　広東料理「桃李」（上通入り口）

武田弟書簡（二〇一九年三月二十一日付け、手紙）
十八日は梨佐さんと街の中心部まで出向いて二時間もお付き合いいただきまして、まことに有り難うございました。兄が久し振りに先生にお会い出来て、歓談できましたことをたいそう喜んでおりました。

兄は十六日にここ美奈宜の杜に参りまして、手作りの本作りをなさっている（ご自分で挿絵も描かれ、俳人でもあります）方の所を一緒に訪ね、一時間余り実地指導を受け、後は雑談で一時間ほど楽しく過ごしました。十七日は午前中、浄行寺で長兄の三回忌の法事があり（百歳になられるという坊守りさまが唱えられるお経とお説教を賜りました）、昼は嘉島町の「うなぎのとくなが」で従兄弟たちと会食。そして十八日は先生とお会いする前に長崎書店へ行って、兄も兄嫁も私も本を数冊買いました（私は「アルテリ七号」を買って、先生の二万字インタビューを一昨日やっと読んだところです）。

兄にとって二泊三日の旅行でありましたが、兄の今の体力では、これくらいの旅行が精一杯のところのようです。七十歳になろうかという年齢ですが、体力的には八十歳の老人と変わらないように見受けられます。翻訳は毎日少しはやっているようですが、新たに本を書こうという気力は涌いて来ないようで、「もう俺は本を書くことはない」とはっきり申しておりました。

先生とお話して、つくづく感じましたのは、大人向けの本というのは千部、二千部という単位で出されるもので、受験参考書が万単位で売ることを目指すのとは随分違うということでした。出版不況という流れの中にあって、平凡社から私のような無名の人間が六千、七千という部数で本を出してもらえますこと、先生からお口添えいただかなくては絶対に出来なかったことは間違いありません。自分の書くレベルというものは変えようもありませんが、これから数年しっかり古典の勉強に精進しようと思います。次に何が書けるのか、何のあてもありませんが、ただ精進することが、引き立てていただいた者のなすべきことかと思っております。まず「万葉集」の勉強をやろうと思っています。

先生がお手紙で「老衰の極み」と書いておられましたので、随分と弱っておられるのだろうかと、内心危ぶんでいましたが、お見かけしたところは、先生は、二年や三年どころか、五年、六年は全然大丈夫だとお見受けしました。「顔色は良さそうに見えても、立ち居もつらく、首もこり、腰も痛い毎日なのだ」というのが先生が実際日々感じておられるところなのかとも思いますが、まだまだ何冊も先生のもとから本が生まれてきそうに思えて、その点は喜ばしく思いました。

今日（二十一日）は水野さんが先生を訪ねておられる日だと思います。水野さんに引き合わせてくださったこと、心から有り難く思っています。

いよいよ春らしくなって、庭の巣箱をスズメとシジュウカラとどちらが奪うか張り合っていま す。どうもスズメの勝利に終わりそうですが、スズメには入り口の穴が少し小さいようで、さてどうなりますやら。今日はここまでとします。

平成三十一年三月二十一日

武田博幸拝

渡辺京二様

渡辺書簡　武田弟宛（二〇一九年三月二十六日消印、葉書）

先日はお招きにあずかりありがとうございました。本来は私がおもてなしせねばならぬところでしたのに。お兄様のご様子にも安心しました。お体のことはありましょうが、一種の人間的完成の相が表われておりました。あなたはまだ壮年のご様子、これも安心しました。今回のご本、何よりもあなたご自身の力量の結果です。いくら私が言ったとて、編集者は見こみのないものには取りつきません。きっといい本になりましょう。それもあなたが質のよい暮しをなさっているからでしょう。鳥たちと暮すなんてすばらしいことです。

渡辺書簡　武田兄宛（二〇一九年三月二十六日消印、葉書）

先日はお招きにあずかりありがとうございました。本来なら小生がおもてなしせねばならぬところでしたのに。久し振りにお会いして、穏やかな充足した光があなたを包んでいるように感じ、嬉しく存じました。やはり生き方というのはおそろしいもので、必ずその人の顔貌に表われます。ユングの名言集、どこか出版してくれるところがありそうなものです。いらんせっかいかも知れませんが、考えてみたいです。今回奥様にもお目にかかれありがたいことでありました。よろしくご伝声下さい。おからだどうかご大切に。

武田兄書簡（二〇一九年三月三十日付け、手紙）

先日はご丁重なお葉書をいただき有難うございました。

十八日は長時間おつきあいをいただき、お疲れにはなられませんでしたでしょうか。久しぶりに先生並びに梨佐様と御歓談でき、たいへん嬉しく思いました。お話の中で、C・S・ルイスの「ナルニア国物語」など、世界のファンタジー作品の名作について、月に二回御講義を続けておられ、すでに何回分かの原稿もでき上がっているとのことでした。私はファンタジーは「ゲド戦記」の第一巻くらいしか読んだことがありません。熊本にいるのなら必ずや先生の御講義に出席したことでしょう。それができませんので、先生の御原稿が一書になりますのを、今から楽しみにしているところです。

お葉書に私の「ユング名言集」について触れてありました。それでこの原稿を少し読み返してみたのですが、至るところ意味不明のところがあって、とても先生にお目にかけられるものではありません。どうぞこの翻訳についてはご放念下さいませ。先生のお心遣いに心より感謝申し上げます。（翻訳は、この四年間、毎日の楽しみとして、小説、哲学、人生論などいろいろやってみましたが、どの一冊もものになりませんでした。自分のドイツ語読解力では人に見せられる本には仕上げられないと思い知りました。しかし、翻訳は「究極の精読」でもありますので、これからも少しずつやって行こうと思っています。）

今私が何とか仕上げたいと思っていますのは――これも人に見せるものではありませんが――私と私の家族（妻と二人の子ども）が、私の両親へ宛てて書いた手紙をパソコンに打ち込んだ原稿です。平成二十四年に父が亡くなりました時、（すでに母も亡くなっていましたので）ふた親のいないこの世というものは随分淋しいものだ、何か慰めになることはないものかと考えて、父が取っておいてくれた私たちの、両親宛の手紙をパソコンに打ち込み始めたのです。そうすると、目の前に父や母がいるように感じられて、一時期たいへん心が慰められたものでした。しかし、一年も毎日のように打込んでいると、さすがに飽きてきて、途中で放棄してしまいました。しかし、またしばらくして読み返してみると、これがわが家族の年代記のようになっているのが分かって、また時々打込みを続けました。そして今、残されていた手紙の九〇%くらいを打込み終えたところなのです（四〇〇字詰の原稿用紙にすると、一千二百枚以上になります）。これに、多少の書き込みをして、何とか本の形に仕上げて、三人の子どもに一冊ずつ残してやりたいと思っているわけです。

自分のことばかり書いてしまいました。御容赦下さい。今日はこれにて失礼いたします。

どうぞ御健康に御留意なさいまして、御活躍下さい。

末筆ながら梨佐様にもよろしく申し上げます。

平成三十一年三月三十日

武田修志

渡辺京二先生

武田弟書簡（二〇一九年八月五日付け、手紙）

梅雨が明けた翌朝からクマゼミがわんわんと鳴き出し、今年もまた三十五度を超えるうだるような夏がやって参りました。熊本はこの朝倉以上の厳しい夏ではないかと思います。このような中、先生、お変わりなくお過ごしでしょうか。

昨日、本の「見本」が平凡社から送られて来ました。自分もこうして一般向けの本を出すことができたんだと、本を手にしながらしばし感慨に耽りました。

辻さんが『スコール！デンマーク』という本を出されて、その「あとがき」に「五十歳を超えた不肖の弟子は、とうとう本を出しましたと、申し上げたい」と書いておられましたが、私も「七十歳近くもなって、不肖の弟子は、とうとう本を出しました」と申し上げたい気持ちです。

自分がこうして本を出すことができましたことは、ひとえに先生のお陰であることは言うまでもありませんが、水野良美さんの存在が、この度の本作りにおいては極めて大きかったと思います。「道標」連載の原稿を読んだ上で、どのような修正を施したほうがいいか、実に的確なアドバイスをして下さいました。いいアドバイスをいただいたと心から思いましたので、よりよい形に仕上げられるように私も努めました。その結果は、よりすっきりした読みやすいものになったと思っています。また、引用する古文が読みやすいように、レイアウトなどもよりよい形を追求して下さいました。

本の帯のキャッチコピー「人生のヒントが満載！」といったものも、水野さんが退社した身でありながら考えて下さいました。新人の編集者から、私の望むものとはかなり違う案が出されていましたが、水野さんが本作りの最後の最後の段階で、私の望むような形に作り替えて下さり、私としては何の不満も残らない、申し分のない形に仕上げてもらったと思っています。

こうして一冊分の文章を書いて、西行、良寛の二人をいくらか理解できたような気になれたのは、自分にとって一番の収穫ではなかったかと思っています。その時代その時代を代表する作品を一つずつ読んでいく中で、日本人の精神史といったものがもっとクリアーに見えるようになったらと思っています。

この美奈宜の杜での古典講座は、昨年の四月から「平家物語」講読を始めて、二十五回の講義で先月終了しました。八月、九月の二ヶ月は休みをもらって、十月から「万葉集」講読を始めることにしています。今やっと取り掛かったところですが、実にこれは手強そうです（好きな歌だけ拾い読みしていくのならそんなに難しいこともないように思いますが、勉強としては四千五百首余りの歌一首一首を丁寧に読み進めていこうと思っています。講義では心に残ったものだけを取り上げるつもりですが）。二年くらいはかかると思いますが、この日本文学の根っこを自分なりに押さえることが出来れば、平安、鎌倉、江戸と、もっと俯瞰的に日本文学を見ることができるようになれるのではないかと考えたりしています。

八月三十一日（土曜）の夕方に、高校の小さな同窓会があって、熊本に行くことにしています。先生宅に午後一時過ぎにお訪ねして、一時間ほど先生とお話が出来たらと思っているのですが、先生のご都合はいかがでしょうか。また改めてご自宅にお電話させていただくことにします。

この異常な暑さの中、どうかくれぐれもご自愛下さい。

武田博幸拝

令和元年八月五日

渡辺京二様

武田兄書簡（二〇一九年九月十日付け、手紙）

蒸し暑い日が続いていますが、渡辺先生におかれましては、その後いかがお過しでしょうか。御著書『ファンタジーの周辺 夢ひらく彼方へ 上』[*1]が先日出版社より送られて来ました。ご配慮、有難うございます。さっそく拝読いたしました。

渡辺先生がいかにも楽しそうにお話をなさっているのが一番印象に残りました。現代日本の「知の巨人」が、八十八歳になって、ファンタジーについて縦横に語るというのは、いかにも渡辺先生らしいと思いました。ファンタジーの読者並びにこれからファンタジーを読もうと思っている人のみならず、これからファンタジーを書こうと思っている人にいろいろな示唆を与えるお話ではないかと思います。

私はここに取り上げられているファンタジー作品ではわずかに『ゲド戦記』の第一巻しか読んだことがありませんので、先生のお話を聞いて、これからファンタジーを読む楽しみができたというのが一番の「収穫」ですが、そのほかにも、いろいろと教えられることがありました。

第一講の「読書について」において、先生は御自身の読書の動機について次のように語っておられます。「私の場合自分が生きてゆく方向を見定めるという動機がずっと一貫して強かったのです。これは自己の修養ということとは違います。自分が置かれた歴史的状況にどう対応してゆけばよいのか、それがはっきりしないと生きてゆけないという思いからいろいろ本を読むことになっているようです。自分はどういう時代に生きているのか知りたい、それを知った上で自分の生き方を定めたいのです。」（三〇ページ）なるほどと大いに納得するところがありました。先生の御著作をちょっと振り返ってみただけでも、我々の置かれている歴史状況をなんとか読み解こうとする力作ばかりで（『なぜいま人類史か』などなど）、改めて先生の御著作を読み直してみたい気になりました。

引用した先生の読書動機は、この本の若い読者にも「なるほど、こんな意図で本を読む人もいるのだ」と目を開かせるものがあるのではないかと思います。私も読書の動機については若いときからいろいろ考えてきて、エッセイにも書き残していますが、「自分の生きてゆく方向を見定める」という意識は薄かったように思います。先生とは逆に「修養」ということをより強く意識していたようです。もう少し「自分の生きてゆく方向を見定める」というような意識を強く持っていたら、もっと幅広く本が読めたかも知れないと、いささか残念な気持になりました。

第二講「『ナルニア国物語』の構造」の中に、ルイスは物語を書くときに「まずひとつのイメージから始まると言っている」とあります。「『ナルニア国物語』の場合も、雪の中で傘をさしているフォーンというイメージが、なぜかわからないけれど頭を去らなくて、そのイメージから物語が湧いてきたのだ」と。これは、現代日本の代表的作家・村上春樹が自分の長編小説の書き方について言っているのと全く同じで、たいへんおもしろく思いました。先生は村上春樹の作品はお読みでしょうか。私もそれほど熱心に読んでいるとは言えませんが、かつて、村上の『海辺のカフカ』という長編をおもしろいと思って、（大学の「文学入門」という教養科目で取り挙げたこともあり）二度三度と熟読したことがあります。そのときは、この小説を「ファンタジー」と考えてみることなど思いつきもしませんでしたが、先生が、第五講の中で「真実に怖しく触れているようなファンタジーにお目にかかりたい」（一九一ページ）とおっしゃっているのに出会って、『海辺のカフカ』は、近代小説のリアリズムの描法を取り入れた現代のファンタジーではないかとも思いました。いずれにしろ、いつかこの「ファンタジーの周辺」の連続御講話で、一度『海辺のカフカ』とファンタジーの関係についてお話し願いたいものです。

『ナルニア国物語』に「にがえもん」という人物が登場するそうですが、先生が引用なさっているにがえもんのセリフの一ページは、なんとも魅力的ですね。「……心につくりだしたものこそ、じっさいあるものより、はるかに大切なものに思えるということでさ。……あたしらは、おっしゃるとおり、遊びをこしらえている赤んぼかもしれません。けれども、夢中で一つの遊びごとにふけっている四人の赤んぼは、あなたのほんとうの世界なんかをうちまかして、うつろなものにしてしまうような、頭のなかの楽しい世界を、こしらえあげることができるのですとも。」

にがえもんの振舞いは、先生の語っておられるところだけでも、ユーモラスで真実ですが、『海辺のカフカ』にもホシノ君と田中サンというのが登場して、同じようにユーモラスで真実な珍道中を繰り広げます。

先生の頭の「強さ」ということを改めて知る箇所がありました。一八九ページから一九〇ページのトルストイの『戦争と平和』の戦闘場面を論じられた箇所です。よくこんなに鮮明にこの場面を覚えておられて、核心的なことを述べられるものだなあと感心したのです。私も『戦争と平和』は少なくとも三度は読んでいます。講義もしたことがあるので、ノートにも取りましたが、十年も前のことで、一番よい場面なのに、読み返さないと、とてもこの長編について何か語れと言われても、何も語れません。つまり、覚えていることのできる知識の量がごく少ないのです。先生の場合は、巨大な知識量を咀嚼し、我が物とする精神力が強力なのですね。それで、これまで、ハイ・レベルの歴史書や文学批評の本を次々にお書きになられたのだと、改めて納得が行きました。

この本の著者が読んでもしようがないようなことを、くどくどと書いてしまいました。ご容赦ください。これから先の御講話では、シュティフターやホフマンなどの近代作家もお取り上げになるご予定とのことなので、楽しみにしています。近くに住んでいれば、勿論、直接お話をお伺いに参るのですが……。

なんだかいつまでも猛暑が続きます。ご健康にはくれぐれもご留意くださいませ。

令和元年九月十日

武田修志

渡辺京二先生

追伸、博幸から今、御著書『顔』[*2]が送られてきました。有難うございました。また楽しみに読ませていただきます。

＊1　御著書『ファンタジーの周辺 夢ひらく彼方へ　上』＝亜紀書房より刊行された単行本。

＊2　御著書『顔』＝「別冊アルテリ」二〇一九年八月十五日発行の小説。

渡辺書簡　武田兄宛（二〇一九年九月十三日消印、葉書）

例によって拙著[*1]への暖い御感想を賜り、ありがとうございました。とにかく楽しんでいただければ言うことはありません。

弟さんのご本[*2]、立派な出来で嬉しく思っております。これをきっかけにお仕事を続けてほしいものです。

小生、去年よりめっきり老衰、とにかく立居振舞がしんどくなりました。それなのに何か働かねばいう長年の思いこみが抜けません。いやはや。

＊1　拙著＝『ファンタジーの周辺 夢ひらく彼方へ』（上）（亜紀書房）。
＊2　弟さんのご本＝『古典つまみ読み 古文の中の自由人たち』（平凡社新書）。

武田兄書簡（二〇一九年十月七日付け、葉書）

その後いかがお過しでしょうか。先生が二十代のおわりにお書きになった小説『顔』を博幸経由で頂戴しましてから、だいぶ時間が経ってしまいました。御容赦下さい。すぐに拝読したのですが、感想を書くところまで至らず、雑用に取り紛れてしまいました。

その後再読いたしました。たいへんおもしろかったです。失礼な言い方になりますが、うまいものだなぁと感心してしまいました。この作品が当時、文芸誌「新潮」にでも発表されていたら、高く評価する批評も出たのではないかと思います。第一章から、小説を書くのに慣れていないというところが全くありません。九ページから一一ページあたりの顔の入れ替りの場面はことのほかよく書けていますが、このレベルで作品全体がつらぬかれているだろうかと、一回目読むとき心配しましたが、その心配は必要ありませんでした。ストーリー展開の力量はプロの新人小説家のものだと思いました。

知識人の自我愛着と克服の問題が、ちょっとコミカルでカフカ模倣の表現で追求されていて、おもしろく読ませるだけでなく、最後に行き着いた主人公の心境の表現も独創的です。「彼は、自分がこの黒い空間をまっしぐらに突き抜けていく一本の矢でありたいと思った」――この「矢」はいいですね。自我追求のテーマは今や全く古くさいものになりましたが、この「矢」は今も古くなっていないなと思いました。――今回の読書は、今になって先生の「小説家」としての一面も知ることができて、たいへん愉快なものでした。

乱筆乱文、お許し下さい。お元気でお過し下さい（令和元年十月七日）

渡辺書簡　武田兄宛（二〇一九年十月十二日消印、手紙）

この度は拙作[*1]について丁寧にご批評下されありがたく存じます。ご労力を費させて申訳ないです。精一杯好意的に読んで下され、ありがたい次第ですが、やはりあれは小説だって書けば書けるという技術力（?）を示しただけで、本当の作品にはなっておりません。やはり小説というのは私には向かぬジャンルだったのです。なぜかというと、私が誠実な人間であれなかった[*2]からだと思います。

同封のインタビュー[*3]は近況報告のつもり。ご笑読下さい。
おからだくれぐれもお大事に。

渡辺京二拝

武田修志様

＊1　拙作＝『顔』（別冊アルテリ）二〇一九年八月十五日発行。
＊2　誠実な人間であれなかった＝「誠実な人間であることができなかった」の意か。
＊3　同封のインタビュー＝毎日新聞二〇一九年七月七日「仕事の現場」。

武田弟書簡（二〇一九年十一月十四日付け、手紙）

秋も深まってまいりました。ここ美奈宜の杜には、猪、兎、狸などいろいろ「先住動物」が生息していまして、十月あたりからは鹿の鳴き声がよく聞こえます。普通に仲間と呼び合う声は「クウィー、クウィー」とかわいいものでありますが、牡鹿が牝鹿を求めて鳴く鋭く叫ぶような声が夜のしじまに響き渡ると、何かせつなく痛切なものが感じられて妙にしばらく心に余韻を残します。

熊日の浪床さんから先生の卆寿のお祝いの会へのご案内をいただきましたが、十一月十七日はずっと以前から決まっていたことがあって、私は出席することがかないません。申し訳ありません。どんな方がお集まりになるのか、どんなスピーチが披露されるのか、是非自分もお祝いのその場の一人でありたいと思いますが、参加できないことがまことに残念です。

お祝いの会に私が出席できないのは、十一月十七日に三重県の伊勢で中学の同窓会があるのです。阿蘇の南小国の中学の同窓会を伊勢でやるのは奇異なことですが、名古屋周辺に住んでいる人たちが幹事となってやることになって、場所は伊勢と決まったのです。この四月に来るか打診されていましたので、行く旨返事をしておりました。

私は高校や大学に特に懐かしい感情は持っておりませんので、親しい何人かの飲み会にたまに参加する他は、同窓会などにはとんと行くこともありませんが、阿蘇南小国の小学校・中学校には特別な愛着があります。南小国で過ごした七年間が最も幸せなときではなかったかとしばしば思うことがあります。あの七年間をともに過ごした人間には（今はすっかり変わった人になっているのでしょうが）やはり会ってみたいという気持ちがつのります。

『夢ひらく彼方へ』の上巻に続き下巻もお贈りいただきまして、まことに有り難うございます。上巻は八月末に先生宅を訪問する前に急いで読みましたが、下巻にはまだ三時間ばかりしか付き合っておりません。弁解いたしますと、万葉集についての講義を十月にスタートして（月に二回）、そのテキスト作り、講義の準備でまたたく間に二週間が過ぎ去り、他の本を読む余裕がありません。万葉集二十巻のうち二巻をやっと精読し終えました。残る十八巻、一年数ヶ月はかかりそうです。『白川静著作集十一　万葉集』も購入して、いくらか読んでもみましたが、万葉集を全巻読み通した後に読むべき本だと考え、今は脇に置いています。

チェスタトンが前から最も気になる人でありますから、下巻の第十四講「チェスタトンの奇譚」ばかり二度読み返しました。『正統とは何か』から先生が引用されている言葉に何度も頷き

ました。そのいくつかをここに書き写しますと、

「私が立証しようとしていない前提とは何か、一般読者と共通の土俵にしようとしている前提とは何かといえば、活動的で想像力にあふれた生き方こそ望ましいという信念である。波乱万丈、山あり谷あり、詩的情趣に満ち満ちた生活こそ望ましい。」

右の言葉を見ながら、自分が『古典つまみ読み』で「伸びやかな精神の躍動」を感じさせる「自由人」を描こうとした姿勢は間違ってはいなかったのではないかと思いました。

「私が経験したもっとも強大な感情は何かと言えば、人生は驚異であると同時に貴重だという感情だったのだ。それは一つの恍惚であった。なぜならばそれは冒険だったからである。そしてそれが冒険であったのは、それが一つの偶然であったからだった。

つまりわれわれは、実際的ロマンスとでもいうべき生活を必要とするという前提である。不思議なものと、確実なものとの結合——われわれは、驚異の念と親和の念と、その二つを結びつけてこの世界を眺めなければならぬのだ。この宇宙という不思議の国にあって、単に住みなれて安閑としているばかりでなく、真に幸福でなければならぬのである。」

私はすっかり暗くなった七時半頃から三十分ほど毎日散歩します。沈む三日月も見れば、山際から光を放って出る満月にしばし見とれることもあります。月が出ていると、さまざまな雲の形も楽しめます。星々も東に西に季節季節で輝く場所を変えます。まさに「驚異であると同時に貴重だという感情」が生まれます。日々の散歩ですら小さな「冒険」だと思えます。万葉集を読んでいると、古代人たちの（われわれ現代人とは違う）「冒険」が読み取れるような気がします。彼らの自然に対する、また人間（特に異性）に対する「驚異の念と親和の念」が更に深く読み取れ

ていけたらと思っています。

「現実の人間の歴史を通じて、人間を正気に保ってきたものは何であるのか。神秘主義なのである。心に神秘を持っているかぎり、人間は健康であることができる。神秘を破壊する時、すなわち狂気が創られる。平常平凡な人間がいつも正気であったのは、平常平凡な人間がいつでも神秘家であったからである。薄明の存在の余地を認めたからである。一方の足を大地に置き、一方の足をおとぎの国に置いてきたからである。」

こういう言葉を読むと、私が『古典つまみ読み』で取り上げた人々は、まさに「心に神秘を持っている」人たち、それ故、狂気に陥らず、精神が健康であることができた人たちではなかったかと思えます。石牟礼道子さんという方もまさに、「一方の足を大地に置き、一方の足をおとぎの国に置いて」いた人ではないか（「おとぎの国」により重心を置いておられたか？）。

「平凡なことは非凡なことよりも価値がある。いや、平凡なことのほうが非凡なことよりもよほど非凡なのである。私が今までいつも変わらず持ちつづけてきた傾向は、日々の仕事に精を出す大衆を信じることであって、私がたまたま末席をけがしている文壇というこの特殊社会の、気むずかしい先生がたを信じる気にはどうしてもなれないのである。」

「日々の仕事に精を出す大衆を信じること」というのは、渡辺先生にとっても変わらぬ信念ではないかと私は想像しますが、私が「信ずべき大衆」として心に思い描くのは、石牟礼道子さんが『椿の海の記』に描かれた、お母さんやお祖父さん、石工の職人さんたちです。それは、私の母や叔母や伯父たちにも繋がる、信ずべき大衆です。あの心根を見失うことなく、万葉人の心もつかんでいけたらと思っています。

「第八講　英国の児童文学Ⅰ　グレアムとボストン」を読んだためだったのでしょうか、昨晩寝入ったかと思うと、半ば覚醒していて、今自分はどこに寝ているのかと考え出して、今自分は高校から大学まで過ごした実家の自室で寝ているのだとどうしても思えてきました。こちらが窓、こちらが押し入れと、自分の部屋がまざまざとはっきり浮かんで来て、こういう感覚がここまではっきりと自分のうちに残っていることに驚きました。たかだか七、八年過ごした家ですが、自分の住む家、部屋というのは自分と一体のものとしてあったのだと思ったことでした。

私の『古典つまみ読み』は、熊日の浪床さんのお陰をもちまして、前山光則氏に書評を書いていただくことができました。他にも、産経新聞に四〇〇字程度の紹介、また日経新聞に新書の一冊として簡単な紹介もしていただきました。こうして文筆のプロの方たちにも取り上げていただいて何も言うことはありません。十二分に満足しています。

あちこち本を贈ったりしましたので、二十数名の方からお手紙や葉書をいただき、あれがよかった、これがおもしろかったと言って下さいましたが、建部綾足がよかったと言って下さったのは先生だけでした。

すでに先生の耳にも届いていると思いますが、茅嶋先生が十月二十六日に亡くなられました。享年七十七歳でした（茅嶋先生は私よりちょうど十歳上であられました）。

茅嶋先生にはひとかたならぬお世話になりましたので、お通夜にもご葬儀にも参列しましたが、奥様の御礼の挨拶は心に残りました。「茅嶋は七月にガンだと分かりましたが、自分はガンなどとは闘わないと申しまして、痛みをやわらげる治療以外何もしようとはしませんでした」と話されました。自分は闘うべきものとは闘っても来たし、今でも闘わねばならぬものがあれば闘うが、ガンなどとは闘わない、何と潔いことかと思いました。

先生がチェスタトンについて書かれた中に、チェスタトンは「一人の女に本当に出会った」ということを書いておられますが、茅嶋先生もまさに「一人の女に本当に出会った」という点で実に幸せな方だったと思います。茅嶋夫人は実にすばらしい女性です。

元現代文講師の原田さん、塩山さんが死に立ち会われたそうですが、亡くなった人でこんな美しい人を見たことがないと言っておられました。

今日は長い手紙になってしまいました。先生が次の大きな作品に向けて少しずつ歩を進めていかれる、穏やかな毎日でありますことを心から願っています。

令和元年十一月十四日

武田博幸拝

渡辺京二様

武田兄書簡（二〇一九年十一月二十七日付け、手紙）

新著『ファンタジーの周辺　夢ひらく彼方へ　下』*を御恵贈にあずかりましてから、だいぶ時間がたってしまいました。遅ればせながら、厚くお礼申し上げます。

御著書を拝読していて、自分の幼少年時代に、二冊の本が、自分を現実から引き離して、不思議の世界へ連れていったことを思い出しました。一冊は『ピーターパン』ですが、これを読んだとき、なんとも言えぬ不思議の感にとらわれて、中学一、二年になるまで、『ピーターパン』と聞くと、その不思議の感が心に広がったものです。もう一冊は、何という題名か忘れてしまいましたが、南アメリカのどこかに、恐竜が取り残されている断崖絶壁の地があって、そこを探検に行くという話です。このときも、本を読み終わったあとも、徹底的にその本の世界へ入り込んでいて、何とも言えない夢見心地がいつまでも残ったものです。しかし、その後、この二冊の本のことはすっかり忘れていました。今回、先生の御本を拝読していて、にわかに思い出した次第です。

フィリッパ・ピアスの『トムは真夜中の庭で』は読んだことがあります。また、今回、ルーシー・M・ボストンの『グリーン・ノウの子どもたち』を読んでみました。そして、この二冊の本に関連して、先生が「家」というものについてご指摘になっていることが心に残りました。「家屋は単にそこで雨露をしのぐと言ったものではなく、自己のアイデンティティの一部をなす訳です。日本人、とくに現代の日本人にはこういう住居としての建造物への愛着はほとんどないと言っていいでしょう。」「(八百年もつ) 家に住むとしたら、家は自分の一部、いや自分が家の一部になっちゃうのでしょう」。なるほどと思いました。そして (これは本論からの脱線ですが) 自分の場合は、かつて住んだ、マッチ箱のように小さくて粗末ないくつかの駐在所より、今の、それらよりは多少まっとうな家のほうに愛着を持っていないということに気付きました。たとえば、かつてはどんな小さな家にも「縁側」があって、そこがいつも兄弟・友達との遊び場だったり、本を読むところだったりして、今となってはそれらのマッチ箱のように小さな、古ぼけた家々が、何かなつかしいものとして思い出されるのですが、今の箱形の機能的な住居には、無自覚に、何の愛着も持たずに住んできたな、と今回気付きました。先生のご指摘を読んで、（更なる脱線ですが）多少なりと、今の家を自分の住み家らしくしたいものだと考えたことでした。

住まいということに関連して、次のウィリアム・モリスの観察も心に残りました、「中世の街並みと建築はなぜこのように美しく霊的であるか。それに引き換え現代の産業文明の街並みと建築はなぜこのように醜いのか。」

社会主義者としてのウィリアム・モリスの思想的信条もたいへんおもしろいと思いました。つまり、「労働は楽しいものであるべきだし、楽しい労働から創り出される作品は美しくないはずがない」。今、こんなことを言い出す人がいたら、いろいろ反撃をくらうでしょうが、しかし、先生のご指摘通り、「単純ではあるがとても強力な命題」だと思います。

ジョン・ウエイン主演の映画『静かなる男』にも触れてあります。私はほとんど映画というものを見ていないのですが、この映画はたまたまＤＶＤを持っていて、これまでに三回くらい見たことがあります。「ジョン・フォードの名作」とあります。なるほど名作か、と思いました。私も「何か味のある映画だな」と感じていたのですが、何がよいのだろうと分からないところがありました。アイルランドという、気候の上でも、歴史の上でも厳しい土地に育った男気質を（女気質も）よく描いているのではないかと、今回納得した次第です。

第九講のおしまいに、「オンリー・コネクト」という言葉が取り上げられています。よい言葉ですね。「とにかく結びつきなさい」。「この世以外のもの、あるいはこの世の最も深いところにあるもの隠されたものと結びつきなさい。」「この人といれば何か起こりそうだとか、何か知らない楽しいという人がいるのじゃありませんか。ちょっぴりでいいから、そういうところを持った人がまわりにいませんか。それは結びつける人です。私たちはそんな結びつける人になれないでしょうか。」

「結びつける人」――こういう言葉を初めて知りましたが、いいですね。現代人の生活に最も欠けていて、そして、最も大事なことを言っていると思います。

第十四講に引用されているチェスタトンの言葉はどれも深く共感できるものでした。チェスタトンは、若いときに、『正統とは何か』を読もうとして、挫折したという経験があり、それ以来読んだことがありません。今回先生のご紹介に接した機に、読んでみたいと思います。

「人間を正気に保ってきたものは何であるのか。神秘主義なのである。心に神秘を持っているかぎり、人間は健康であることができる。」

これは、今回の先生の「ファンタジーの勧め」の締め括りの言葉にもなっているように思います。

初めて知って、一番興味深く思ったのは次の言葉です、「民主主義の第一原理とは要するにこういうことだ。つまり、人間にとって本質的に重要なことは、人間がみな共通に持っているものであって、人間が別々に思っていることではないという心情である。要するに民主主義の信条は、もっとも重要な物事は是非とも平凡人自身に任せろというにつきる。」

先生がおっしゃっておられるように、チェスタトンの思想は、現代の「ニヒリズムへの最上無二の反論」になっているように感じます。

毎度のことながら、雑駁たる感想を書き連ねました。ご容赦下さい。

過日お送りいただきました新聞記事によりますと、先生が「幕末・維新史」執筆の準備にお取りかかりになられたとありました。御準備、たいへんだと拝察申し上げます。御無理をなさらずにお進め下さい。日本中で多くの読者が心待ちにしていることでしょう。

今日はこれにて失礼致します。
お元気でお過し下さい。

令和元年十一月二十七日

武田修志

渡辺京二先生

＊　新著『ファンタジーの周辺　夢ひらく彼方へ　下』＝亜紀書房より刊行された単行本。

渡辺書簡　武田弟宛（二〇一九年十二月二日消印、葉書）

お便りありがとう。今度いただいたお兄様のお便りにも、なつかしいのは駐在所の小さなわが家とありました。お二人ともいい少年時の記憶を持たれ羨しいです。それもご両親のお人柄のせいでしょう。私は少年時を意地悪なブルジョワ子弟が君臨する学校ですごし、慰めは本とホームにしかありませんでした。茅嶋さんの最期さすがです。この人は見かけはラフだけれど、実は立派で物事がよくわかっている方でした。快男子と言うべきです。心も実は繊細でした。それにしても鹿の哀しい鳴声など、あなたはいいところでお暮しです。同窓会も楽しかったでしょう。私の方の会＊は、ただただ皆さんのご好意に感謝するばかり。わが身を顧み、甚だ尻が落着きませんでした。

＊　私の方の会＝二〇一九年十一月十七日に催された先生卆寿のお祝いの会。

武田弟書簡（二〇二〇年七月十日付け、手紙）

毎日、雨が降り続いています。熊本も球磨村など大変な被害が出ておりますが、先生のお住まいあたりは大丈夫でしょうか。私の住んでおります朝倉市も一部で避難指示が出たりしていますが、この美奈宜の杜地区は今のところ、被害らしいものは出ていないようです。他事ながらご安心ください。

夏の終わりに鳴くカナカナ（ひぐらし）が、どういうものか、ここでは六月の終わりから鳴き始めますが、この大雨ですっかり鳴りを潜めています。朝靄の中、森から聞こえて来るカナカナの合唱は、どんなオーケストラもあんなやさしい涼やかな音は出せないだろうと思える妙なる響きです。

河合文教研から「わたしが選んだこの一冊」が送られてきましたので、先生のご推薦図書『家郷の訓』を読みました。深く心動かされる一冊でした。まず思ったのは、わが母はまさにこの本に描かれた「母親の心」を受け継いだ人であったということでした（私の母は百姓の娘ではありませんでしたが）。この本は、大正生まれの私の両親たちが、どういう訓《おしえ》のもとに育ったかをよく分からせてくれました。自分の親、また伯父や叔母たちの生き方、また子どもの頃の自分の経験で思い出されることなどから、一々、この本に描かれたことは思い当たることばかりでした。石牟礼さんの『椿の海の記』に描かれた水俣も、宮本常一描くこの周防大島も同じ世界だと思いました。

よき村人になること、村の色によく染まること、そして人並みに暮らすこと、それが孤独に陥らず、周りの人と喜びも悲しみも分かち合う幸福な生き方である……そんな生き方があったものを、因習だ、陋習だとしてぶちこわして来たのがこの日本近代のわれわれの歩みということであったのだろうかと、つくづく考え込まされました。

「生育の祝い」という章を読んで、私が昭和二十七年に生まれたとき、近所の方々からいただいたお祝いの記録があったのを思い出しました。書き写したものを同封します。父が六嘉村（今の嘉島町六嘉。健軍の隣です）の駐在をしていたときのものです。母が半紙に書き残していました。

近況を少し書いておきます。コロナ騒動で、月に二回やっていた古典講座も三月からお休みになっています。教室を貸してくれる管理会社が十五人以上集まる催しには当分は教室を貸さないということですので、コロナ騒動がおさまるまでお休みは続きそうです。そんな有様ですが、これはしっかり勉強に専念しなさいと言われているものと思って、万葉集の勉強に打ち込んでいます。少しずつ分かっても来ましたし、読むべき本があまたあることもより一層見えてきました。じっくりやっていくつもりです。

兄は鳥取大学から今年の後期のドイツ語の授業を三コマやってくれないかという要請があり（ドイツ語の非常勤講師が急に辞められるようで）、すでに七十歳になっていますが、やることにしたということです。まだそれくらいの気力・体力はあるということなのでしょう。私も兄が引き受けたことを喜ぶ気持ちでいます。

先生は次の作品を書く準備をなさっておられるのでしょうか。先生のご健康が保たれて、執筆が少しでも進まれることを祈念いたしております。

令和二年七月十日

武田博幸拝

渡辺京二様

〇博幸誕生祝いの記録
二十七年二月七日生　博幸

1 金澤章俊　布裏表
2 緒方染屋　布裏表
3 柴田万里　魚一匹　(郵便局長)
4 栗崎善吾　卵二十一個　(校長先生)
5 木柑子《きこうし》タカ　菓子一五〇円
6 井上九州男　魚五百匁
7 前田末義　卵十五個
8 藤本一雄　魚三百匁　米二升
9 田中辰記　卵三十個
10 光永(健軍)　カモ一羽
11 高田弘人　豆二升　マゼ御飯重箱一箱
12 池川善記　鶏半分
13 金澤又八　菓子五拾円　布裏表
14 井上朝章　魚(川)
15 川野床屋　菓子(五拾円)
16 藤瀬　ネル布　フナ(魚)
17 池永　カステラ菓子(三〇〇円)
18 吉村茂　赤ちゃん袷綿入アンダーシャツ

渡辺書簡　武田弟宛（二〇二〇年七月十四日消印、葉書）

ニュースで朝倉市一部避難とあって心配しましたが、ご無事でよろしうございました。私宅は高台ですので、水の心配だけはありません。何しろ鶴屋の屋上（九階）と高さが同じなのだそうです。近くに川もありませんし。

宮本さんの本、[*1]お気に入られた由、何よりです。おなじ宮本さんの「忘れられた日本人」は「家郷の訓」と対になるものですが、これはきっとお読みでしょう。山川菊栄さんの「武家の女性」や「幕末の水戸藩」「女二代の記」「わが住む村」などはお読みですか。まだならぜひぜひ。「道標」の今夏号に巌さんの歌[*2]についてお書きになっていたので、未亡人の里久美智子さんに送っておきました。およろこびのことと思います。

＊1　宮本さんの本＝宮本常一著『家郷の訓』（岩波文庫）。

＊2　巌さんの歌＝巌浩《いわおひろし》『歌文集　浪々』（弦書房、二〇一一年二月一日発行）。

武田弟書簡（二〇二〇年八月十五日付け、葉書）

先日はお葉書有難うございました。おすすめの四著作のうち『武家の女性』と『わが住む村』は万葉集の勉強の合間に読み終えました。まずはその聡明さに驚嘆。辛辣さと細やかさと備わった、歯切れのよい文章に引き込まれました。

河合塾の元現代文講師塩山先生から電話がありました。茅嶋先生の追悼文集を出すことになったので、渡辺先生にも是非書いていただきたい、それで武田君からも先生にお願いしてくれないかということでした。原稿用紙半枚でもよろしいですので（最長十五枚までということですが）、可能ならば書いていただけないでしょうか。正式な依頼書は数日中に届けるとのことでした。猛烈な暑さですが、感心なことに朝顔は毎朝花を咲かせています。

武田兄書簡（二〇二〇年九月八日消印、葉書）

先生ご無沙汰しています。ものすごい暑さの日が続きましたが、お元気でお過しでしょうか。先日「石牟礼道子資料保存会報四」が送ってきましたので、先生の「三回忌に」という御挨拶を拝読いたしました。何とも言えない、味わいのある「御挨拶」で、感動しました。どのエピソードもとてもよいです。石牟礼さんが「村のお寺」という題でお話しされて講師のエライ人がショックを受けたというのもいいし、前の住職さんが「花を奉る」を異安心と言われてもビクともしなかったというのもいいですね。石牟礼さんが死んでしばらくは先生の肩の先に留まっていると言われたのも、石牟礼さんのお世話をするのがどんなに疲れることだったかというお話も、大いに笑えて、しみじみしたエピソードで、心がしみじみしました。――鳥取の梨を少しお送りしました（十日ごろに届くと思います）。珍しくもありませんが、お召しあがりいただければ有難く思います。不一

渡辺書簡　武田兄宛（二〇二〇年九月十日消印、葉書）

今年もまた立派な梨をいただき、ありがとうございます。変らぬご好意、お礼の申し様もありません。おからだのお具合その後、いかがですか。弟様からは度々お便りいただき、その際あなたのお具合も触れてあって、いつもどうかお元気でと思っております。小生は石牟礼さん没後、急激に体が老化し、腰痛やら何やらもう情けない状態ですが、空しさにかられつつ、それでも最後まで仕事したいと思っております。とにかくご健康お祈り申し上げます。

武田弟書簡（二〇二〇年十月二十五日付け、手紙）

穏やかな日差しの秋らしい日が続いています。いかがお過ごしでしょうか。

この度は『幻のえにし』（弦書房）をご恵贈にあずかり、まことに有難うございました。「発言集」ということで、すらすらと読めますので、早速読ませていただきました。

八十代になっておられた先生を、坂口恭平、伊藤比呂美、田尻久子といった若い人たちが「アルテリ」という新しい場に引っ張り出し、先生もまたその場を楽しんでおられるように思えます。それにしても、八十歳を超えた人にどうしても話を聞きたいというのは、先生の著作に自分を支える何かを見つけようとする人たちが少なからず居続けているということであり、そしてまた、先生が今でも若い人に心を開いておられるからだろうと思います。

『幻のえにし』の前半を読んで、『椿の海の記』をもう一つ深く読む手がかりを得たように思えましたし、石牟礼さんの詩「幻のえにし」が先生の解説でやっとおよそ理解できました。「なつかしく」とは誰に対して？「おん身の勤行に殉ずるにあらず」の「おん身の勤行」とは誰のどういう行い？と、引っ掛かることばかりで、うまく読み進めないでいましたが、一通り言葉の意味を理解できるところまではたどり着けたように思います。

五十六頁に、「いま一度人間に生まるるべしや」の「生まるるべしや」は「生まるべきや」が正しい語法なんじゃないかとありますが、正しい語法では「生まるべしや」になると思います。と申しますのは、疑問の終助詞「や」は原則として終止形に接続します。有名な「伊勢物語」の歌を例に挙げますと、「名にし負はばいざ言問はむ　みやこどり　わが思ふ人はありやなしやと」であり、「あるやなきやと」ではありません。ただ、古語辞典を引きますと、終助詞「や」は「中世以降は連体形にも付くようになった」とありますから、「べしや」が本来の形であったにしても「べきや」の形もよく出て来るようになったので、先生は経験上「べきや」のほうがしっくり来るということではないでしょうか（ちなみに、疑問の終助詞「か」は連体形に接続しますので「あるか」「なきか」「べきか」となります）。

私がこんな些細なことをあえて書くことにしたのは、もう十数年前だと思いますが、先生の御自宅をお訪ねしたときに、先生は「『べしや』でいいのか、『べきや』が正しいのではないか」と質問された思い出があるからです（その時も、石牟礼さんの詩が念頭にあって質問されたのでしょうか？）。私はちょっと考えて、はっきり「べしや」でいいのですとお答えしました。人間は経験で学んだことは、頭で修正されても、やっぱり経験に戻るということでしょうか。「生類のみやこはいずくなりや」も、このままでよく、「いずくなるや」が本来は正しいということもありません。

私は先生から吉本隆明と東京で一時期近しい関係にあったということはお聞きしていましたので、吉本隆明をどう見ておられるのか知りたいと思っていましたが、本の後半のロングインタビューでそれが出て来ました。「なんたって肝心なことを教えてくれた」「文章とか見たら、もうかなわないと思う人はあの人だけ」「この人は僕よりも何倍も物事を考えている」「とにかく著作と人柄から、何が嘘で何が本当かを学んだ」……と、大事なことを聞くことができました。

吉本隆明は学生時代からずっと気になる存在でありながら、全然自分には歯が立ちそうもなく、敬遠しておりましたが、先日、NHK教育テレビの「100分de名著」に取り上げられましたので、今になってやっと『共同幻想論』を読みました。先崎彰容氏の解説はまことに分かりやすいながら、本物はやはり難物で、二回読んでも三割くらいしか分かった気にはなれませんでした。しかし、本物か偽物か徹底して考える人だということくらいは感じ取ることができたように思います。

昨年からずっと万葉集の注釈書を読む毎日です。数ある注釈書の中から沢瀉久孝氏の『万葉集注釈』全二十巻と伊藤博氏の『万葉集釋注』全十巻を併読していますが、一年余りでやっと六割を越えたというところです。来年の三月あたりまでには何とかこの基礎作業を終えたいと思っています。

沢瀉氏の注釈書は二十代の終わり頃に買っておいたもの、伊藤氏の注釈書はたまたま本屋で見かけたということで、この二つを読んでいますが、この二つの選択は読みすすめるにつれ、最もいい選択であったと思っています。沢瀉久孝という学者には私はこの上ない魅力を感じます。心から尊敬の念が涌いてきます。万葉集を読み解いてきた先学たちに深く敬意を払い、そのすべてに通じた該博な知識に圧倒されますし、どう読み解くかについては後輩たちの研究にも実に謙虚に耳を傾け、最も正当と思われる判断を常にしようとなさいます。伊藤氏は沢瀉氏の最も優れた弟子ですが、師の考えに果敢に挑戦していこうとする姿勢はまことに小気味よいものがあります。こういう注釈書に出会ったことが、飽きさせることなく、毎日の勉強を押し進めてくれています。

万葉集の部立《ぶだて》に「寄物陳思」というのがあります。柿本人麻呂が考案した語のようですが、物に寄せて思いを述べる歌というこの語の意味が近頃ちょっと分かったような気がしています。これは歌の詠み方の一つをいうものではなく、人が「思いを陳べる」とき人は必ず自然物であれ人工物であれ、「物に寄せて」思いを述べるものだ、その最も典型的な形を示すと、こういう歌がある、そういうものではないかと思われます。今読んでいる巻十一からいくつかの歌を引いて、これについて述べてみます。

遠山《とほやま》に霞たなびきいや遠に妹《いも》が目見ねば我《あ》れ恋《こ》ひにけり

「遠山にたなびく霞」にことよせて、いよいよ遠く離れて会えないあの子が恋しいという「思いを陳べ」た歌です。私は「遠山に霞たなびき」は「いや遠に」を引き出すための飾りの言葉（テクニック的技法）くらいに思っていたのですが、そうではなく、作者が「遠山にたなびく霞」をしげしげとよく見ながら、俺の彼女はあんなに遠く、遥か遠くにいるんだよなあ、そう思うと恋しくたまらんなあと読むのが、最も素直で正しい読みではないかと思うようになりました。遠山を見つめることと妹を恋うこととは一体なのです。

ぬばたまの黒髪山の山菅《やますげ》に小雨降りしきしくしく思ほゆ

この歌なども、ただ「降りしき」と「しくしく」という同音を楽しむ（和歌の一つの技法）というだけではなく、黒髪山の山菅に降りしきる雨をよくよく見た経験から生まれたのではないでしょうか。

水底《みなそこ》に生《お》ふる玉藻《たまも》のうち靡《なび》き心は寄りて恋《こ》ふるこのころ

これは、水底に生い茂る美しい藻が水の中で靡くように、私の心はあなたに靡き寄って……というのですが、川藻や海の藻の揺れるさまをつくづく眺める中で、ああ自分はあの人にこんなふうに心を寄せているんだよなあと思って作られたのに違いありません。

かにかくに物は思はじ飛騨人《ひだひと》の打つ墨縄《すみなわ》のただ一道《ひとみち》に

これはまことに印象鮮明な歌です。飛騨の工匠の打ったその真っ直ぐな墨縄によほど心打たれたからこそ、あの人への一筋の思いをこのように歌ったのではないでしょうか。

「寄物陳思」の多くの歌を見ながら同じことを繰り返し感じていましたので、同じような説明を繰り返して書いてしまいましたが、要するに、「寄物陳思」の歌というのは、自然のさまざまの様相をよく見ながら、そこに自分たちの生の営み、たとえば恋というものの様相を重ね見たものだと考えられます。和歌の修辞に「序詞《じょことば》」というものがありますが、この序詞もまさに「寄物陳思」なのだと思います。

万葉集の歌の魅力は、常に自然をよく見、自然とよく交わった経験に裏打ちされていることが感じ取れるところにあるように思えます。縄文時代、弥生時代と長く人は自然と交わってきたわけですが、その深い痕跡が「言葉に残されている」ところが、万葉集のこの上もない価値あるところだと思います（「古今集」以降の貴族の歌は、自然から次第に離れ、頭でこねくり回す方向に向かっていったように思います――それは一つの文化の進歩の形ではありますが）。

こういうことを考えていましたので、先生が「二元論のはざまで生きる」の中で、「植物にしろ、山にしろ、空気にしろ、鳥にしろ、獣にしろ、そういう自然のものが、つまり人間が人間として育つ上でイメージを提供してくれる原形なんだ」「自然というのは、人間が人間になる場所なんだ」という言葉をなるほどなるほどと思って受け止めました。

万葉集をよく理解するには、注釈書だけでなく、斎藤茂吉や西郷信綱の万葉論、奈良朝古代国家論など、読むべき本がいくらでもありますが、一通り読んだら、和辻哲郎をじっくり読もうと思っています。この方の日本思想史論がどこまで到達しているか確かめたく思っています。人柄にも心惹かれる方です。

「平家物語」をほぼ一年間読んでいるときに「平家」について書きたいという思いは少しも湧きませんでしたが、万葉集については書きたいという思いがしばしば湧いてきます。少なくともあと三、四年は勉強しないと駄目ですが、勉強した上で、書きたいことがちゃんとあるようであれば、形にしたいと思います。「才能」というものがない人間は根気よく勉強していくしかないとつくづく思っています。

兄は九月から大学で非常勤講師として週三コマの授業をしています。大学ではコロナでナマの授業は行われていませんので、誰もいない教室での兄の授業を、別の場でパソコンに向かい合っている学生に見てもらうという形でやっているとのことです。学生からパソコンを通して質問とかはあるそうなので、まったく味気もないわけでもないようです。七十歳も過ぎてこれも「貴重な経験」かと思ってやっているが、「貴重な経験」は一度でいいとも言っていました。大学からは来年度もドイツ語の授業だけでなく、ドイツ文学の授業も依頼されたそうですが、お断りしたとのことでした。

今日は午後、茅嶋先生のお別れの会がありますので、参加することにしています。コロナのせいで延び延びになっていた会です。茅嶋先生が亡くなられてもう一年にもなります。

こんな長たらしい手紙を書くつもりはありませんでしたが、万葉集のことをくだくだかいて長くなってしまいました。私がすっきりした万葉論を書くまで、先生、二年、三年と言わず、あと五年くらいは長生きして下さい。お願いします。

二〇二〇年十月二十五日

武田博幸拝

渡辺京二様

渡辺書簡　武田弟宛（二〇二〇年十一月十一日消印、葉書）

お便りありがとうございました。あなたのご勉強ぶりは実に着実です。これはお人柄もあり、私以前より感じておりました。私は実に荒っぽいし、いい加減です。ご勉強実りましたら、成果をぜひまた「道標」にご発表下さい。私は去年から急に老衰、毎日幕末維新の文献を読み、整理もつかずジャングルにはいりこんだよう。まあ、死ぬまでやります。

武田弟書簡（二〇二一年六月二十日付け、手紙）

ご無沙汰しております。先生はお変わりないでしょうか。人間、いつまでも元気というわけにもいかないものですから、果たして先生は大丈夫でいらっしゃるだろかと時に考えたりしています。

私はと申しますと、コロナ禍というものに何の影響を受けることもなく、特に健康を害することもなく毎日を過ごしています。月に一回ほど、近所の方と近くの山に登ったりもしております（頂上までは行きませんでしたが、先月は久住山に登りました。）。今日は庭木を一本切り倒し、これを生ゴミとして出せるように細かく切る作業に費やしました。三時間ほどかかりました。今住んでおりますところは、山を切り拓いて造成した住宅地で、もともとは山なものですから、山の木が勝手に庭のあちこちに生えてきます（三種類あり、どれも見映えがそんなに悪い木でもありません）。勝手に生えてくるだけに、これが成長が早く、そのうちの一本が、今新築中の隣の家の軒にかぶさるまでになりましたので、これは切るしかないと判断して、今日の労働となった次第です。

今日のように木を切るなどということはめったにすることではありませんが、草取りは最低、週に一度（二時間くらい）は精出さねばならず、特に斜面の草取りがなかなかの重労働で、汗びっしょりになります。でも、こういう肉体労働もまだできるうちが花なのかとも思いますし、青い空を眺めたり、ホトトギスの鳴き声に耳を傾けたりする（最近よく鳴いています）いい時間でもあります。

今の生活で、私にとってかなり大事な部分になっているのは孫の存在です。昨年、娘が離婚して、私たちと一緒に暮らすようになりました。今月二歳になる子供（女の子）がいまして、思いがけもなく二度目の子育てをすることになりました。しょっちゅう子守をさせられたり、まことに迷惑千万と言えばそうなのですが、孫娘との生活を楽しんでいる面がずっと大きいかと思っています。今日も朝、郵便ポストまで（三百メートルほど）孫と一緒に往復しました。あじさいの花の上を飛び回る蜂をじっと眺めたり、道路上に死んだみみずを座り込んで見たり、テントウムシが飛び立つところに立ち会ったり、蟻さんの行列をしばし観察したりと、二歳の子の心の向くところに付き合っています。私が父親代わりですから、小学校を卒業するくらいまでは何とか見てやりたいものだと思っております。

万葉集は重厚な注釈書二種類をほぼ読み終わり、およそ万葉集四千五百首がどのようなものかは分かって来ましたが、これについて何か書くということは随分と先になりそうな（いや果たして書くところまでたどり着くかどうかといった）気になっています。気弱になっているわけではないのですが、以前は二、三年勉強すると、だいぶ分かってきて、書けることもぼつぼつ出て来そうに思っていました。それが今は、五、六年、いや七、八年あれこれ読み続けないと、何かこれといったものを書くことは無理だろうと思うようになってきました。

実朝の「金槐和歌集」を三日ほどかけて丁寧に読みましたので、昨日、小林秀雄の「實朝」

（昭和十八年）を久し振りに読み直しました。学者の解説と全然レベルが違うのに心打たれました。新潮日本古典集成「金槐和歌集」の解説はとても勉強になっていいなと思っていましたが、小林秀雄を読むと、まるで薄っぺらな空虚なことしか言ってないように思えます。やはり小林秀雄は實朝の詩魂というものを確かにつかんでいる、しかし、学者先生はまるでそんなものが見えていない。万葉集について何か書くなら、途方もないことですが、小林秀雄レベルの、確かに何かをつかんだというものを書きたいと思います。

正岡子規とか（先日『歌よみに与ふる書』は大変おもしろく読むことができました）、保田與重郎とか、次次に読むべき本が現れてきますが、古代、中古、近世、近代の日本人の精神の流れが少しでもよりくっきりと見えるように勉強を続けて参りたいと思います。

勉強の合間にやっていることを一つ申し上げますと、昨年の十二月から月に一回、新聞に詩を投稿しています。一〇字×一四行以内という決まりがありますので、短く簡潔にまとめる頭の体操になります。毎日一つ入選詩が新聞に載るのですが、今のところ四勝一敗で、ほぼ毎月載せてもらっています（要するに素人のレベルの低い世界ということです）。ささやかなものであれ、「創作」というものはやったほうがよいと思ってやっているところです。

兄は相変わらず体調不良です。胃腸が思わしくなく、吐き気が続くときには一週間ほど入院しました。入院治療で吐き気はなくなりましたが、退院後も、胃腸の不快感はなくならないそうで、食事がちっとも楽しみにならないのは何ともかわいそうな気がします。本人は「俺はあと一、二年かも知れない」と弱気なことを言っています。このまま元気になれないかも知れません。兄も一つ新聞に詩を投稿して、私のが載った五日後に兄の詩が載りました。それくらいのことはやったりしています。

先生に近況をお話したくて、こうして手紙を書くことにしました。どうか返事などお書きになられないで下さい。先生に煩わしい余計な時間を使っていただきたくありません。最後になるかも知れない大事な仕事に存分に取り組んでいただきたいと思います。

先生の心と頭脳がまだまだよき働きを続けられますことを心から願っています。

武田博幸拝

令和三年六月二十日

渡辺京二様

渡辺書簡　武田弟宛（二〇二一年六月二十五日消印、葉書）

お便りありがとうございました。御日常を具体的にお知らせいただき、心温まりました。あなたはとてもいい暮し方をなさっています。羨しいくらいです。それもお心掛のよろしきによりましょう。以前ご心配なさったお嬢さんのお子さんと戯れておられる風景。いや人生、収まるところに収まるというべきか。お兄様のご健康、私も心配です。しかしそう言う私自身、老衰極まりまして、毎日腰が痛い、脚が痛いと言い暮しております。ただ最後まで仕事はするつもり。

草々

武田兄書簡（二〇二一年九月十六日消印、葉書）

先日はお便り並びに「アルテリ十二号」をお送りいただき、有難うございました。「日記抄二」、興味深く拝読いたしました。一九七〇年というと、先生は四十歳でいらっしゃいますが、私は大学二年生でした。それで、特に三島由紀夫事件についての記述に目を引かれました。十一月二十五日の御文には心から同感しました。私も、三島の文学作品にはあまり共感していなかったのですが、あの事件には強い衝撃を受けました。「これは解釈すべき事件ではなく、感受すべき事件なのだ」本当にそんな感じでした。当時私が言葉に出来なかった気持ちが正確に表現されていて、嬉しく思いました。

「日記抄二」は、十月二十四日から十二月二十九日まで、短編小説のようにうまくまとまっていて、読み応えがあります。この当時の先生とお知り合いになっていたら、いろんなことを教えていただけただろうなと、今頃残念に思っています。

熊日に週一回の連載*をなさっている由、すばらしいです。くれぐれもご健康に留意なさいまして、書き続けてくださいませ。

自分のことですが、パーキンソン病を発症してしまいました。自筆で手紙を書くのも次第に困難になってきました。まだ杖をついて一キロくらいは歩くことができます。一日中体がフラつく

のが何とも不快ですが、だんだん慣れてきて、できることを精一杯やろうという気になってきました。不一

＊　連載＝「小さきものの近代」（二〇二一年四月十二日から）。

渡辺書簡　武田兄宛（二〇二一年九月二十日消印、葉書）

お便りありがとうございます。字が書けなくなったのは小生もご同様。パーキンソン病はI夫人[*1]がそうでしたからその厄介さもよく承知しております。ただ一キロくらいは歩けるとのこと、I夫人はすぐに歩けなくなったので、あなたの場合、まだまだよろしいです。彼女は二〇〇〇年に発症、一八年まで生きました。最後まで作家現役でした。あなたもどうかこれまで通り、いやこれまで以上にお書きになりますように。口述筆記という手もあります。私はあなた方ご兄弟とご縁が出来たことを天の賜物と思っております。あなたも弟さんもこれからです。どんどんお書きになって下さい。読むべきこと書くべきことは無尽蔵です。老来強くそう思うようになりました。（サカサマに[*2]書いてしまいました。これもボケです）

＊1　I夫人＝石牟礼道子氏。
＊2　サカサマに＝葉書の表と裏が反対向きに書かれている。

武田弟書簡（二〇二一年十月一日付け、手紙）

昼の日差しはまだまだ夏を思わせますが、朝夕は涼しくなって参りました。私の住む美奈宜の杜では、例年通り、九月になってからは鹿の鳴き声を聞くようになっています。

兄からの電話で、先生が熊日での連載をすでに始めておられることを知りました。早速、熊本の義姉に電話して、七月から九月の七回分を送ってもらいました。九十一歳になられた先生が、これまでと変わらぬ張り詰めたお気持ちをもって書いておられることに驚きました。正直申し上げまして、先生も九十歳にもなられたら、気力も頭脳の働きもいくらか減退してこられるのではないかと思っておりましたが、さにあらず。お身体の衰えは留めようもないと思われる中で、文業においてはまさに白川静先生と同じく九十代にして矍鑠たる歩みを進めておられます。九十歳過ぎて、このように資料を博捜し、達意にして深みのある文章を書ける人は、今の日本でもあまり例のあることではないように思えます。

連載の二十回目に登場する「一尊如来きの」の次の言葉が心に残りました。「仏道とは別段のことではない。我より目下の者を目上へあげて取扱ひを致し、不憫をかけ、お主たちの腹を立ぬことを行とし、人を労り可愛がることを願としてくれよう」という言葉。日本には民間にこういう素朴ながら、人間の最もよき本質を生き抜く人が現れるんですね。石牟礼さんもそういうお一人のような気がします（石牟礼さんはもちろん素朴なままに終わった方ではありませんが）。

先生が兄に送られたアルテリ十二号が、兄から私の所へ昨日送られて来ました。先生の「日記抄」を早速読みました。先生の日記を「抄」という形ででもオープンにしていただけないだろうかと密かに思っていた私には（私と同じ気持ちの人が少なからずいたと思われます）、嬉しい贈り物でした。

先生が四十歳にして学問の道を歩む土台をきちんと築いていこうと決意されたことを知ったことは、今の自分にも大いに刺激になることですが、最も興味深く思ったのは「三島由紀夫事件」について書いておられることでした。

私は昨年、小高根二郎『蓮田善明とその死』をたっぷり時間をかけて読んで、名前ばかりであった蓮田善明を詳しく知ることができました（恥ずかしながら、蓮田善明が済々黌の卒業生であることもこの本を読んで初めて知りました。済々黌の誰からも蓮田善明という名を聞くことはありませんでしたので）。三島由紀夫が書いたこの本の序文を読んで、三島由紀夫という人はまさに蓮田善明の歩んだ跡を自分も歩むと決意したのだと私は理解しました。先生の日記に、「三島の行為は、神風連――二・二六の直系である」とあります。私の理解は誤ってはいないのではないかと思いました。

最近、和辻哲郎の『日本古代文化』を読みました。「古事記」とはいかなる文芸作品かについて五十ページほど割いておられますが、これを読んで私はやっとおよそ「古事記」が分かったような気になりました。それで、原文を読んでみることにしましたが、自分でも意外なほどすらすら読めることに驚きました。十年くらい前でしょうか、「古事記」を読もうとしましたが、これはとても歯が立たない、読めるものではないと思って、すぐに投げ出しました。今年の春だったか、蓮田善明の現代語訳を古本で手に入れて読んでみましたが、この時もあまり分かった気にはなれませんでした。それが、今は分かる分かるという気持ちで読むことができます。和辻哲郎は学説という点ではいろいろの面で古いのでしょうが、この方からこれからも学べるだけ学んでいこうと思っています。

兄の短い詩が新聞に二つ載りましたので、同封いたします（こんなものを本人は先生に送ったりしないでしょうから）。「草の名念仏」という詩がとてもいいと思って、毎月一つくらい書き続けたらと私が言いましたら、二つはすぐに出来たが、三つ目は出て来ないと言ってました。ひどい便秘、脊椎間狭窄症、胃下垂、そしてパーキンソンと、毎日、身体の不快感に苦しんでいるようです。机について本を読むことはもうだいぶ以前から出来ないようですし、パソコンに向かうことも、手紙を書くことも苦痛。楽しみは寝っ転がって、ＣＤの音楽や作品朗読を聴くこと、大リーグの大谷君の活躍を見ることだと言っています。

涼しくなって散歩の楽しい季節になりましたので、私は朝六時半に起きて、二歳三ヶ月の孫と一緒に三十分ほど毎朝近所を歩いています。ご機嫌な孫とゆったり歩くのはとてもいい時間です。まさに老体に鞭打っての日々であられるかと思いますが、「小さきものの近代」の連載がまずは終わられるまで、先生のお身体が持ちこたえていかれますことを心から願ってやみません。

武田博幸拝

二〇二一年十月一日

渡辺京二様

渡辺書簡　武田弟宛（二〇二一年十月六日消印、葉書）

お便りありがとう。お兄様のご症状よくわかりました。身体的不快感というのはよくわかります。私の場合は主として腰痛ですが。詩もありがとう。お人柄がよく出ています。私の老衰ぶりは近く出る講演集のあとがきに書いておきました。十一月には出ますのでお送りします。和辻哲郎は才能ある大学者です。私もこの人には大いに学びました。「古事記を読む」と言った本をお書きになられるといいですね。私は本当は二十世紀思想史を書きたいのです。でもこれは夢で、今やっている日本近代史も途中で死により中断になることでしょう。そう思って、もう八十回分くらい書き溜めているのですよ。

武田兄書簡（二〇二一年十一月二十四日付け、手紙）

先日、弦書房より御著書『肩書のない人生』が送られてきました。御手配、有難うございました。さっそく拝読いたしました。

いくつも心に残る言葉に出会いました。「自分が生まれてきた世界が、どれだけ美しい世界かってことを、考えてみりゃいい」と、若い聴衆に向かって、何度もおっしゃっていらっしゃるのが、印象的です。いいなと思いました。私も若いときは自然なんかにはあまり心が向かなかったほうです。多くの若者がそうではないかと思いますが、しかし、長く人生を生きて来た人から、若い時に、こういう言葉を投げかけられたら、その時はよく分からなくても、そのうちにその言葉を思い出す時が来るのではないでしょうか。

それから「自分の言葉を使いなさい」というのも、今、くちを酸っぱくしてでも言わなければならないことの一つだと思います。「なんでエビデンスと言わねばならんの」。「意味をあいまいにしよう、あいまいにしようとしている」――全く同感です。こういう指摘も、する人がだんだんと居なくなってきました。

今回の対談で、一番渡辺先生らしい、一番独創的な発言は、一五二ページから一六二ページあたりで展開されているお考えです。「疫病で人間が死ぬのは当たり前だから騒ぐことはないというのと、人間の命は……最大限生かさねばならんって二つの考えがあるが、僕は疫病とか災害で死ぬのは当たり前で、騒ぎ立てることじゃないという考えなんだ……」というところですね。これが一番健康的な考え方ではないかと、私は深く共感致しました。おっしゃっているように、近頃はヒューマニズムが極端に行って、「かえって非人間的になって」きていると感じます。

今回の御本から、先生の近況が少し分かりましたのは嬉しいことでした。特に熊日に週一回連載なさっている「小さきものの近代」の原稿を一年分以上書きためておられるというのには、びっくりしました。「小さきものの近代」は、博幸経由で、一部分ですが、拝読いたしました。今回の御著作が完成すれば、「逝きし世の面影」が江戸時代の見方を変えたように、明治維新の見方を変えるものになるなと直感しました。お身体を大事になさいまして、是非、完成させていただきたいと願っています。

まだ書きたいことがありますが、パーキンソン病を発症してから、気力が続きません。簡単ですが、今回はこれにて失礼いたします。
御元気でお過し下さい。
令和三年十一月二十四日

武田修志

渡辺京二先生

武田弟書簡（二〇二一年十一月二十二日付け、手紙）

新刊*のご恵贈、有難うございました。

感想を述べる前に、わが家の庭の様子を書くことにします。庭には二階屋根に届くくらいの大きな山もみじの木があるのですが、ここ一週間ばかり日ごとに黄色み、赤みを増して紅葉の最も美しいときになったなあと思っていましたら、昨日からはらはらと散り始め、今日は終日強い風が吹いて、はらはらどころか、もうばらばらと葉が落ちて、庭一面、まだ鮮やかな色を残す落葉に覆われています。木に残った葉はすでに半分くらいになってしまいました。急に秋が深まったように思われます。

先生の広く深い読書から繰り出されるお言葉にはあちらこちら心に残る言葉があって、思わず線を引くところが何カ所もありましたが、今、自分が考えていること、取り組んでいることに引きつけてみて何が特に面白かったかといったら「道子の原郷」でした。

予備校で古文の講師をしながら日本の古典をあれこれ読み進めて来ましたが、受験古文の範囲が平安時代から江戸時代ですから、おのずから私の古典読みも平安から江戸に限られていました。仕事を離れ、ここ数年、万葉集を読むようになって、こんなすばらしいものが日本の古典の出発点にあるのに、自分はこの歳になるまで知らなかったのかという思いでいます。万葉集が何がいいかといったら、先生が「道子の原郷」でおっしゃっている、自然という実在に触れているという手応えをこの時代の人間はみな持っているということですね。「万葉集」の時代が文字を獲得しつつある時代ということは、文字以前の世界と確実に繋がっているということで、いまだ文字を知らない人たちの自然への確かな手触りを残しているように、万葉集の歌を読んでいるとしばしば感じます。白川静先生や和辻哲郎氏の本に導かれながら、もう二三年読み込めば、自分なりに摑めるものも出て来そうに思ったりしています。「源氏物語」を最も詳しい注釈書を繙きながらしっかり読み込もうとか、退職以前は思っていたのですが、今は平安文学への興味はすっかり色あせてしまいました。貴族社会の文学というのは自然から随分と離れてしまったもののように思われます。

「道子の原郷」を読みながら、自分も六歳か七歳のとき、川で溺れかかって危うく死にかけたことを思い出しました（近所の魚屋のおじさんが近くにいなかったら間違いなく死んでいました）が、もう一つ石牟礼さんの初めての「異性体験」のところを読んで思い出すことがありました。これも六歳か七歳のときだったと思うのですが、家（嘉島町にあった駐在所）から一人で道路に歩き出したところで、大人の乗った自転車にぶつかって私は気絶してしまったようなのです。すると、そのとき通りかかった女子高校生（と思われる）が、気絶した私を抱きかかえて家まで送り届けてくれました。そのときの、柔らかい女性の胸に抱かれた、何とも言えないうっとりするような心地よさ、これが私の初めての「異性体験」です。

こんなことを書いてもしようがないと思いつつ、今の私の健康状態について記しておきます。十月二十日の午前三時頃から猛烈な腹痛に襲われて、急患を受け付けてくれる病院に午前五時半頃行って（その頃にはほぼ痛みはほぼ治まっていました）、CTの検査を受けました。尿管結石でしょうということで、それで済んだと思っていましたが、一週間後に病院に行きますと、腎臓に何かあるようなので、再検査を受けることになりました。その検査結果の診断は腎臓ガンでした。先日、紹介状を持って九大病院に行き、来年一月下旬に手術することに決まりました。左腎臓の一部（二割か二割五分くらい）を切除するようです。ガンの症状としてはステージ1（初期症状）で、差し当たり命の心配はないようです。

私は来年二月で七十歳になりますが、人生七十年も生きてきて、いつ死のうと何も文句を言うことはないと常々思っていましたので、自分でも感心するくらい、ガンと言われても何の動揺もありませんでした。七十にもなって「死にたくない」なんて言ったら、若くして無念の思いで亡くなった人たちに申し訳が立ちません。

女房と娘が、「お父さんがいなくなったらこんな山の中では暮らしていけない」と言いますし、二歳半の孫は、私が父親代わりをしなければならないということもありますので、そう簡単に死ねないなとも思いますが、何とか七十五歳くらいまで生き、万葉集の本を一冊書いて、自費出版でも出来れば万々歳かと思っています。

先生の頭脳、気力はやはり私にとっては（いや誰にとっても）驚異です。今の先生の書かれる勢いからすると、「小さきものの近代」はきっと書き終えられそうな気がします。日本近代史にとって決定的な本を是非とも書き残していただきたく思います。

令和三年十一月二十二日

武田博幸拝

渡辺京二様

＊ 新刊＝『肩書のない人生　渡辺京二発言集2』（弦書房）

渡辺書簡　武田弟宛（二〇二一年十一月二十五日付け、手紙）

お便りありがとうございます。

腎臓にガンがみつかったとのこと。私なら「死ニタクナイ！」と思うところなのに、みごとなご覚悟です。あなた方ご兄弟は一級の知識人なのに、庶民の智恵を持っていらっしゃると常々私は感じておりました。お父上の人柄によるものでしょうか。

私の母も姉も妻も、みなガンで死にました。しかし、ガンと共存する方法は年々進んでいますし、あなたの場合初期でもあり、まだまだ歳月は残されておりましょう。私の知り合いは喉頭ガンを十数年前発見され、その手術をくり返しピンシャンしております。万葉についてのご著作は是非完成して下さい。もちろん版元はあります。必ず私が紹介します。

私のアタマは本当にダメになっているのです。しかし愚痴ったって仕方ありませんから、悪くなったアタマの程度でやってゆきます。

池澤夏樹さんの「みっちん」という本ごらんになりましたか。池澤さんが道子さんを訪ねたときの会話がそのまま起されているのです。道子さんは池澤さんに全面的に心を開いて、とてもよい対話になっています。全く池澤さんは私からすればありがたい人であります。

あなたのようなよき友を得たことを神に感謝します。

二〇二一年十一月二十五日

渡辺京二拝

武田博幸様

武田弟書簡（二〇二一年十二月七日付け、手紙）

お便り、有難うございました。

私のような者を得難い友人のように考えて下さって、心から有り難く思いました。

『肩書のない人生』を読んで、『みっちんの声』*は購入しようかどうかと思ってそのままになっていましたが、先生のおすすめもありましたので、すぐに取り寄せ、昨日読み終わったところです。

先生は私たち兄弟のことを「庶民の智恵を持っている」と書いて下さっていましたが、私は『みっちんの声』を読んでいて、そうかも知れないと納得することがありました。

四十六ページで池澤さんが次のように言っておられます。

「『椿の海の記』を読むわけですよ。一人の女の子がそこにいるんだけれども、その川辺に立っているんだけれども、もうほとんど向こう側に行ってしまっている。その姿をぼくは羨ましいなと思って、こっち側から見ている。何かそういう図式から出られなくなりましてね。」

これを読んで、池澤さんとは全然違うと私は思いました。子供の頃、自分がまさに生きていた、その中に住んでいた世界を『椿の海の記』は描いていると感じて、私は胸が躍りました。みっちんのように気の違ったおばあさまとされ歩くこともなく、みっちんほどには山や川や海に深く細やかに触れ合うことはなかったにしても、みっちんが生きていた世界に確かに自分も生きていました。自分が小学校に行く前、行った後も、確かにそういう世界に自分は包まれていたし、そこで育ったという感覚があります。

先生のお陰で、石牟礼さんに二度、三度お会いする機会を私は得ましたが、いつも親戚のやさしいおばさんに会うような気がいたしました。私には叔母が三人いて、みんな農家の嫁でしたが、どの叔母もとてもやさしく、今も忘れ難い人ばかりです。そんなおばさんと同じやなあ、いやもっとやさしかなあと思ったりしておりました。

一七五ページで石牟礼さんが「うちはよく人が集まる家で」と、とんとん村の自分の家のことを言っておられますが、子供の頃の私の家もそうだったなあと思い出されます。親父が駐在さんでしたから、村の人が来るのは当然ですが、ちょっと「変わった人たち」がよく来ていました。字の読めないおしゃべりのばあちゃん、唖でもぐもぐしか声の出ないおじさん（しかし、鮎釣りの名人）、少し知恵遅れのおっちゃん（でも、自転車の修理はとても上手）、そういう人と父は実に仲良く付き合っていました（だからみなさん親父をとても慕っておられました。母もまた全く差別なんてする人ではありませんでした）。私はここは親父のえらいところだったなあと思うのですが、人を生まれ育ちで差別してはいけないとかいう観念ではなく、もう体質的に分け隔てなく付き合える人でした。どこの村にも「部落」と言われる所がありましたが、親父にはそんなものは意識にないので、すぐに仲良くなって「今度来た駐在さんはよかばい」とか言われていたそうです。阿蘇の南小国に転勤してからは馬車引きさんが家によく来て話し込んだり飲んだりしていました。そういう人たちを身近に見て来ましたので、おのずから「庶民の智恵」も学んだのかも知れません。

ここ二三ヶ月、自分が出している古文単語集の改訂作業をやっています。これが四度目の改訂ですが、「古典の世界へ導く近現代の小説」という付録を付けようと自分で提案して、これを作成するのに、森鷗外、太宰治、井上靖、芥川、谷崎など、もう三十数冊、小説ばかり読んでいます。吉川英治の『新・平家物語』は全十六冊で、えらいものに出会ってしまったと思いながら、おもしろいのはおもしろいので読み続けています。この古文単語集の印税が毎年入りますのでおろそかにも出来ません（これがあるから暮らしていけています）。

来年一月下旬に手術を受けることに決まっていますが、腎臓が痛いのでも、おしっこが出なくて困っているのでもありませんので、今は普通に毎日を過ごしています。
わが家のもみじは大きい方は散り尽くし、もう一本の小さい方は葉がわずかに残るほどになっています。こうして今年も残り少なくなりましたが、先生のご執筆が淡々と着実に進んでいかれますことを願ってやみません。

武田博幸拝

二〇二一年十二月七日

渡辺京二様

＊『みっちんの声』＝石牟礼道子・池澤夏樹著、河出書房新社。

渡辺書簡　武田弟宛（二〇二一年十二月十三日消印、葉書）

お便りありがとうございました。今度のを読んで、あなたはお兄様の分も含めて、ご両親や村人によって育てられた幼少期のことを書かれたらと思いました。それは自ずと小説になりましょう。万葉論もありますし、あなたは課題一杯ですね。生活にはご不自由ないとのこと、それにまだ歳月は長いし、今後は従来以上文章にいそしまれることをねがってやみません。あなたの若さが羨しいです。

武田弟書簡（二〇二二年二月四日付け、葉書）

先生、お変わりなくお過ごしでしょうか。私は一月二十六日に九大病院で腎臓のガン化した部分（左腎臓の二〇パーセント弱）の剔出手術を受け、その後経過も良好で、昨日（二月三日）に退院いたしました。手術当日、翌日は苦しい思いもしましたが、日ごとにお腹の痛みも薄らぎ、今日は散歩もできました。すぐにもとの生活に戻れそうです。また古代研究に精を出していこうと思います。以上、簡単なご報告をいたしておきます。

敬具

渡辺書簡　武田弟宛（二〇二二年二月十二日消印、絵葉書）

手術なされし由、順調にご回復のご様子、安心致しました。ガン治療もずいぶん進んでいる由。十分ご注意の上、お仕事をお進め下さい。あなたはまだこれからです。小生は老化いちじるしく物忘れがひどくなりました。

草々

武田弟書簡（二〇二二年六月十三日付け、手紙）

ご無沙汰しております。先生、お変わりないでしょうか。

ご心配いただきました腎臓ガンは、手術後の経過はよいようで、術後三か月の検査では、一部剔出された左腎臓の機能が八パーセント失われたのみで、特に問題はないということでした。

まことにご無礼この上ないことですが、先生からご恵贈の『バテレンの世紀』を昨日やっと読み終えました。「選択」に連載されていたとき、河合塾の藤川先生（社会科）がいつもコピーして下さったので、毎回目は通していましたが、本が刊行されて、そのうちにと思いつつ、それが今になってしまいました。

この本の批評など、私ごときにできるものではありませんので、勝手な感想など書かせていただきます。まず第一の感想は本の中身の濃さです。一行の叙述に数冊の本の裏付けがあることが分かります。中身の濃さ故に、読む者はかなりの緊張を求められます（ちょっと気を緩めると内容が頭に入ってきません）。私は章毎に二度読んで、読み進めていきました。以前、先生にお会いしたときに、思ったほどには『バテレンの世紀』は売れていないとおっしゃっていましたが、読者に求められるこの緊張に耐えられる人はそう多くはないように思います。私は、『逝きし世の面影』と『バテレンの世紀』が先生の二大傑作ではないかと、今思っていますが、『バテレンの世紀』は抜群の面白さを持つ歴史書ながら、『逝きし世の面影』ほどには多くの人に親しみを持たれる本とはならないのかも知れません。

歴史書の面白さは、詰まるところ、著述者がどれだけ広い視野を持っているか、そして個々の人間（歴史に名を残した人物から名も知れない庶民まで）を見る度量・器を持っているかにあるように思われます。それ故に、細かく調べて書く人はごまんといますが、これはおもしろいと膝を打つような歴史家はわずかしかいないということになるのだと思います。

先月、イエズス会の神父様（ヘルマン・ホイヴェルス氏）がお書きになった『人生の秋に』（春秋社）という本を読んで感銘を受けました。こういう神父様に若い時に出会っていたら、自分がクリスチャンになることだって有り得たのではないかとさえ思えました。

『人生の秋に』を私に贈って下さったのは、私が熊本大学在学中にギリシャ語初級を教えて下さった先生（キリスト教哲学の教授）の奥様です。私はキリスト教の影響のもとにある哲学はいやで、それでギリシャ哲学を専攻したような人間ですから、キリスト教は近づこうにも近づけない世界とずっと思っていましたが、七十歳にもなって、自分の心が開く可能性のあることを知りました。

そんな本を読んだこともあって、『バテレンの世紀』を読みながら、誰か高山右近を主人公に小説を書いてくれないものだろうかと思ったりしました。彼が宣教師の教えをどう聞き、キリスト教をどのようなものとして受け入れ、信じたのか。でも、そんなことを描ける作家が日本にいるとはなかなか思えません。

先生のこの本を踏まえて、芥川や遠藤周作とは違った新たな宣教師像を誰か描いてくれないだろうかとも思いました。

大友宗麟という人物にもたいそう興味を覚えます。先月、横光利一の『旅愁』を読みましたが、思いがけないことに、大友宗麟の名が出て来ます。主人公の矢代は父親が豊後の出身で、その先祖は大友宗麟が外国（ポルトガルか？）から買い込んだ「国崩し」という大砲で滅ぼされたというのです。

先月、近くの鳥屋山《とやさん》という山に登りました。この山は修験道の山であったそうですが、山の中に案内板があって、かつて「キリシタン大名大友宗麟」によって、英彦山から鳥屋山に渡る修験道は圧迫迫害を受けたというようなことが書いてありました。石仏の首がいくつか落ちたりしていました。大友宗麟は私の近隣にも大きな足跡を残した人物のようです。それはともかく、この人にとってキリスト教とは何であったのか。

『バテレンの世紀』を読み終えた夜、妙な夢を見ました。九大の哲学教授（と思われる）二、三名がおられる、何か暗い重々しい部屋に私は呼び出されて、「君はここ数ヶ月、哲学の演習にも出ていないようなので、今君が住んでいる部屋から君は出ていかなければならない。それを申し渡す」といった夢です。追い出されることが宣告されて、これからどうやってどこで生きていけばいいのだろうと私は大きな不安の中にありました。

哲学で行き詰まってしまって苦しむ夢をまた見てしまったと思いましたが、直接的には、ヴァリニャーノが日本人について「彼らは特に哲学・神学、その他の理論的スコラ哲学に熟達することは困難だと見た」というところが心に刺さったためなのだろうと思いました。私のように絶望的な気持ちになったイルマンもきっと何人もいたことでしょう。

三月に「グランパから萌那へ」という文章を書きました。次の「道標」に載せてもらうことにしています。「萌那《もな》」はもうすぐ三歳になる孫娘の名です。別に死期を意識したということでもありませんが、孫に伝えておこうと思うことを書いてみました。兄に読んでもらいましたが、「独創性はないが、十五章ある一つ一つのテーマがいいので、おもしろく読むことができた」ということでした。兄も書いてみようと思ったそうで、「五人の孫へ」と題して今書いているとのことでした。一日四〇〇字一枚くらいしか書けないけれど、三十枚以上は書いたと言っていました。

兄はもうほんとうに弱ってきています。読書は一日三十分から一時間くらいしかできないようです。好きだったクラシックもあまり楽しめなくなったそうで、ＣＤの朗読などを図書館から借りて来て聴いているということでした。

人それぞれ持って生まれた運命があるということだと思います。先生のように九十代になられてもまだまだどんどんお書きになれる人もいれば、兄のように七十も過ぎると枯れてゆくように力なくなる人もいます。私もまだ何かやれる力がある限りはできることをやっていこうと思います。

先生はやはり超人の部類の人間です。読書は楽しみであり、大いなる労苦でもあると思いますが、これからまだ大きな実りをもたらして下さることを心から祈っています。

二〇二二年六月十三日

武田博幸拝

渡辺京二様

渡辺書簡　武田弟宛（二〇二二年六月二十日着、葉書）

お便りありがとうございます。手術がうまくゆかれた由、何よりのことで私も嬉しいです。お兄様が大変弱られたとのことで、これは残念至極。でもこれまですでに立派なお仕事を成し遂げておられます。私は数日前、友人の車で日田へ行きましたが、途中小国に寄り、「リンゴの木」*でランチ。この店であなた方ご兄弟と、石牟礼さん、私が会食したことを思い出しました。はるかなはるかな昔です。「バテレンの世紀」のご批評、ありがとう。それほど緊張を強いるような文というのは、決してよくない文章です。実はこの本は少々苦労して書きました。「黒船前夜」の方がずっと楽しんで書けて、自分ではこの方がいいんではないかと思っています。私は日々衰えるのみですが、何しろ生きている間熊日の連載を少しでも多く書いておかねばならず、この歳になっても毎日働いています。やれやれ。

＊「リンゴの木」＝正しくは「林檎の樹」。

渡辺書簡　武田弟宛（二〇二二年七月四日消印、絵葉書）

「グランパより萌那へ」拝読しました。このお孫さんはあなたが一時手を焼いたお嬢さんの娘さんなのですね。いやはやメデタシメデタシ。とてもいいご文章で、若い人たちが読めばきっと得るところ多いでしょう。「道標」にこんないいものいただいて感謝いたします。小生はただ老いぼれるのみ。

武田弟書簡（二〇二二年七月六日付け、手紙）

時候のご挨拶は後回しにさせていただきます。

今日の先生からのお葉書には心底びっくり致しました。そして、とても嬉しく思いました。「道標」に載せれば、先生に目を通していただけるかも知れないとは思っていましたが、まさかお言葉を賜ることができるとは思っておりませんでした。

三月に孫に宛てて何か書いてみようと思い立って、二十日ばかりで書き上げました。孫に残しておけばそれでよいと思いましたが、せっかく書いたので、兄くらいには見せようと思って兄に原稿を送りました。こんなものはつまらないと見なされるか、少しはおもしろいと思ってくれるか確かめたい気持ちもありました。

「道標」に出してみようかと思ったのは、先生が「何でもいいから書きなさい」といつも言って下さったことに励まされたからです。「グランパから萌那へ」なんてこんなもの、「道標」に載せてもいいのかなとためらいましたが、かまわん、かまわんと決めて、辻さんにお送りしました。辻さんがすぐに「二度読みました」と返信を下さったのは嬉しいことでした。

「道標」という発表の場がなかったら『古典つまみ読み』も何も、私程度の人間は文章を書くことはほとんどしなかったと思います。こういう場を作って下さったことをまことに有り難く思っております。

「グランパから萌那へ」の第十四章に「グランパの故郷」というのを書きましたが、あれを書いてしばらくすると、南小国の少年時代はまだまだ書くことがあると思うようになりました。それで「グランパの少年時代」と題して、六月三十日から書き始めて今日でちょうど一週間で、四〇〇字で三十五枚ほど書いたところです。あと五、六枚書くと終わりそうです。次号の「道標」に載せていただこうと思っております。

「一時手を焼いたお嬢さん」は、二年前離婚して、一人娘（孫）とともに私たちと暮らすようになりました。昨年秋、娘のために増築もしました。その部屋の一つを使って、ネイリストとして仕事をしています。ネイリストとしての腕はいいようで、最近はほぼ毎日お客さんが来るようになっています。

おしまいに、今年初めて見た鳥についてご報告します。野鳥の本を見て、イカルという鳥だと分かりましたが、この鳥がわが庭の山もみじの木に最近二度現れました。二度とも二羽一緒にいましたから、つがいなのでしょう。雀より四倍くらい大きい鳥で、くちばしが鮮やかな黄色です。体は白と灰色と、ちょっと黒が混じっているでしょうか。これが「ピピ、ピーヨ、ピィ」と、とても品良く鳴きます。姿を見たのは二度だけですが、鳴き声はしばしば聞こえますので、前の公園によく来ているようです。あ、そうそう、今日は昼間、タヌキが庭を通っていくのを見ました(めったにないことです)。

先生の「最近腹が立ったこと」*、おもしろく読みました。このお元気があったら、「小さきものの近代」もきっと完成なさるだろうと思いました。

二〇二二年七月六日

武田博幸拝

渡辺京二様

* 「最近腹が立ったこと」=「道標(二〇二二年夏・第七十七号)」に掲載されたもの。

渡辺書簡　武田弟宛(二〇二二年七月十四日消印、絵葉書)

「グランパ」の続編お書きになった由、嬉しいです。ぜひまた「道標」にお出し下さい。あなたのようなお方のお役に立てば「道標」の出し甲斐もあるというものです。

小生の熊日連載やっと第一巻が本になりました。一冊お送りしておきました。お兄様にも。初刷り三千。私の本も売れなくなったものです。

武田弟書簡（二〇二二年八月二十九日付け、手紙）

今日は朝から何を間違ったか、まだクマゼミが勢いよく鳴いていましたが、夕方薄暗くなって散歩しますと、ツクツクボウシがしきりに鳴いています。やっと猛暑も終わって秋が近づいた気配を感じ、ほっとしているところです。

ご恵贈の『小さきものの近代　1』は七月末には読み終わり、拙い感想文でも認めようかと思っておりましたが、七月末に風邪を引き、それが引き金になって、持病の気管支拡張症が悪化し、八月はその養生に明け暮れてしまいました。八月前半は病院から抗生物質を出してもらい家で回復を待ちましたが、一向によくならず、とうとう肺炎になるという始末で、十七日から二十六日まで福岡市内の病院に入院しておりました。今日は退院して三日目で、少しずつ体調は戻ってきているように感じております。

『小さきものの近代』を今一度読んで感想を書くような元気もまだありませんので、七月に読んだときの漠然とした感想を申し上げますと、明治維新という日本史上いまだかってない変革に対して、その時代に生きた人々はどう対処したか、その「諸相」を描ききってみようとなさっているのかと思いました。これから更にどのような「諸相」が描かれるのか。二巻、三巻と「諸相」を読み進めていったとき、私たちは明治維新をどのような眼で見ることになるのか。『バテレンの世紀』のような、最後にキリシタン蜂起に収斂する物語とは違って、「諸相」という広がりを描くというのはどこまで広がっていくのか、そうしてどう締めくくられるのか、先は長いし、楽しみは続くという思いを抱いております。

先生がお葉書に「自分の本も売れなくなりました」と書いておられましたが、少しでも内容に重みのある本は敬遠されるような時代になってしまったということでしょうか。自分の周りを見ても、この人はいい本をじっくり読み、自分なりにものを考えていると感じさせるような人はめったに見受けなくなったような気がします。

先生の本のよき愛読者であった兄も、知的な活動はあまりできなくなっています。先日も短い手紙に、「渡辺先生から本が贈られてきましたが、これまでのように、ノートを取りながら二、三回読んで、感想を書き送るということは、できそうにありません」。よって、先生に御礼を言っておいてくれないかということでした。

それぞれ自分の運命に従って生きるしかないようです。書き続けるのもしんどいことかと思いますが、『小さきものの近代』が完結されるまで先生のご健康が保たれますことを願ってやみません。

二〇二二年八月二十九日

武田博幸拝

渡辺京二様

渡辺書簡　武田弟宛（二〇二二年九月二日消印、手紙）

ご病気された由、大変でしたね。今後もお大事になさって下さい。あなたはもはや数少くなった私の大切な友人ゆえ、ご自愛を願います。お兄様もお弱りとのこと、仕方のないことですが残念です。

私は身体中痛いわ、物忘れもひどいわ、やっと生きている有様。ただ読みかつ書く毎日。何の楽しみもなく、生きている以上何かしているだけです。自分の一生はいいことも含めもう終ったと思っています。今はただオマケです。

渡辺京二拝

武田博幸様

武田弟書簡（二〇二二年九月七日付け、手紙）

日差しも和らいで、夕方の散歩もできるようになってまいりました。秋の虫たちが夜になるといろいろの声で鳴いています。窓を閉めていてもよく聞こえてきます。あんなに懸命に一晩中鳴いているのが不思議に思えます。昼間でも少しは鳴いていまして、最近、三歳の孫娘がこの虫の音に興味を持つようになってきました。どこにいるのかなあと言って草むらを覗いたりしています。

この度は、お手紙まで添え、「アルテリ十四号」をお贈りいただき有難うございました。

先生の「日記抄③」を読んで、最も意想外であったのは、先生が辻邦生の「背教者ユリアヌス」を読んでおられることでした。読んでおられるだけでなく、「感動す」「ユリアヌスに自画像的共感覚ゆ」とまであります。私も二十代前半に読み、深く心に残った本でした。こういう本で、先生と感動を共有できるとは思いがけないことでした。

この本については少し自慢できることがあります。というのは、この本を読んだ数年後、著者の辻邦生氏にお会いする機会があって、三十分ほどお話することができたのです。辻邦生氏の奥様はキリスト教遺跡の研究者で、九大で開かれた古典学会で発表をされました。学会が終わっての立食パーティーに旦那の辻さんがひょっこり現れて、大学院の学生で末席にいた私のテーブルにたまたま来られました。こんな機会はあるものではないと思い、ユリアヌスに私がいかに心惹かれたか、辻邦生氏の他の小説もほとんど読んでいるなどと熱心に語りました。辻さんは、あの本は妻の手助けがあって書けた本ですと言われたように覚えています。

エドマンド・バークの『フランス革命についての省察』は光文社の古典新訳文庫で半年前くらいに読みました。単純にフランス革命を肯定するような考えはもとより持っておりませんでしたが、はっきりと確認できたことがいくつもあったように思います。

和辻哲郎は数冊読んで、もっとこの方にはしっかり取り組まなくてはならないと、「和辻哲郎全集」まで買い込みました（全集が安いのにびっくりします。もちろん古本です）が、『日本倫理思想史』にまで至っておりません。遠からず是非読みたいと思っております。

先生が村岡典嗣の「本居宣長」読了と書いておられるのを見て、この本は二十代からずっと私の本棚にあり、改めて、彼の著作十冊余りがいつ読むんだといった顔で上から見下ろしているように思えてきました。

といったふうで、私は先生の「日記抄」は、水俣病闘争に関するところは斜め読みで（久本、福元といった名前に少しだけ覚えがあるだけで、他の方々はまったく存じません）、先生の読書録にだけ関心を持って読みました。

私の体調はぼちぼち戻って来ているようですが、まだ七分くらいといったところでしょうか。六月までは近所の方数人と近くの山に月に一回ほど登っていましたが、山登りに復帰できるのはもうちょっと先のようです。

最後に一つ付け加えますと、前号でもそう思いましたが、私は浪床敬子さんの文章がとてもいいと思いました。控えめでつつましく、内にひっそり哀しみが抱かれていて、優しさと潤いがある、こんな文章を私も書けたらと思います。こんな方が先生の新聞連載の担当者であることは、先生にもとても幸運なことではなかろうかと思っております。

坂口恭平さんとの対談を読んでも、まだまだ先生は仕事ができそうな状態にあられるとお見受けいたしました。頭と心が働く以上、先生、最後の最後までいい作品を残して下さい。

武田博幸拝

二〇二二年九月七日

渡辺京二様

渡辺書簡　武田弟宛（二〇二二年九月十五日消印、葉書）

お便りありがとうございます。お身体の方、急に本復という訳にもゆきますまい故、ぼつぼつとご養生なさいますように。

浪床さんの文章についてのご記述、私も嬉しく、本人が昨日みえましたので読んでもらいました。ご本人も嬉しかったと思います。慎しみ深い方なのでいつもそれを色に表わさずにおられましたが、私の担当者としては仰せの通り重宝極りない方です。

小生、このところ、自分の一生はもう終ったのだと気づきました。苦しいこと楽しいことも十分でした。今はフロクです。熊日のために毎日読んで書くだけ、何のよろこびもありません。身体もしんどいばかりです。

武田兄書簡（二〇二二年九月十七日付け、葉書）

お便り並びに「アルテリ十四号」、有難うございました。

先には『小さきものの近代　1』をお送りいただき、厚くお礼申しあげます。パーキンソン病と胃腸病で、とんと頭が働かなくなり、少しずつしか読めなくなりましたが、一回目は読了いたしました。二回目を読んでいます。少しずつ少しずつですが、歴史のおもて舞台に立たなかった人々の物語を教えられると、また歴史の奥行が深まって見えてきます。先生にしか書くことのできないすばらしい御著作です。どうぞ御健康にくれぐれも御留意なさいまして、最後まで書き切

って下さい。令和四年九月十七日

渡辺書簡　武田弟宛（二〇二二年十月二十五日消印、手紙）

冠省。

「少年時代」拝読仕りました。とてもよろしいのですが、何か物足りなく、それが何か考えました。わかりました。お父様お母様のことがあまり書かれていないのです。このお二人はかしこい庶民の代表のような方であり、あなたの少年時代のゆたかさはこのお二人に関わるところが大きいはずです。これはご両人についてはこれまでお兄様と共に御本を出されているので省かれたのだと思いますが、「私の少年時代」とあるからには、それを省いたのでは肝心な点が抜け落ちてしまいます。またお兄様（むろんあなたの少年時にとってのお兄様）の姿ももう少し描いてほしいです。この辺のことを補筆なさって、前稿の「グランパ」と併せて単行本にしていただきたいものです。

私が考えるのは弦書房しかありませんが、完全に企画本にしてくれるか否かはわかりません。何百部かの買い取りとか、二、三十万円の拠金とか、自費出版と企画本の中間みたいな条件になるかも知れません。お父様お母様のことは、前著の繰り返しになっても構わないと思います。あの二冊*はたしか自費出版で部数も少なかったでしょうから。

小生については新しくご報告することもありませんが、物忘れがひどく、漢字も忘れつつあるのには愕然とします。一日一日、それがひどくなってゆきます。英語も忘れてしまったようです。

それにつけてももう一生は終ったのだと痛感します。あとはオマケです。世界を見廻すと、プーチンのロシア、習近平の中国、それに北朝鮮、どうしようもありません。アメリカもかなりおかしくなっていますが、ヨーロッパ近代がもたらした成果だけは何とか守ってゆきたいという気持が、英・独・仏に残っているかぎり希望はあるでしょう。物の本によると、日本の子供は最近ウザイ、キモイ、死ネで成り立つ世界に生きているそうです。言葉・日本語がわからなくなっているそうです。就職の面接で、「何で来たの」と問うと（むろん入社希望の動機を聞いている）、「バスで来た」と答えるそうです。「人を殺してみたい」とか「人を殺して死刑になりたい」という言葉を聞くと、何というおかしな考え方かと思いますが、これも言葉で自分の気持をうまく言えないので、こんな訳のわからぬ発言になるのでしょう。

ヤレヤレです。自分が見知らぬ世界に生き残ったと考えるしかありません。それでもあなたのようなチャンとした方が居られますから、私の老後は慰められています。

京二拝

武田博幸様

＊　あの二冊＝『駐在巡査奮闘記』と『母の家計簿』。

武田弟書簡（二〇二二年十月三十日付け、手紙）

甘木・朝倉地区の稲刈りも先週くらいにはほぼ終わって、秋の装いも深まりつつあります。今頃は森の鹿がもっともよく鳴く時期で、昼間でもたまに鳴き声が聞こえることがありますが、夕方薄暗くなる頃散歩しておりますと、こっちの森、あっちの林から甲高い声が響いて、空には三日月もかかっているとなると、なかなかの風情です。昨日は久留米方面の空が鮮やかな茜色に染まって息を呑む美しさでした。

この度は私の拙い文章につきまして、かくも暖かいお心遣いをいただきまして、まことに有難うございます。「物足りない」の一言で終わって当然のところを、こうすればもっとよくなるのではないかというご教示までいただき、恐縮千万です。

今回、「私の少年時代」を書くにあたっては、両親のことは「省く」というより、初めからあまり念頭にありませんでした。かつて父は駐在さんとしての自分を振り返って『駐在巡査奮闘記』という本に存分に書きましたし、母については『母の家計簿』の第二部に思い出なども兄と一緒に書き綴りました。また、「グランパから萌那へ」においても父のこと、母のことにそれぞれ一章を充てましたので、およそ父と母については書き終わったという気持ちが私にはあって、「私の少年時代」においては主に同級生とのいろんな思い出を綴ろうという思いで書きました（読者も、同級生の何人かが読んでくれるといいと思って、彼らが読んでくれることを頭に置きながら書きました）。

先生が示してくださった方向で、つまり父母と村人との交流なども織り込んで、南小国の私の少年時代を描くということ、これが果たしてできるかどうか分かりませんが、これを書くのは最後の親孝行にもなると思いますので、やってみようと思います。『駐在巡査奮闘記』と『母の家計簿』を今一度読み直して、どういう材料でどういう流れで書けるものか、これから考えてみようと思います。ある程度書けましたら、まずは兄に見てもらって、これくらい書けていたらまずまずだと言ってもらえましたら、その時には先生にも見ていただこうと思います。

ということで、もし私がそれなりのものを書くことができましたら、弦書房に話しをしていただけたら嬉しく思います。社長の小野さんにご迷惑をかけるようなことは決してしたくありませんので、見た目は企画本でも実質は自費出版という形で少しも私はかまいません。とにもかくにも、すべては私が書くことができたらの話です。ご期待に添えないかも知れませんが、努力してみます。

井上靖の『しろばんば』を昨日Amazonで取り寄せました。少年期を描いた名作を数十年ぶりに読んでみようと思いました。何か書くヒントがあるものか、かえって名作を前に萎縮して書けなくなるのか分かりませんが、それをきっかけに気分を変えて、新たな「私の少年時代」を書くことに挑んでみたいと思います。

二〇二二年十月三十日

武田博幸拝

渡辺京二様

渡辺書簡　武田弟宛（二〇二二年十一月十日消印、葉書）

この度は柿の贈りものいただき、ありがたく恐縮に存じます。何もお役に立つことができておりませんのに。

「グランパ」「少年時代」を本にする件。弦書房の社長が近く来られますので、その際話を決めるつもり。もちろん社長（小野氏）からあなたに連絡させます。お手入れには十分時間をおかけ下さい。急ぐことではありませんので。

小生、毎日連載のための資料読みに苦労しています。もの忘れがひどくて、読む力も衰えました。簡略ながら御礼まで。お元気で。

武田弟書簡（二〇二二年十一月十四日付け、葉書）

柿の御礼、わざわざ有難うございます。「私の少年時代」は十日余りで五十枚（四〇〇字）くらい書き足して、これからまず兄に見てもらおうとしているところです。もう少しきちんと整いましたら、先生のもとへお送りさせていただこうと思っております。私のような者へのご配慮いつも感謝いたしております。

武田弟書簡（二〇二二年十一月二十五日付け、手紙）

庭のヤマモミジの木も半ば以上紅葉し、庭は一面落葉に埋まるようになってまいりました。森から響く鹿の声は、十一月も後半になると聞くことがやや少なくなっています。

先生から「私の少年時代」を補筆するようにというご助言をいただき、今月の前半はそれに専念いたしました。取り掛かった初めの二日くらいはもたもたしましたが、意識を集中するとあれこれ思い出されることは多く、メモを取っていくと、かなり書けそうな気持ちになってきました。井上靖氏の『しろばんば』を読んでみたのも、いくつかいいヒントをもらうことができました。この本を読みながら、こんなことあんなことが材料になるのだと思えました。特に運動会はいい材料になる、これで一つ書こうとか思いました。

先生のご要請に従い、父のこと、母のこと、そして兄修志のことを書くように努めました。兄の少年時代については、先生から言われることがなかったら、書かないで終わったように思います。兄について書こうと思いを凝らすと、芋づる式に頭に思い浮かぶことがあって、先生にも楽しんでいただけるものが少しはあるのではと思ったりしています。

兄に先週、原稿を送って、今日、何カ所か朱入れされて戻ってきましたので、それを見ながらいくらか手直しをいたしました。兄も自分のことを書いてくれて「有難う」と言ってくれました。ここ数年弱ってしまってからは、以前のような厳しい批評は口にしなくなりました。「おまえの文章はこれでいいよ、いいよ」と大概言うようになりました。

四〇〇字で五十枚以上書き足しましたので、「私の少年時代」は八十枚以上にはなったと思います。

「グランパから萌那へ」も二つ書き足しました。第十三章「新聞について」はすでに兄に見てもらいましたが、第十四章「大学並びに学者について」は書き終えたばかりで、誰の目も通っておりません。昨日、兄には郵送したところです。兄の反応次第で書き直すかも知れません。

「グランパから萌那へ」も「私の少年時代」もおよそ書きたいことは書いてしまったというところで、もうこれ以上付け加えることもなさそうです。

合わせると、二百枚は十分に超えると思いますが、これで本になりますでしょうか。河合文化教育研究所の「わたしが選んだこの一冊」の書評五つを第三部として付け足すと、四〇〇字で二十五枚分ほどは増やすことができそうですが、「グランパから萌那へ」と「私の少年時代」の二つだけで本にしたほうがいいのでしょうか。もし本当に本になるということになりましたら、弦書房の小野さんにいろいろご相談したいと思います。

とにかく今回の書き足した原稿を先生がどう見られるか、恐る恐るご批評をお待ちすることにします。資料読みでお疲れの中、私の書いたものなどに時間を費やしていただくのはまことに恐縮ですが、よろしくお願い申し上げます。

二〇二二年十一月二十五日

武田博幸拝

渡辺京二様

武田弟書簡（二〇二二年十二月五日付け、手紙）

今日は先ほど（三十分ほど前）珍しいものを見ましたので、その報告をします。散歩の折に街路樹のナンキンハゼに数羽群れていることをたまに（一年に二、三度）見るエナガという可憐な小鳥が、わが家のヤマモミジの木に十数羽現れました。エナガはこの辺りで見かける小鳥の中で最も小さい鳥で、名前の通り「柄が長い（尻尾が長い）」鳥です。ヤマモミジの木は私の二階の書斎・寝室の目の前にありますので、数分間、間近に見ることができました。女房にも見せてやりたいと思い、急いで階下に降りて女房に教えると、幸いに女房も見ることができました。女房にとっては生まれて初めのエナガ実見です。

ここ美奈宜の杜は山の斜面ですから、平地では見られない鳥がたまに現れます。五、六日前にはアトリという鳥が雌雄の番で庭に二日続けて来て、五分以上ゆっくり地面で餌をついばんでいました。初めて見る鳥は野鳥のポケット辞典を開いて、じっくり見た柄模様を確認します。ヤマガラかムギマキかと検討して、アトリに違いないという結論に達しました。十年以上住んでいて、初めて見る鳥があるのはなかなか楽しいことです。

鳥の話が長くなってしまいましたが、この度は弦書房の小野社長に話を通していただきまして、まことに有難うございました。一昨日、小野さんが電話を下さいました。それで、今月十四日（水）に弦書房を私がお訪ねすることになりました。いよいよほんとうに本作りが始まることになります。

『グランパから萌那へ』は「道標」に載せてもらって活字にしておけばそれでよいと思っておりましたが、先生のお声掛けで、本という形にまでなりますことは望外の幸せです。兄もとても喜んでくれています。私にとりましても孫にとりましても、人生のこの上ないよき記念になろうかと思っています。

私の体調は八月の入院後一ヶ月経った頃からとてもよくなって、すっかり元の元気を取り戻したと思っておりましたが、十一月半ば以降、下降線気味で、体調が悪いというほどのこともありませんが、快調とも言えないような状態です。二月の腎臓ガンの手術後の最終検査を十一月に九大で行いましたが、転移などまったくないということで、こちらは全然心配ないようです。持病の気管支拡張症と気長に付き合っていくしかないんだろうと思っています。身体がどれだけ保つかは人それぞれの運命だろうと思いますので、体と頭が働く限りはやれることをやっていこうと考えています。

先生が体調を維持されて、書きたいことを存分に書き尽くされますことを願っています。

武田博幸拝

二〇二二年十二月五日

渡辺京二様

渡辺書簡　武田弟宛（二〇二二年十二月九日消印、葉書）

あなたのお便りにはいつも小鳥の描写があり、私は羨ましいです。私の書斎の窓からも、木にやってくる鳥がみえますが、私はメジロぐらいしか見分けられないし、珍しい鳥は来ないようです。とにかくあなたはとてもいい暮しをなさっておられます。

ご本の話、まとまってうれしいです。きっといい本になりましょう。これでご著書は何冊になりましたかね。人は自分に与えられた天分は生かさねばなりません。あなたは文才を持っておられるので、それを十分に育て発現させる、人としての義務があります。本をもう何冊か出された訳ですから、アマチュア気分じゃなく、物書きとしての自覚、意欲をもって、今後もずっと書いて下さい。まだお若いし、これからナンボでもお仕事が出来ます。ご病気も完治された由、とてもうれしいです。私はあなたがギリシャ語をやり、アリストテレスだったか大学院で研究なさったと聞いた覚えがあります。その勉強を復活なさってギリシャ古典やギリシャ神話について、私の「夢開く彼方へ」みたいな本をお書きになれるのじゃないでしょうか。私が本当に勉強したのは五〇代から七〇代にかけてでした。期待しています。どうかお元気で。

（了）

最後の「旅の仲間」——あとがきにかえて

父が亡くなってもうじき一年になる。父はよく手紙を書く人だった。携帯電話を持とうとせず、パソコンも使わず、人とのやりとりは電話か手紙だった。父の電話は用件のみで手短なことが多かったが、手紙はとても丁寧に書いていたようだ。長く文通している友人もあり、そうした人たちからの手紙を楽しみにしていたと思うが、なかでも武田修志さん、博幸さんご兄弟からのものはとりわけそうだった。お二人のどちらかから手紙が届くと、すぐに書斎に持って行き、急いで封を切っていた。心待ちにしていた便りが来た、という感じだった。

父は一生を通じて文学活動を続け、水俣病闘争にも関わるなどして多くの人と出会ってきたが、そうした人々との関わりについて、後悔することも少なくなかったようだ。人とのつきあいにおいて後悔のない人はいないだろうが、父はとくにそうした思いが強かったのだろうと思う。しかし武田ご兄弟との交友においては、そうした後悔は少なく、むしろ理想的な友人関係を持つことができたのではないかと思う。お二人がドイツ文学と国文学というそれぞれの分野で、たゆまず勉強をし続けられている姿勢に共感し、励まされてもいただろう。

修志さん宛の書簡のなかで父は「私どもの勉強は何か成果を世に問おうというのではない。ただ本当のことを知りたいということですよね」と書いている。父は自分のことを、生涯かけて勉強し続ける一人の書生だと考えていた。お二人に自分と同じような生き方を見たのだと思う。そのように志を同じくする友人を得たことは、父にとって大きな喜びだったに違いない。七〇歳の頃の書簡に、「あなた方ご兄弟のような学芸上の友人が新たに出来、自分が暖かいゆたかな風に包まれる思いで居ります」とある。父はお二人との交流をとても大切にしていた。石牟礼道子さんがまだお元気な頃には、いっしょに四人で一泊旅行に行き、とても楽しそうな様子だったことを思い出す。

父は晩年になって、『アルテリ』という文芸誌を友人たちと出した。生涯に何冊もの文芸誌を出してきた父の最後の雑誌となったが、最初、父は雑誌の名前を「旅の仲間」とするつもりだった。「旅の仲間」とは、ファンタジー文学の傑作である『指輪物語』の第一部のタイトルで、大切な使命を帯びた旅をともにする仲間、生きて戻れぬかも知れない困難な旅路をともにする仲間のことだ。物語の中では仲間たちは旅の半ばで散りぢりになってしまうが、それぞれの場所で戦いを続け最後には使命は果たされる。父は人生のそれぞれの時期に、同志的なつながりの仲間を作ってきたが、お二人は父にとって最後の「旅の仲間」だったのかもしれない。

書簡集は、博幸さんに宛てたはがきの文章で終わっている。亡くなる二週間くらい前、私が投函したものだ。坂道の下のポストに、手紙を投函しに行くのは私の仕事だった。そのはがきには一面に小さな字で、心のこもった文章が書きこまれていた。このような手紙をもらう博幸さんをうらやましく思った。それが最後の手紙となってしまったが、それにふさわしい愛情に満ちた文面だった。

武田ご兄弟は、合わせて二百通以上に及ぶ書簡を入力され、また誤記などに細かく目を通されることは大変なお仕事だったに違いない。そのご苦労のおかげで、身近なものにはあまり語ることのなかった、父の晩年の想いを知ることができる。心から感謝申し上げたいと思う。

二〇二三年十二月

山田梨佐

◉渡辺京二主要著書（本書で紹介されている著書も含めて、主な著書を掲載した）

『熊本県人　日本人国記』（一九七三年・新人物往来社、二〇一二年・言視舎版）
『小さきものの死　渡辺京二評論集』（一九七五年・葦書房）
『評伝　宮崎滔天』（一九七六・大和書房、一九八五年・大和選書、二〇〇六年・書肆心水）
『神風連とその時代』（一九七七・葦書房、二〇〇六年・洋泉社MC新書、二〇一一年・洋泉社新書y）
『北一輝』（一九七八年・朝日新聞社、一九八五年・朝日選書、二〇〇七年・ちくま学芸文庫）＊毎日出版文化賞
『日本コミューン主義の系譜　渡辺京二評論集』（一九八〇年・葦書房）
『地方という鏡』（一九八〇年・葦書房）
『案内　世界の文学』（一九八二・日本エディタースクール出版部）
※『娘への読書案内　世界文学23篇』（一九八九年・朝日新聞社）、『私の世界文学案内　物語の隠れた小径へ』（二〇一二年・ちくま学芸文庫）
『ことばの射程』（一九八三年・葦書房）
『なぜいま人類史か』（一九八六年・葦書房、二〇〇七年・洋泉社MC新書、二〇一一年・洋泉社新書y）
『逝きし世の面影』（一九九八年・葦書房、二〇〇五年・平凡社ライブラリー）＊和辻哲郎文化賞・熊日出版文化賞
『日本近代の逆説　渡辺京二評論集成Ⅰ』（一九九九年・葦書房）
『新編小さきものの死　渡辺京二評論集成Ⅱ』（二〇〇〇年・葦書房）
『荒野に立つ虹　渡辺京二評論集成Ⅲ』（一九九九年・葦書房）

『隠れた小径　渡辺京二評論集成Ⅳ』（二〇〇〇年・葦書房）
『日本近世の起源　戦国乱世から徳川の平和へ』（二〇〇四年・弓立社、二〇〇八年・洋泉社ＭＣ新書、
　二〇一一年・洋泉社新書ｙ）
『江戸という幻景』（二〇〇四年・弦書房）
　※『新装版　江戸という幻景』（二〇二三年・弦書房）
『アーリイモダンの夢』（二〇〇八年・弦書房）
『黒船前夜　ロシア・アイヌ・日本の三国志』（二〇一〇年・洋泉社、二〇一九年・洋泉社新書ｙ）
　※『新装版　黒船前夜　ロシア・アイヌ・日本の三国志』（二〇二三年・弦書房）＊大佛次郎賞
『渡辺京二コレクション(1)　史論　維新の夢』（二〇一一年・ちくま学芸文庫）
『渡辺京二コレクション(2)　民衆論　民衆という幻像』（二〇一一年・ちくま学芸文庫）
『未踏の野を過ぎて』（二〇一一年・弦書房）
『細部にやどる夢　私と西洋文学』（二〇一一年・石風社）
『ドストエフスキイの政治思想』（二〇一二年・洋泉社新書ｙ）
『もうひとつのこの世　石牟礼道子の宇宙』（二〇一三年・弦書房）
『近代の呪い』（二〇一三年・平凡社新書）
『万象の訪れ　わが思索』（二〇一三年・弦書房）
『幻影の明治　名もなき人々の肖像』（二〇一四年・平凡社、二〇一八年・平凡社ライブラリー）
『無名の人生』（二〇一四年・文春新書）
『さらば、政治よ　旅の仲間へ』（二〇一六年・晶文社）

『父母の記　私的昭和の面影』（二〇一六年・平凡社）
『私のロシア文学』（二〇一六年・文藝春秋）
『新編　荒野に立つ虹』（二〇一六年・弦書房）
『日本詩歌思出草』（二〇一七年・平凡社）
『死民と日常　私の水俣病闘争』（二〇一七年・弦書房）
『バテレンの世紀』（二〇一七年・新潮社）＊読売文学賞
『原発とジャングル』（二〇一八年・晶文社）
『預言の哀しみ　石牟礼道子の宇宙Ⅱ』（二〇一八年・弦書房）
『夢ひらく彼方へ　ファンタジーの周辺　上・下』（二〇一九年・亜紀書房）
『幻のえにし　渡辺京二発言集』（二〇二〇年・弦書房）
『あなたにとって文学とは何か』（二〇二二年・忘羊社）
『肩書のない人生　渡辺京二発言集2』（二〇二一年・弦書房）
『小さきものの近代　1』（二〇二二年・弦書房）
『夢と一生』（二〇二三年・河合文化教育研究所）

〈共著〉
『近代をどう超えるか　渡辺京二対談集』（二〇〇三年・弦書房）
『女子学生、渡辺京二に会いに行く』（二〇一一年・亜紀書房、二〇一四年・文春文庫）
『気になる人』（二〇一五年・晶文社）

〈著者略歴〉

渡辺京二（わたなべ・きょうじ）
一九三〇年、京都市生まれ。
日本近代史家。二〇二二年十二月二十五日逝去。
主な著書『北一輝』（毎日出版文化賞、朝日新聞社）、『評伝宮崎滔天』（書肆心水）、『神風連とその時代』『なぜいま人類史か』『日本近世の起源』（以上、洋泉社）、『逝きし世の面影』（和辻哲郎文化賞、平凡社）、『新装版・江戸という幻景』『新編・荒野に立つ虹』『近代をどう超えるか』『もうひとつのこの世——石牟礼道子の宇宙』『預言の哀しみ——石牟礼道子の宇宙Ⅱ』『死民と日常——私の水俣病闘争』『万象の訪れ——わが思索』『幻のえにし——渡辺京二発言集』『肩書のない人生——渡辺京二発言集2』『小さきものの近代1』（以上、弦書房）、『維新の夢』『民衆という幻像』（以上、ちくま学芸文庫）、『細部にやどる夢——私と西洋文学』（石風社）、『幻影の明治——名もなき人びとの肖像』（平凡社）、『バテレンの世紀』（読売文学賞、新潮社）、『原発とジャングル』（晶文社）、『夢ひらく彼方へ　ファンタジーの周辺』上・下（亜紀書房）など。

武田修志（たけだ・しゅうじ）
一九四九年、熊本県生まれ。
九州大学文学部独文科修士課程修了。一九七五年から二〇一五年まで鳥取大学でドイツ語教師を務める。著書に『人生の価値を考える　極限状況における人間』（講談社現代新書・一九九八年、第七回山本七平賞推薦賞）、『人生を変える読書』（ＰＨＰ新書）、『大学教育の現場から』（ＮＫ文庫）、『大学の片隅で　私の教養教育実践』（邑書林・二〇一五年）がある。

武田博幸（たけだ・ひろゆき）
一九五二年、熊本県生まれ。
九州大学文学部西洋哲学科博士課程中退。一九八一年から二〇一七年まで河合塾国語科講師を務める。『読んで見て聞いて覚える重要古文単語３１５』（桐原書店）など大学受験生向け古文参考書を多数執筆。一般向けの本としては、古典エッセイ集『古典つまみ読み　古文の中の自由人たち』（平凡社新書・二〇一九年）、孫へのメッセージを綴った『グランパより萌那へ』（弦書房・二〇二三年）がある。

渡辺京二・武田修志 博幸 往復書簡集《1998〜2022》

二〇二三年十二月三〇日発行

著　者　渡辺京二・武田修志・武田博幸

発行者　小野静男

発行所　株式会社　弦書房
（〒810・0041）
福岡市中央区大名二－二－四三
ELK大名ビル三〇一
電　話　〇九二・七二六・九八八五
FAX　〇九二・七二六・九八八六

組版・製作　合同会社キヅキブックス
印刷・製本　シナノ書籍印刷株式会社

ISBN978-4-86329-279-6　C0095

◆弦書房の本

【新装版】黒船前夜
ロシア・アイヌ・日本の三国志

渡辺京二コレクション⑬

渡辺京二　ペリー来航以前、ロシアはどのようにして日本の北辺（蝦夷地）に接近してきたのか。アイヌの魅力を浮き彫りにしながら、通商と防衛の両面でそのアイヌを取り込もうと駆け引きをする日露外交を描いた名著。
◆第37回大佛次郎賞受賞〈四六判・430頁〉2200円

もうひとつのこの世
石牟礼道子の宇宙

渡辺京二コレクション⑤

渡辺京二　〈石牟礼文学〉の特異な独創性が渡辺京二によって発見されて半世紀。互いに触発される日々の中から生まれた〈石牟礼道子論〉を集成。石牟礼文学の豊かさときわだつ特異性を著者独自の視点から明快に解きあかす。〈四六判・232頁〉**【3刷】**2200円

預言の哀しみ
石牟礼道子の宇宙 II

渡辺京二コレクション⑥

渡辺京二　二〇一八年二月に亡くなった石牟礼道子と互いに支えあった著者が石牟礼作品の世界を解読した充実の一冊。「石牟礼道子闘病記」ほか、新作能「沖宮」、「春の城」「椿の海の記」「十六夜橋」など各作品に込められた深い含意を伝える。〈四六判・188頁〉1900円

グランパより萌那へ

武田博幸　河合塾で長年、国語科講師を務めてきた著者が自身の孫・萌那と若い世代へ静かに語るメッセージ。子どもから大人に向かいつつある中学生、高校生たちやその保護者が、人生について考えるためのヒントとなる言葉に溢れた一冊。〈四六判・208頁〉1600円

＊表示価格は税別

◆弦書房の本

石牟礼道子全歌集
海と空のあいだに

解説・前山光則 〈水底の墓に刻める線描きの蓮や一輪残夢童女よ〉など一九四三～二〇一五年に詠まれた未発表短歌を含む六七〇余首を集成。「その全容がこれほどまでに豊饒かつ絢爛であることに驚く」（齋藤愼爾評）◆石牟礼文学の出発点。〈A5判・330頁〉2600円

石牟礼道子〈句・画〉集
色のない虹

解説・岩岡中正 預言者・石牟礼道子が、最晩年の2年間に遺したことば、その中に凝縮された想いが光る。自らの俳句に込めた想いを語った自句自解、句作とほぼ同じときに描いた15点の絵（水彩画と鉛筆画）、未発表を含む52句を収録。〈四六判・176頁〉1900円

魂の道行き
石牟礼道子から始まる新しい近代

岩岡中正 近代化が進んでいく中で、壊されてきた共同性（人と人の絆、人と自然の調和、心と体の交流）をどうすれば取り戻せるか。思想家としての石牟礼道子のことばを糸口に、もうひとつのあるべき新しい近代への道を模索する。〈B6判・152頁〉1700円

ここすぎて 水の径

石牟礼道子 著者が66歳（一九九三年）から74歳（二〇〇一年）の円熟期に書かれた長期連載エッセイをまとめた一冊。後に『苦海浄土』『天湖』『アニマの鳥』など数々の名作を生んだ著者の思想と行動の源流へと誘う珠玉のエッセイ47篇。〈四六判・320頁〉2400円

＊表示価格は税別